Negociação
3-D

L414n Lax, David A.
          Negociação 3-D : ferramentas poderosas para modificar o jogo nas suas negociações / David A. Lax, James K. Sebenius ; tradução Andrei Weber. – Porto Alegre : Bookman, 2009.
          272 p. ; 23 cm.

          ISBN 978-85-7780-353-8

          1. Administração de empresas. 2. Empreendedorismo. I. Sebenius, James K. II. Título.

                                                                CDU 658

Catalogação na publicação: Renata de Souza Borges CRB-10/Prov-021/08

David A. Lax
James K. Sebenius

Negociação 3-D

Ferramentas poderosas para modificar
o jogo nas suas negociações

Tradução:
Andrei Weber

Consultoria, supervisão e revisão técnica desta edição:
Washington Franco Mathias
Doutor em Administração pela USP
Prof. Assistente Doutor da USP

2009

Obra originalmente publicada sob o título
3-D Negotiation: Powerful Tools to Change the Game in Your Most Important Deals
ISBN 1-59139-799-5

Original work Copyright © 2006 by David A. Lax and James K. Sebenius
Publicado conforme acordo com a Harvard Business School Press.

Capa: *Rogério Grilho*

Leitura final: *Renato Merker*

Supervisão editorial: *Arysinha Jacques Affonso*

Editoração eletrônica: *Techbooks*

Reservados todos os direitos de publicação, em língua portuguesa, à
ARTMED® EDITORA S.A.
(BOOKMAN® COMPANHIA EDITORA é uma divisão da ARTMED® EDITORA S.A.)
Av. Jerônimo de Ornelas, 670 - Santana
90040-340 Porto Alegre RS
Fone (51) 3027-7000   Fax (51) 3027-7070

É proibida a duplicação ou reprodução deste volume, no todo ou em parte,
sob quaisquer formas ou por quaisquer meios (eletrônico, mecânico, gravação,
fotocópia, distribuição na Web e outros), sem permissão expressa da Editora.

SÃO PAULO
Av. Angélica, 1.091 - Higienópolis
01227-100 São Paulo SP
Fone (11) 3665-1100   Fax (11) 3667-1333

SAC 0800 703-3444

IMPRESSO NO BRASIL
PRINTED IN BRAZIL
Impresso sob demanda na Meta Brasil a pedido de Grupo A Educação.

Os Autores

DAVID A. LAX e **JAMES K. SEBENIUS** passaram décadas trabalhando como consultores e participantes de negociações diplomáticas, corporativas e de setores públicos. Os seus trabalhos, amparados por essa experiência, tiveram grande impacto na teoria e na prática das negociações. No início de suas carreiras, eles fundaram a Harvard Negotiation Roundtable, um grupo de pesquisa que examinava centenas de acordos buscando extrair as lições mais importantes em cada uma das situações. Essa experiência os conduziu ao livro *The Manager as Negotiator*, texto utilizado por muitas das principais universidades de administração de empresas e negócios. Publicaram muitos artigos em periódicos acadêmicos e da área de economia e negócios como o *Financial Times*, o *Wall Street Journal* e a *Harvard Business Review*. Desenvolveram o programa de negociação da Harvard Business School para executivos de altíssimo escalão: "Negociação Estratégica: o Desenvolvimento de Acordos a Longo Prazo". Lax Sebenius LLC, a empresa de negociações que eles fundaram, faz a consultoria de várias das principais empresas globais e de muitos governos em suas negociações complexas. A empresa também ajuda organizações a desenvolverem a sua capacidade de negociação. Para informações sobre a Lax Sebenius LLC acesse www.negotiate.com.

JAMES K. SEBENIUS é professor, detentor do Gordon Donaldson Professorship na Harvard Business School, e vice-presidente do Programa de Negociação da Harvard Law School. Foi vice-diretor da John F. Kennedy School of Government da Harvard. Desempenhou um papel essencial na decisão da Harvard Business School de exigir um curso completo de negociação no seu principal programa de MBA. No início dos anos 80, Sebenius saiu da Harvard para trabalhar em período integral para o investidor e banqueiro Peter G. Peterson, co-fundador com Stephen Schwarzman da Blackstone Group, uma das principais empresas na sua área de atuação. Anos depois do sucesso da Blackstone, Sebenius trabalhou lado a lado com Peterson e Schwarzman, inicialmente como vice-presidente e mais tarde como consultor da empresa, após retornar à Harvard. No início de sua carreira, ele foi assistente do secretário de comércio dos Estados Unidos, Elliot Richardson, fez parte da State Department Delegation e foi eleito membro do Conselho de Relações Internacionais. Graduado na Vanderbilt, em Stanford e Harvard, possui doutorado em economia pela Harvard. Escreveu *Negotiating the Law of the Sea*, co-editou *Wise Decisions* e é autor de numerosos estudos de caso clássicos sobre negociação, assim como artigos em periódicos acadêmicos e publicações maiores. Pode ser contatado em jsebenius@hbs.edu.

DAVID A. LAX é diretor da Lax Sebenius LLC. A *Forbes* o descreve como um "novo teórico da negociação". Foi professor por muitos anos na Harvard Business School. Atuou como banqueiro de investimentos representando sindicatos de trabalhadores e como banqueiro no First City Capital Corporation, onde trabalhava com transações de capital de risco, aquisições, *joint ventures*, privatizações e financiamentos. Foi vice-presidente da IFC Kaiser Engineers na sua subsidiária de investimentos de risco. Lax fundou duas empresas de investimentos, participa do conselho de administração de uma empresa de planos de saúde e é presidente do conselho de uma empresa petrolífera. Graduou-se em Princeton, Stanford e Harvard. Possui doutorado em estatística pela Harvard e escreveu muitos artigos sobre negociação. Pode ser contatado em lax@negotiate.com.

Agradecimentos

Tivemos a sorte de começar nosso trabalho com negociações no final da década de 1970, quando esse campo, dormente há uma década, acordou com força total. O programa de pós-graduação em negociações da Harvard Law School foi criado nessa época, impulsionado pelo intelecto de Howard Raiffa, Roger Fisher, Tom Schelling, Larry Susskind, Frank Sander, Jeff Rubin e, mais tarde, Robert Mnookin. Somos gratos a essa geração de fundadores do programa pela sua busca de profundidade analítica e habilidades práticas, bem como pelo seu entusiasmo e apoio.

Devemos muito a esse grupo e aos indivíduos que o compõem. Em especial, a Howard Raiffa, que serviu como um mentor do nosso trabalho, sempre buscando a "essência analítica" de problemas complexos e servindo como exemplo de profissional e ser humano. No decorrer da sua brilhante e criativa carreira, resolvendo alguns dos problemas mais difíceis, Roger Fisher mostrou uma habilidade inigualável em negociações e para comunicar seus conhecimentos às pessoas que trabalham nesse fronte. A profundidade, objetividade e expressão de Tom Schelling sempre foram de grande inspiração. Enquanto escrevíamos *Negociação 3-D*, pensávamos nessas pessoas que nos inspiraram e ajudaram.

É uma satisfação para nós prestar alguns reconhecimentos. Bill Ury é um amigo valioso, que tem ajudado o nosso trabalho a se desenvolver. O seu foco nas questões mais importantes, sua autêntica originalidade, sua coragem intelectual e pessoal e seu dom como comunicador são constantes fontes de inspiração. Mike Wheeler é um analista inovador e um crítico incisivo, assim como um ótimo colega e amigo. Baseamos nossos esforços no trabalho de Graham Allison e Richard Neustadt, que sempre apoiaram nossos projetos de muitas maneiras. No Capítulo 11, nos baseamos em um artigo escrito em colaboração com Ron Fortgang, a quem agradecemos pelas suas contribuições, tanto nesse artigo como em outros aspectos do nosso trabalho.

Além desses colegas exemplares e apoiadores, contamos com a ajuda de muitos acadêmicos, colegas e amigos. Seja em comentários, *insights* importantes, apoio e outras contribuições, agradecemos a Hannah Riley Bowles, Terry Burnham, Ben Esty, Susan Hackley, Myra Hart, Phil Heymann, Rosabeth Kanter, Paul Levy, Brian Mandell, Jan Martinez, Ken Mildwaters, Mike Moldoveanu, Mark Moore, Ashish Nanda, Phebe Farrow Port, Mal Salter, Ben Shapiro, Howard Stevenson, Guhan Subramanian, Lauren Walters, Michael Watkins, Andy Wasynczuk e Lou Wells.

Agradecemos a nosso editor, Jeff Kehoe, e aos seus colegas da Harvard Business School Press, que sempre mostraram entusiasmo no projeto 3-D em sua longa jornada até a publicação. Um revisor anônimo dos nossos manuscritos iniciais gentilmente observou que, apesar do nosso estilo informal, havíamos produzido um livro para "ser estudado, não lido". Somos, portanto, extremamente gratos a Jeff Kehoe por ter nos apresentado a Jeff Cruikshank, cujos critérios editoriais nos ajudaram a simplificar a nossa mensagem e torná-la mais clara. Nancy Buck ajudou Jim em muitos momentos, dando sua opinião, lendo diversos esboços que melhoraram a versão final. Ilana Manolson ofereceu muitas orientações a David em relação ao tipo de texto, gráficos e títulos que melhor se conectariam com os nossos leitores. John Hammond tem sido uma presença extremamente construtiva em nossas carreiras, sempre nos sugerindo pensar nos leitores e nas suas verdadeiras necessidades. É a John que devemos agradecer pelos resumos ao final de cada capítulo. Pragati Thakkar trabalhou muitas noites até tarde nos ajudando com casos, notas e fontes. Rich Swartz foi o nosso mago dos gráficos. Susan Gorr ajudou-nos a organizar outras partes de nossas vidas para que tivéssemos tempo para nos dedicar à redação deste livro. Somos gratos ao departamento de pesquisa da Harvard Business School pelo seu generoso apoio neste e em outros projetos ao longo dos anos.

Devido à vida profissional e pessoal agitada que levamos, muito do tempo que tiramos para pensar e escrever foi um tempo que teríamos passado com nossas famílias. Agradecemos do fundo do coração às nossas esposas, Ilana Manolson e Nancy Buck, e aos nossos filhos, Eric e Lena Lax, e Zander, Alyza e Isaac Sebenius, pelo seu amor e compreensão durante muitos momentos em que escrevemos (ou ficamos em casa) durante as férias e em outras situações. Sem o seu apoio e esforço em nos ajudar a criar o espaço e o tempo para que pudéssemos escrever, este livro ainda seria uma aspiração.

Assim, é a essas pessoas, que estão intimamente associadas aos marcos de nossas vidas, nossas famílias – Ilana Manolson, Eric e Lena Lax; Nancy Buck, Zander, Alyza e Isaac Sebenius – que dedicamos este livro com muito amor.

Prefácio

Percebemos a Negociação 3-D como o marco de uma jornada profissional que já dura mais de 20 anos. No início dos anos 1980, fundamos juntos a Negotiation Roundtable de Harvard, onde, junto com colegas de diversas disciplinas, nós apresentávamos centenas de casos, aprendendo e tirando diversas lições de muitos deles. No estágio inicial das nossas carreiras, buscamos desenvolver o trabalho prático e acadêmico em duas direções. Em primeiro lugar, nós argumentávamos que a batalha em voga na época entre as abordagens "ganha-ganha" (nova, boa) e "ganha-perde" (ruim, antiga) não estava conduzindo a lugar algum. Na verdade, todas as negociações envolvem ações conjuntas de "criação" de valor e ações individuais, competitivas, de "exigência" de valor. Mostramos como ações de exigência de valor muitas vezes bloqueiam ações de criação de valor, resultando em acordos empobrecidos, sem saída, ou em conflitos. Em vez de estimular esse debate interminável que busca estabelecer se a abordagem "ganha-ganha" é melhor que a "ganha-perde", desenvolvemos um conceito, o Dilema do Negociador, que acabou nos conduzindo a muitas estratégias práticas e a táticas para administrar de forma produtiva esta tensão entre criação-exigência.

Se o reconhecimento do Dilema do Negociador e as suas implicações foi o nosso primeiro marco, o segundo surgiu do foco da Roundtable em negociações *dentro* das organizações. O estudo de vários casos, somado a nossa prática crescente em consultoria, mostrou-nos o desperdício de tempo e energia por administradores e gerentes em negociações internas. Além da autoridade que têm de exercer, eles estão constantemente lidando com outras pessoas que podem não ter o desejo e muito menos a obrigação de cooperar. Os gerentes negociam informalmente com seus colegas e com outros colaboradores que não exercem funções de comando, além de com subordinados e mesmo com superiores, buscando produzir cooperação produtiva.

Como conseqüência, chegamos à conclusão que a negociação – tanto interna quanto externa, formal ou informal – deve ser considerada uma habilidade-chave para virtualmente todos os gerentes, não só os que possuem cargos que exigem negociações constantes, como RH, desenvolvimento de negócios, vendas, aquisições. Baseando-se parcialmente nesse trabalho, os professores da Harvard Business School, no início dos anos 1990, decidiram que essa seria a primeira grande escola de negócios a exigir um curso completo de negociação no seu currículo do MBA, junto com outras disciplinas mais tradicionais como finanças e *marketing*.

Passaram-se 20 anos desde a publicação de *The Manager as Negotiator*, um livro que ajudou a erguer as bases para outros dois marcos. Nesse meio tempo, ambos deixamos a academia, Jim por muitos anos e David permanentemente. Nas nossas carreiras não-acadêmicas, tanto antes quanto depois de sair da Harvard, desempenhamos vários papéis em bancos de investimentos, *private equity*, fundos de *hedge*, políticas públicas e na diplomacia, entre outros. Testamos o nosso conhecimento, orientamos negociações e negociamos diretamente. Tivemos a oportunidade de observar e trabalhar com vários negociadores muito bons (e outros não tão bons assim). Dentre os melhores com quem aprendemos bastante no início de nossas carreiras – e a quem devemos bastante – estão Tommy Koh, de Cingapura, Elliot Richardson, Pete Peterson e Steve Schwarzman, do Blackstone Group, e Robi Blumenstein.

Nos últimos 15 anos, temos nos dedicado à consultoria em negociações entre empresas e governos, aquisições, *jointventure*, investimentos de patrimônio privado, contratos comerciais, contratos de distribuição, reestruturação da cadeia de valor, grandes vendas e transações econômicas, propriedade intelectual, processos judiciais, acordos de petróleo e outros minerais, projetos de fábricas e dutos, iniciativas internas de mudança organizacional, assim como políticas de normatização.

Como consultores, tentamos trabalhar com diferentes tipos de clientes em circunstâncias extremamente desafiadoras, buscando desenvolver e implementar as abordagens mais promissoras. Como estudiosos de negociação, sempre nos embasamos nas nossas ricas experiências. Como professores de negociação para os alunos mais experientes do mundo, desfrutamos de uma posição muito boa em relação à revisão de nossas visões.

Como autores de um contínuo fluxo de estudos de caso e artigos sobre negociação, com diferentes protagonistas e em diferentes situações, enfrentando diversas barreiras, estamos sempre testando a nossa abordagem e refinando o nosso pensamento. Jim, em especial recebeu o papel principal no Great Negotiator Award, evento que acontece anualmente, com o patrocínio da Harvard, da MIT e Tufts, por meio do Programa de Negociação da Harvard Law School. Entre os laureados encontram-se figuras importantes como George Mitchell, Charlene Barshefsky, Richard Holbrooke, Ladkhar Brahimi, Stuart Eizenstadt e Sadako Ogata. Escrevemos casos detalhados a respeito das negociações mais desafiadoras enfrentadas por esses importantes homens e mulheres – seja no processo de paz na Bósnia, criando um governo temporário no Afeganistão ou elaborando um acordo de comércio entre os Estados Unidos e os chineses a respeito de propriedade intelectual; ou ainda tentando fazer com que católicos e protestantes do norte da Irlanda cheguem a um consenso. Passamos bastante tempo com esses grandes negociadores e acompanhamos a evolução do seu pensamento e das suas abordagens em algumas das negociações mais difíceis do mundo. Essa experiência permitiu-nos acrescentar um material valioso ao nosso patrimônio intectual e profissional.

Então como relacionar tudo isso com a Negociação 3-D, caracterizada anteriormente como o marco mais recente na nossa jornada de negociações? Quando lemos textos acadêmicos ou manuais de negociação, percebemos que a maior parte deles considera as partes envolvidas e os tópicos da negociação de forma estática. A partir da ótica de cientistas sociais, a maior parte dos acadêmicos analisa cuidadosamente a forma como as pessoas se comportam ou deveriam se comportar em determinadas situações. Além de orientações sobre como tentar conseguir outras ofertas ou desenvolver o que os autores de *Getting to Yes* chamam de BATNA (Best Alternative to Negotiated Agreement), os guias práticos basicamente ensinam a você como ser efetivo *na mesa*.[1]

Habilidades táticas e interpessoais na mesa são certamente vitais. Mas, muitas vezes, os grandes negociadores com os quais trabalhamos e estudamos *não tomam a negociação como algo estático*. Eles fazem muito mais que colocar as suas cartas na mesa em certas situações. Vemos um padrão intermitente na forma de criar e exigir valor a longo prazo em negociadores efetivos. Algumas vezes assistimos uma negociação em potencial ser maximizada. Caso o solo não esteja fértil para o tipo de negociação que eles buscam, agem fora da mesa configurando a situação de forma mais vantajosa. Eles conseguem resultados superiores com um mapeamento imaginativo, trabalhando as partes envolvidas, a seqüência, construindo coalizões e tomando iniciativas influenciando os tópicos e os interesses que serão trabalhados nos diferentes estágios. Eles trabalham com as expectativas e conseguem orquestrar conseqüências fora da mesa para as partes, caso não haja nenhum acordo. Depois, eles voltam a trabalhar na mesa.

Esse intenso trabalho fora da mesa para configurá-la de forma mais vantajosa é muitas vezes o principal trabalho de um negociador, principalmente em negociações difíceis. E é verdade que ações fora da mesa podem fazer a diferença em todos os tipos de negociação. O aumento do reconhecimento dessa dimensão "fora da mesa", muitas vezes escondida, nos incentivou a escrever este livro. A cristalização e o desenvolvimento desta visão em negociações é a base do nosso método de Negociação 3-D.[2]

Pode parecer até intrigante que os pontos que dividem e separam as visões de muitos negociadores não tenham sido o foco central dos trabalhos de especialistas e de pessoas que escrevem livros mais básicos em negociação. É claro que muitos autores perceberam aspectos importantes que devem ser implementados longe da

---

[1] R. Fisher, W. Ury, and B. Patton, *Getting to Yes: Negotiating Agreement Without Giving In* (New York: Penguin, 1991).

[2] 3-D Negotiation™ é uma marca registrada de Lax Sebenius LLC.

mesa, e há poucos precursores deste trabalho, incluindo um capítulo que escrevemos 20 anos atrás em *The Manager as Negotiator*. Em áreas afins, como estratégia corporativa, autores como Adam Brandenburger e Barry Nalebuff desenvolveram idéias semelhantes.[3] Porém, com mais de duas décadas de experiência com acordos, ficamos perplexos com a freqüência com que negociadores habilidosos mudavam o jogo ao seu favor, enquanto negociadores menos habilidosos sofriam por não saber fazer isto. Também ficamos perplexos com a pouca atenção que foi dada a essas ações específicas que fizeram toda a diferença. A combinação sistemática dessas observações com importantes achados acadêmicos de muitas fontes nos conduziu à elaborar *Negociação 3-D*. Acreditamos que esse método – testado em várias situações e ao mesmo tempo relativamente novo em seu foco – oferece um meio prático e poderoso para preparar e evoluir em suas negociações. Temos esperança de que essa abordagem mude a forma como você pensa sobre negociações e como você negocia e o auxilie a encontrar melhores resultados nas suas transações mais importantes. Caso essas esperanças se tornem realidade, *Negociação 3-D* certamente se tornará um marco.

---

[3] A. M. Brandenburger and B. J. Nalebuff, *Co-opetition* (New York: Currency Doubleday, 1996).

Sumário

Introdução   15

Parte I: Visão Geral
Aspectos Básicos da Negociação 3-D

1	Negocie em Três Dimensões	21
2	Faça uma Auditoria 3-D das Barreiras Existentes para o Negócio	35
3	Desenvolva uma Estratégia 3-D para Superar as Barreiras	49

Parte II: Configure a Negociação Adequada
"Longe da Mesa"

4	Reúna as Partes Adequadas	67
5	Reúna os Interesses Adequados	83
6	Compreenda Adequadamente as Opções de *No-deal*	99
7	Faça a Seqüência e as Escolhas Básicas do Processo Adequadamente	113

Parte III: Desenvolva Acordos para a Criação de Valor
"No *Flip Chart*"

8	Vá para "Nordeste"	135
9	Trabalhe as Diferenças	151

| 10 | Faça Acordos Duradouros | 163 |
| 11 | Negocie o Espírito do Acordo | 175 |

Parte IV: Enfatize as Táticas para Solução de Problemas
"Na Mesa"

| 12 | Molde as Percepções para Exigir Valor | 193 |
| 13 | Solucione Problemas Conjuntos para Criar e Exigir Valor | 215 |

Parte V: Estratégias 3-D na Prática
"Deixe que Eles Façam do seu Jeito"

14	Mapeie Retrospectivamente para Desenvolver uma Estratégia 3-D	237
15	Pense de Forma Estratégica, Aja de Forma Oportunista	247
	Índice	265

Introdução

Você escolheu um livro sobre negociação. Por quê? Provavelmente você está, ou pretende estar, envolvido em algum processo de barganha. Talvez tenha passado por uma negociação difícil e esteja com a sensação de que poderia ter se saído melhor. Talvez esteja olhando para a sua vida profissional ou pessoal e veja importantes negociações a caminho. Mas o mais provável é que você se envolva em negociações com freqüência e esteja simplesmente procurando novas idéias.

Este livro pode ser de grande ajuda.

Fazemos negociações há anos. Assessoramos empresas e governos nas negociações mais desafiadoras. Analisamos negociações sistematicamente e ensinamos o que aprendemos a executivos de alto nível e oficiais de alto escalão do governo além de MBAs da Harvard e do mundo inteiro. Esse longo envolvimento com transações e negociadores nos deixou extremamente insatisfeitos com o modelo dominante na maior parte das negociações que acontecem hoje.

Qual é o problema? A maior parte dos negociadores se concentra em uma única dimensão do processo de barganha. Eles são "unidimensionais", de acordo com a nossa terminologia, e a sua única dimensão é a *tática*. Negociadores unidimensionais acreditam que negociação é o que ocorre *na mesa*. Para eles, a preparação e a execução são uma questão de processo e tática.

Entretanto, na maioria das vezes, essa abordagem unidimensional deixa dinheiro na mesa. Ela é inadequada para negociações difíceis em que o outro lado parece estar com todas as cartas. Também é inadequada para os desafios das negociações usuais com diversas (mais de duas) partes, bem como negociações internas e externas complicadas e agendas cambiantes. Essa abordagem conduz a negociações insatisfatórias e impasses desnecessários, estimulando conflitos que poderiam ter sido evitados.

Temos uma abordagem mais satisfatória, que estimula a utilização de três dimensões na negociação, e não apenas uma. Cunhamos o termo *Negociação 3-D* para descrever nossa abordagem e distingui-la de todas as outras que estão por aí.

Nossa primeira dimensão, a *tática*, é um território conhecido. Ela inclui as jogadas persuasivas e o processo de avanço gradual da negociação que você escolhe para lidar diretamente com o outro lado na mesa. Uma boa tática pode fechar um negócio, uma má tática pode arruiná-lo.

Nossa segunda dimensão, o *design do negócio*, inclui outros aspectos além do óbvio confronto direto. As pessoas que fazem o design do acordo sabem como identificar fontes ocultas de valor econômico e não-econômico. Possuem uma abordagem sistemática que permite antecipar e estruturar acordos criativos, de forma a revelar esses valores para as partes envolvidas.

Nossa terceira dimensão – a *configuração* – diz respeito às ações que ocorrem *fora da mesa*, que modelam e remodelam a situação, favorecendo o negociador 3-D. Nossa experiência com diversas negociações mostra que, uma vez estabelecidos os tópicos e as partes e montada a mesa, muito do jogo já foi jogado, ou seja, grande parte da negociação já foi definida. Mas os negociadores 3-D tomam a iniciativa antes mesmo de aparecer na sala de reuniões. Eles agem fora da mesa, buscando criar a situação mais propícia possível, prontos para o embate tático. Eles "preparam a mesa", assegurando-se de que as *pessoas certas* foram abordadas na *seqüência certa*, para negociar os *temas certos* que se relacionam com o *conjunto de interesses certo* na *mesa ou mesas certas*, no *momento certo*, com as *expectativas corretas* e ciente das *conseqüências de não fechar negócio caso não cheguem a um acordo*. Se a *configuração* da mesa não for promissora, deve haver medidas para uma reestruturação favorável. Conforme mostraremos, uma configuração bem elaborada *somada* às táticas corretas pode gerar resultados memoráveis, que não seriam atingidos somente pela utilização de táticas, por melhores que estas fossem.

Portanto, *Negociação 3-D* é o nosso esforço para cristalizar este conjunto de habilidades e *insights* um tanto singulares sobre a configuração e o desenho da negociação, bem como sobre suas táticas. Essas idéias provêm da prática no campo – onde você está – porém elas são avaliadas e testadas por muitos profissionais com importantes idéias sobre negociação ou com grande experiência prática, ou ambas. Apoiada em testes de campo e em acurada pesquisa acadêmica, estamos certos de que a *Negociação 3-D* pode ajudá-lo.

Começamos com uma visão geral sobre o tema, "Aspectos Básicos da Negociação 3-D". O capítulo inicial descreve as nossas três dimensões; os dois capítulos subseqüentes têm o objetivo de familiarizar o leitor com alguns processos-chave:

- Identificar obstáculos e barreiras a um acordo
- Agir a fim de superar essas barreiras

Utilizando essa "auditoria 3-D de barreiras", mostraremos os movimentos coordenados *na* mesa e *fora* dela que possibilitarão o melhor resultado na superação dos obstáculos identificados.

Após os capítulos básicos introdutórios (1 a 3), passamos para os capítulos específicos sobre cada uma das nossas dimensões, abordados na ordem reversa (3-2-1) para refletir a forma como um Negociador 3-D geralmente enfrenta uma situação de negociação mais difícil. Dos Capítulos 4 ao 7, mostramos como agir fora da mesa para configurá-la devidamente (a terceira dimensão). Os capítulos seguintes (8 a 11) mostram como desenvolver acordos geradores de valor (a segunda dimensão). Os Capítulos 12 e 13 demonstram como fazer essas negociações acontecerem, usando táticas de solução de problemas (a primeira dimensão). Na parte final do livro (Capítulos 14 e 15) mostramos como juntar todas essas perspectivas na prática das estratégias 3-D. No decorrer do livro, você perceberá que freqüentemente trazemos casos reais para ilustrar cada aspecto estrutural da negociação 3-D. Por motivos éticos e profissionais, alteramos os nomes e alguns outros aspectos dessas negociações, preservando o que cada um possui de essencial.

Existe um aspecto peculiar na Negociação 3-D, e provavelmente você o perceberá no decorrer da leitura: um problema em uma dimensão pode pedir uma solução em outra dimensão. Você já viu que muitas vezes a resposta a um problema específico decorre de uma dimensão aparentemente não relacionada ou ignorada. Por exemplo, um problema operacional pode revelar-se, de fato, um problema financeiro, ou vice-versa. O mesmo ocorre na Negociação 3-D: se você se concentrar somente no que fazer na mesa, ficará com poucas opções. Colocar mais energia e dedicação nas táticas e acordos do confronto direto pode não surtir efeito. Pode até ser ruim se o problema subjacente for uma configuração falha que requer medidas fora da mesa.

Se você não visualizar as três dimensões da negociação, pode acabar como um participante 1-D em um mundo 3-D. Talvez não consiga encontrar as respostas corretas para seus problemas mais importantes de negociação. Porém, abrindo os olhos e enxergando com uma visão 3-D mais ampla, as chances de sucesso aumentam significativamente. Se você sabe onde procurar, e sabe o que está procurando, certamente fará ótimos acordos e viabilizará estratégias que os tornem possíveis. Escrevemos este livro para que ele seja o seu guia.

PARTE I

Visão Geral
Aspectos Básicos da Negociação 3-D

CAPÍTULO 1

Negocie em Três Dimensões

Por que nascemos com dois olhos? Com certeza um dos motivos é para ter um de reserva, no caso de um acidente ou enfermidade. Porém, existe outro ponto que deve ser levado em consideração. Possuir dois olhos é diferente de possuir dois rins ou dois pulmões, pois dois olhos permitem enxergar o mundo em *três dimensões*. É totalmente possível viver com um só olho, muitas pessoas de fato vivem nessa condição. Entretanto, a visão "binocular" concede a grande vantagem da percepção em profundidade. Quando enxergamos o mundo com dois olhos, em vez de um, todos os tipos de complexidade se tornam visíveis.

Este é um livro sobre a visão do mundo em três dimensões. Ou seja, este livro trata do aprendizado de estratégias de negociação que reconhecem e potencializam as variadas complexidades nas interações humanas. Chamamos esta abordagem de *Negociação 3-D* por ela se basear em três dimensões distintas com o objetivo de gerar grandes resultados. Antes de entrarmos nas especificidades da nossa abordagem, vamos dar uma olhada na abordagem alternativa, que aqui é referida como *negociação unidimensional*.

Negociando em uma única dimensão

Existem muitos tipos de negociadores unidimensionais; de fato, o mundo está cheio deles. A maior parte cai em uma das duas categorias, que dentro da proposta deste capítulo iremos denominar negociadores "ganha-perde" e "ganha-ganha". Seja você um profissional ou um novato, com certeza reconhecerá esses dois tipos. Eles oferecem seminários rivais, lutam em periódicos acadêmicos e, em muitos casos, participam das negociações.

Negociadores do tipo "ganha-perde" pertencem à velha escola. Você certamente encontrará muitos deles fazendo suas propostas em reuniões do conselho, em conferências ou em outros locais onde acontecem negociações. Suas prateleiras de livros estão entulhadas com manuais sobre táticas para derrotar o adversário (*adversarial ploys*), como *Winning Through Intimidation* de Robert J. Ringer e *Start With No* de Jim Camp. Eles travam verdadeiras batalhas e fazem de tudo pelo menor preço ou, como dizem, pela melhor fatia da torta. Sentam à mesa de negociação querendo sair não só com a parte que lhes compete, mas com a maior parte do todo.

Por outro lado, negociadores do tipo "ganha-ganha" representam o novo estilo há algum tempo. Prometem soluções inovadoras, maiores lucros e melhores relacionamentos. A biblioteca "ganha-ganha" é composta por livros que enfatizam o potencial cooperativo da negociação, incluindo alguns memoráveis como *Getting to Yes* e *Getting Past No*[1]. Esse tipo de negociador não fica maquinando mil e uma maneiras de ficar com a maior fatia da torta. Prefere, ao contrário, utilizar a criatividade e pensar em soluções conjuntas para "aumentar a torta".

Você já deve ter alguma intuição advinda da sua experiência dos prós e contras típicos de cada uma dessas abordagens. O negociador agressivo "ganha-perde" fica com a melhor negociação algumas vezes. Porém, ele pode prejudicar alguns relacionamentos durante esse processo, não valorizando algumas opções mais criativas. Muitas vezes devido a essa atitude, negociações promissoras podem se romper. (Embora muitas vezes, conforme enfatizaremos nos capítulos posteriores, algumas discussões *mereçam* ser rompidas.)

O negociador de boa-fé "ganha-ganha" tem o seu foco voltado para a criatividade, e com toda a certeza possui muito mais amigos. Entretanto, pode não se sair muito bem em encontros mais decisivos que exigem uma atitude de maior firmeza. É uma troca, porém nem sempre muito benéfica. Em nome de relacionamentos duradouros, negociadores do tipo "ganha-ganha" podem abrir mão de possíveis ganhos no "aqui agora".

Assim, a diferença entre negociadores ganha-perde e ganha-ganha não poderia ser mais evidente, certo? Não é bem assim. De fato, são muito semelhantes em um ponto fundamental: tanto um quanto o outro são negociadores unidimensionais. Ambos concentram-se quase que exclusivamente nos aspectos táticos da negociação e no "cara a cara". Percebem o processo de negociação fundamentalmente em termos das ações na mesa de negociação, que engloba não somente a sala de conferências mas também todo o lado virtual da negociação (telefonemas, fax, e-mails, etc).

As orientações provenientes de ambos enfatizam a melhor forma de negociar *diretamente* com o oponente. Da perspectiva ganha-perde significa: ressaltar os pontos fracos do oponente, decidir quem deve fazer a primeira oferta, o valor exigido, como superar dificuldades de forma persuasiva, decifrar a linguagem corporal, ameaçar se retirar e como lucrar com diferentes estratégias.

---

[1] R. Fisher, W. Ury, and B. Patton, *Getting to Yes: Negotiating Agreement Without Giving In* (New York: Penguin, 1991); W. L. Ury, *Getting Past No* (New York: Bantam, 1991).

Ao mesmo tempo, o livro de regras "ganha-ganha" mostra como construir confiança, comunicação clara, descobrir os interesses reais por trás de cada uma das posições de negociação, pensar coletivamente em opções mais criativas, evitar gafes culturais e como reverter de forma bem-sucedida as estratégias usadas por suas contrapartes. Mas note que o foco está na tática. Os participantes são predeterminados, o tabuleiro, montado. Resta jogar o jogo, qualquer que seja a abordagem.

Na nossa experiência, a maior parte das pessoas pensa que as negociações ocorrem a partir de uma dessas duas abordagens ou a partir de uma combinação das duas. Obviamente, tanto os negociadores ganha-perde quanto os ganha-ganha se preparam antes de qualquer negociação. Mas, basicamente, a sua preparação consiste em planejar a interação face a face e suas táticas. Observe os diversos seminários e *workshops* de negociação oferecidos pela American Management Association, por exemplo. Estão quase todos listados na categoria "Comunicação e Relações Interpessoais", e, segundo eles, *a negociação é o que ocorre na mesa e trata das táticas e dos acordos diretos com o outro lado*.

Anos fechando acordos e analisando negociações nos convenceram de que essa noção do senso comum de que o foco deve estar na mesa não é garantida. Essa concepção perde de vista o maior potencial do jogo para o melhor resultado. Mesmo não percebendo ou reconhecendo, os negociadores unidimensionais estão atuando em um mundo 3-D e, freqüentemente, pagam um preço caro por operar com essa abordagem. Eles, bem como as pessoas a quem representam, são os perdedores.

A alternativa de negociação 3-D

Então, o que é essa abordagem 3-D mais ampla? Um Negociador 3-D, assim como qualquer outro, deve dominar as técnicas face a face, táticas da mesa que se baseiam em comunicação eficaz e habilidades interpessoais. Mas, conforme dito, a Negociação 3-D envolve *três* dimensões, não somente uma. As três estão ativas durante todo o processo de uma negociação eficaz. Essas três dimensões são:

1. Tática
2. *Design* do negócio
3. Configuração

Até agora você teve uma idéia do que é tática, pelo menos do ponto de vista ganha-ganha ou ganha-perde. A segunda dimensão, *design* do negócio, provavelmente se tornará familiar à medida que formos saindo de um enfoque unidirecional. Portanto, vamos dar uma olhada no desenvolvimento da negociação antes de entrarmos na menos compreendida – e mais poderosa – terceira dimensão.

O foco 3-D no *design* do negócio

Em poucas palavras, este é o *design* do negócio: *negociação envolve a arte e a ciência de cultivar acordos que criem valor duradouro*. O *design* do negócio utiliza uma ferramenta um pouco fora de moda (o *flip chart*), de uma maneira nova e produtiva. É nesse ponto, em particular, que o negociador ganha-perde não se sustenta. Na sua forma de pensar, as linhas gerais do negócio são evidentes. Portanto, o principal desafio da negociação está em escolher a melhor tática para *vencer* – os melhores preços e os melhores termos.

É isso que *nós* queremos dizer por abordagem sistemática ao *design* do negócio. Quando um negócio não oferece vantagens suficientes para todos os lados, ou quando a sua estrutura não atinge os seus objetivos, os *designers* da negociação devem trabalhar (no *flip chart*) sozinhos, em equipe ou em conjunto com a parte interessada. Muitas vezes o desenrolar da negociação cria valores inesperados orientados por princípios gerais e técnicas específicas que demonstraremos nos Capítulos 8 a 11.

Talvez seja necessário redefinir esse termo, pois (*flip chart*) muitas vezes tem uma conotação negativa, que não é a pretendida neste livro. Utilizamos a metáfora (do *flip chart*) para nos referir às noções de criatividade, invenção e novas maneiras de pensar, orientadas por princípios de *design* do negócio.

Pessoas inteligentes podem descobrir no *flip chart* fontes ocultas de valor econômico e não-econômico e propor acordos – *design* do negócio – que revelam esse valor para as partes envolvidas. Por exemplo: se trata *realmente* de um acordo de preço? Faz sentido alguma troca entre as partes? Em que termos? É possível analisar diferentes aspectos do que parece um único tópico e conceder a cada lado o que mais valoriza? Deveríamos fazer um acordo em etapas, talvez com contingências e provisões para compartilhamento de riscos? No caso de haver um contrato, deveríamos pensar num conceito mais criativo do que o que já utilizamos? Um que vá ao encontro das necessidades individuais bem como econômicas?

Alguns exemplos de *design* do negócio

A sabedoria popular costuma dizer que negociamos com o objetivo de superar as diferenças que nos separam. Assim, normalmente somos aconselhados a negociar de maneira que todas as partes saiam satisfeitas, com acordos ganha-ganha que levam em conta interesses comuns. Buscar interesses comuns quase sempre ajuda. Entretanto, muitas vezes deixamos passar fontes de valor que surgem justamente das *diferenças* entre as partes. Os princípios do *design* do negócio podem encaminhar para um acordo que harmoniza as diferenças.

Por exemplo, quando Egito e Israel estavam negociando o território do Sinai, suas posições sobre onde estabelecer a fronteira divergiam. Quando os negociadores foram além das posições opostas, conseguiram descobrir uma diferença vital de interesses e prioridades: os israelenses estavam preocupados com a segurança, enquanto os egípcios se importavam mais com a soberania do território. A solução encontrada foi estabelecer uma zona desmilitarizada comandada pelos egípcios.

Diferenças de interesse ou prioridade podem abrir a porta para inúmeros elementos diferentes e possibilitar que cada parte fique com o que mais valoriza, ao menor custo possível para a outra (como os egípcios e os israelenses fizeram). Este é um princípio básico do *design* do negócio. Um bom negociador ganha-ganha pode muito bem ter idéias que envolvam esse tipo de acordo criativo focando nos *interesses*, não nas posições, e buscando levantar o máximo de alternativas viáveis. Assim, o diferencial do *design* do negócio é cristalizar e desenvolver de forma mais sistemática os princípios subjacentes[2].

Vamos olhar um exemplo de outro tipo de diferença, que destaca como *previsões* divergentes podem estimular ganhos conjuntos. Consideremos um empreendedor que está otimista sobre as perspectivas de sua empresa de componentes eletrônicos, em ascensão, diante de um potencial comprador, que gosta da companhia, mas tem uma atitude de ceticismo maior do que o empreendedor/dono sobre o fluxo de caixa futuro da empresa. Eles negociam de boa-fé, mas, ao final do dia, ambos discordam sobre o provável futuro da empresa e não conseguem chegar a um acordo sobre o preço de venda aceitável.

Em vez de ver essas diferentes perspectivas como um obstáculo, um *designer* de negociações perspicaz perceberia a oportunidade de mediar essa falta de critérios em relação ao valor. Uma opção seria um acordo no qual o comprador paga uma quantia fixa agora e uma quantia contingente mais tarde, esta determinada pela performance futura da empresa. Estruturado de forma adequada, tal pagamento contingente, com incentivos e monitoria adequados, pode parecer bastante atraente para o vendedor otimista, que espera lucrar com esse acordo, e com um custo relativamente baixo para o comprador menos otimista. Além do mais, a aceitação pelo vendedor de tal acordo pode dar ao comprador a confiança que ele ou ela precisa para fechar o acordo. O processo de pagamento em duas vezes pode tornar o acordo atraente para ambos, sendo melhor do que não fechar o negócio.

Conforme veremos nos capítulos subseqüentes, um conjunto de outras diferenças compõe a matéria-prima que *designers* habilidosos transformam em ganhos con-

---

[2] Aqui novamente Fisher, Ury e Patton são os ícones. *Getting to Yes* destacou o valor crítico de negociações "baseadas em interesses", ao contrário da forma tradicional de negociação com posições sendo consideradas o ponto-chave. O primeiro trabalho de exploração sistemática sobre o papel das diferenças no desenvolvimento de negociaçãos pode ser encontrado em J. K. Sebenius, "Anatomy of Agreement" (PhD diss. Harvard University Economics Department and Harvard Business School, Cambridge, MA, 1980); J.K. Sebenius, *Negotiating the Law of the Sea: Lessons in the Art and Science of Reaching Agreement* (Cambridge, MA: Harvard University Press, 1984); e no Capítulo 5 de D.A. Lax e J. K. Sebenius, *The Manager as Negotiator: Bargaining for Cooperation and Competitive Gain* (New York: Free Press, 1986).

juntos. Por exemplo, uma parte menos temerosa em relação aos riscos pode "fazer um seguro" para uma mais temerosa. Uma parte mais impaciente pode receber mais do dinheiro inicial gerado, enquanto sua contraparte, mais paciente, pode ganhar consideravelmente mais durante um período mais longo. Diferenças no custo ou na receita bruta, bem como a situação fiscal ou medidas reguladoras entre as partes, podem ser convertidas em ganhos para ambos. Se uma parte se importa mais com a forma como um acordo aborda determinado tema, enquanto a outra se preocupa com o tema em si, um *design* correto do negócio pode criar valor para ambos. De fato, para um *designer* perspicaz, conduzir um "inventário de diferenças" é tão importante quanto identificar áreas de interesse comum.

Neste momento você deve estar entendendo melhor o que consideramos a segunda dimensão no nosso esquema 3-D: *design* da negociação no *flip chart*. Enquanto a nossa primeira dimensão, a tática, diz respeito principalmente ao processo interpessoal na mesa, o *design* da negociação se concentra na substância e nos resultados, muitas vezes longe da própria mesa.

O foco 3-D na configuração

A terceira dimensão, os movimentos de configuração – muitas vezes a ação mais importante de um Negociador 3-D – completa a mudança de foco. Esses movimentos ocorrem inteiramente *fora* da mesa. Basicamente, isso é o que queremos dizer com configuração: *a negociação envolve movimentos fora da mesa para configurar a situação mais promissora quando você estiver na mesa.* Antes de sentar-se, o Negociador 3-D utilizou princípios poderosos de negociação a seu favor, explicados detalhadamente nos próximos capítulos, para criar condições ótimas antes que as partes se encontrassem diretamente. Em outras palavras, a mesa foi muito bem posta antes que o jogo tático (o foco de negociadores ganha-perde e ganha-ganha) começasse.

O que significa "configurar a mesa" neste contexto? Colocado de maneira simples, significa assegurar que as *devidas partes* estão envolvidas, na *seqüência devida*, para abordar os *tópicos corretos* que se relacionam com o *conjunto de interesses certos*, na *mesa ou mesas*, no *momento adequado*, com as *expectativas certas*, encarando as *conseqüências de não fechar negócio*. Antes de se preocupar muito com as táticas, o arquiteto de configuração 3-D trabalha muito para otimizar esses elementos, o escopo, a seqüência e as escolhas do próprio processo, dentro dos quais o jogo interpessoal vai funcionar.

Se a configuração da mesa não é promissora, o Negociador 3-D não recorre necessariamente à intimidação (como o tipo ganha-perde) ou ao charme pessoal e à empatia (como o negociador ganha-ganha). Em vez disso, ele age fora da mesa para reconfigurá-la mais favoravelmente. Um Negociador 3-D sabe que uma má configuração pode diminuir ou aumentar a relevância das táticas; enquanto uma configuração ótima, por outro lado, faz com que as boas táticas sejam ainda mais eficientes. Na verdade, ela pode ajudar a alcançar resultados que seriam impossíveis de outra maneira.

Financiando a Staples: o escopo e a seqüência adequados

O Negociador-3-D é extremamente cauteloso em relação à otimização do *escopo* (as partes, os interesses, as opções de *no-deal*) e da *seqüência* pela qual diferentes partes estão envolvidas com o objetivo de criar a configuração mais promissora. Vamos dar uma olhada em um caso interessante, que pode ajudar a ilustrar o que queremos dizer com configuração mais promissora.

O caso envolve Thomas Stemberg, o fundador da Staples, a megaloja de material de escritório[3]. Graças a uma primeira parcela de financiamento de capital de risco para Stemberg, o conceito da Staples – preços baixos em material de escritório para pequenas empresas – pareceu bastante tentador, superando as vendas inicialmente previstas em 50%. Com esses resultados positivos em mãos e com a ameaça de novos competidores entrando no mercado recém-criado pela Staples, entre eles a Office Depot, Stemberg precisava urgentemente de capital para expansão. Logicamente, ele buscou os investidores de risco que tinham ajudado a Staples na decolagem inicial.

Mas, durante a procura por um segundo *round* de financiamento, a questão da *avaliação* surgiu como um obstáculo potencial. Do lado da mesa da Staples, a sensação era de que os investidores estavam irredutíveis na sua posição, negando-se a cooperar com Stemberg e a valorizar a Staples da forma que ele esperava. Oferecer menos capital e demandar uma fatia maior das ações da Staples, com certeza, não é uma tática muito inovadora. Em todos os lugares onde procurou, na comunidade de capital de risco, ouviu essa mesma resposta.

Portanto, qual seria a melhor atitude de Stemberg na negociação para (nas suas palavras) quebrar o "cartel dos investidores de risco"? A resposta seria melhorar a tática na mesa de conferência? Se fosse, seria melhor Stemberg atuar como negociador ganha-perde, no estilo da velha escola? Ou seja, ele deveria se esforçar mais em olhar fixamente nos olhos dos banqueiros ou em decifrar a sua linguagem corporal? Será que ele deveria prender todos em uma sala até obter o resultado positivo esperado? Ou simplesmente dizer "não"? Ou recusar o orçamento? Ou vencê-los no cansaço? Ou, como alternativa, seria mais proveitoso ser um participante

---

[3] Ficamos sabendo deste caso por Jeffrey L. Cruikshank. Esta versão é tirada de seu livro *Shaping the Waves* (Boston: Harvard Business School Press, 2005). Também nos baseamos nas conversas com William Sahlman que ajudaram a refinar o nosso entendimento, bem como nos registros de Thomas Stemberg no livro *Staples for Success* (Santa Monica, CA: Knowledge Exchange LLC, 1996), 44-47.

ganha-ganha e escutar com mais atenção? Fazer um *brainstorm* de opções? Buscar a medida mais justa?

A resposta para todas essas perguntas é *não*. A partir da perspectiva de um Negociador 3-D, a melhor forma de lidar com essa situação *não* seria com o foco na tática e no processo que se desenrola na mesa. Em vez disso, diríamos que Stemberg precisa de uma configuração mais promissora, envolvendo *novas partes e interesses adequados*, mais receptivos ao tipo de acordo que ele buscava.

Buscar uma oferta de financiamento melhor e orientação tradicional seria uma boa jogada neste caso. E foi precisamente o que Stemberg fez! Ele iniciou conversações com a Goldman Sachs, um banco de investimentos, em vez de procurar outras empresas que operam com capital de risco. Após falar com os seus contatos, entretanto, a Goldman propôs *exatamente a mesma avaliação* dos capitalistas de risco. Em vez de desaparecer, parecia que o "cartel" estava se ampliando. E *agora*?

Em um caso como esse, um bom Negociador 3-D faria uma série de perguntas (abordaremos isso mais adiante) com o objetivo de gerar uma configuração mais promissora. Aqui está uma possível linha de questionamento: "Quem são os possíveis 'participantes de alto valor' nesta situação? Quais são as outras partes ainda não envolvidas que poderiam valorizar um acordo mais do que as já envolvidas?"

Com a intenção de responder a essas perguntas e lidar com o cartel que tinha diante de si, Stemberg visitou a Harvard Business School e buscou orientação com um colega, professor Bill Sahlman, especialista em firmas de empreendimento tipo *venture* e em financiamento de empreendimentos tipo *Start up*. Stemberg perguntou: "Como mudar isso?" A resposta de Sahlman: "Vá *direto* às instituições: fundos de pensão e companhias de seguro... Elas costumam ser sócias das firmas de capital de risco e freqüentemente queixam-se de pagar 20% dos lucros e ainda honorários para as empresas de capital de risco".[4]

Essas instituições, na visão de um Negociador 3-D, seriam "participantes de alto valor". Trazidas diretamente para o acordo, teriam um retorno de pelo menos mais 20%, ao contrário do que se investissem indiretamente através de parceiros de capital de risco. Seguindo esse conselho, Stemberg expandiu suas opções de obtenção de recursos financeiros, visto que vários sócios limitados dos fundos de especulação e capital de risco ofereceram investir seu *próprio dinheiro* concordando com o preço sugerido por Stemberg.

E quem mais poderia ser um participante de alto valor? Stemberg decidiu que também deveria fazer um apelo aos indivíduos com alto patrimônio líquido e perspectivas independentes, que poderiam oferecer uma avaliação mais favorável que os capitalistas de risco. Assim, conversou com Marty Trust, presidente da Mast Industries, cujo escritório situa-se literalmente do outro lado da rua da segunda loja da Staples. Trust podia ver os resultados da Staples. Ele conhecia suficientemente

---

[4] Cruikshank, *Shaping the Waves*, 27.

bem o setor de varejo para reconhecer seu potencial. Logo entendeu que Stemberg tinha que agir rapidamente, pois a concorrência, lojas-clone como as da Office Depot, estava abrindo várias filiais. Conforme lembrou Stemberg: "Quando [Marty Trust] disse que queria 10% da companhia, nós dissemos 'certo, são US$ 3 milhões'. E ele disse 'tudo bem', e num passe de mágica a companhia tinha valor".

Essa história o surpreende como um exemplo de Negociação 3-D? As negociações com os capitalistas de risco não falharam? *Este* é um exemplo de uma negociação bem-sucedida?

A resposta é "sim" para as duas últimas perguntas. Este é um exemplo da forma exata como um Negociador 3-D pensa. Qual é, então, essa forma? Stemberg não confiou nas táticas cara a cara como recurso para mudar o posicionamento dos investidores iniciais, que se mostraram excessivamente gananciosos. (Essa seria a forma padrão, unidimensional, de pensar.) Em vez disso, mudou o *escopo* da negociação (as partes, os seus interesses, as opções de *no-deal*). Reconfigurou a mesa de forma mais favorável, com novas partes mais adequadas, cujos interesses estavam muito mais alinhados com o *negócio que ele queria fechar*. E, assim, conforme veremos, deu seqüência ao projeto.

Portanto, o conselho básico nesse tipo de situação, ou seja, buscar outras opções disponíveis, serve como um bom guia, apesar de um tanto óbvio. Porém, se Stemberg tivesse continuado a buscar financiamento com outros banqueiros, incessantemente, ou em outras fontes de capital, é possível que acabasse de mãos vazias e tivesse desperdiçado um tempo precioso. Por quê? Embora pudessem ser uma alternativa aos capitalistas de risco, ainda assim não eram os participantes *adequados*.

Aplicando os princípios da Negociação 3-D de forma sistemática e disciplinada, é possível aprender a focalizar e identificar participantes potenciais de alto valor – partes que ainda não estão envolvidas, mas que provavelmente valorizam mais o acordo do que as partes da configuração atual – de forma a atingir uma configuração mais promissora e melhores resultados. No caso da Staples, os participantes adequados eram os de alto valor. Em outros casos, mostraremos *outros* tipos de participantes que podem ser adequados para melhorar a configuração. Alguns exemplos também podem incluir a influência direta ou indireta nas negociações, de forma a exercer um papel-chave na aprovação ou implementação de acordos.

A configuração também melhorou em outros sentidos, como resultado das jogadas fora-da-mesa de Stemberg. Mesmo quando foi atrás de novas fontes, conforme sugerido por Sahlman, ou quando pressionou a Goldman Sachs a melhorar sua oferta, Stemberg continuou a buscar empresas que operavam com empreendimentos comerciais especulativos e com capital de risco, sempre atento às melhores opções, caso os capitalistas de risco dissessem não. Nesse meio tempo, as manobras eficazes de Stemberg diminuíram consideravelmente as opções de *no-deal* dos investidores de risco. Quando voltou a fazer contato com os investidores iniciais, podê apresentar-lhes notícias alarmantes. Além de estarem numa posição intermediária à qual, certamente, não estavam muito acostumados – com risco de serem substituídos pelos seus próprios sócios limitados – parecia que o lugar deles estava cada vez menos garantido, já que outros investidores começavam a se interessar. "Esse acordo tem cada vez mais investidores interessados", Stemberg declarou enfaticamente. "Vocês querem participar ou não?"

Funcionou... de acordo com os seus termos e condições. Apesar de alguns aspectos mais difíceis, a abordagem de Stemberg não rompeu seu relacionamento com os investidores de risco. E, além do mais, o sucesso do seu esforço em reconfigurar a mesa de modo mais adequado teve um impacto benéfico, influenciando futuras negociações com outros financiadores potenciais. (*Ei pessoal, já provei que posso conseguir o dinheiro de outra forma. Vocês querem jogar com bom senso ou não?*)

Com certeza existem mais informações a respeito do *escopo* (partes, interesses, opções de *no-deal*) e da *seqüência* além do que foi descrito aqui. Mas você entendeu o conceito geral. Não mantenha o foco unicamente na tática quando está na mesa, certifique-se de que a configuração está adequada. Se você não gosta da configuração da mesa, reconfigure-a intervindo no escopo e na seqüência das negociações.

Criando e obtendo valor

Vamos voltar um passo e fazer uma pergunta fundamental cuja resposta permeia toda a nossa abordagem: quer trabalhemos em uma, duas ou três dimensões, o que de fato estamos tentando fazer na negociação? Num primeiro nível, obteremos diferentes respostas, que dependerão das especificidades das negociações propriamente ditas. (Nesse nível, Tom Stemberg diria: "O objetivo da negociação, para mim, é conseguir rapidamente o dinheiro que preciso e em condições justas".) Porém, em um nível mais profundo, a resposta à nossa pergunta retórica é sempre a mesma: *O objetivo na negociação deve ser criar e obter valor de longo prazo, construindo e implementando um acordo que seja satisfatório para ambas (ou todas) as partes.*

O que é valor? Certamente muitas negociações giram somente ao redor do valor econômico, ou seja, os potenciais ganhos financeiros às partes que se envolvem na negociação. Suponha que temos uma patente que possa aumentar drasticamente o valor do seu produto em um segmento de mercado no qual não temos interesse algum em competir. Um acordo de licença poderia criar valor econômico para ambas as partes e, certamente, seria mais atraente do que a alternativa de *no-deal*.

Mas o valor pode e certamente, em muitos casos, deve ser entendido de forma mais ampla. Pense no exemplo da negociação entre o Egito e Israel a respeito do território do Sinai. Em vez de uma batalha nada lucrativa a respeito do local onde deveria ser demarcada a fronteira, eles pensaram numa zona desmilitarizada sob o comando egípcio; o tipo de valor criado aqui não foi prioritariamente o econômico.

Envolveu a garantia de segurança para os israelenses e o reconhecimento político para os egípcios. A idéia de valor pode ir mais longe ainda; quando uma ou mais partes valoriza determinado aspecto do processo ou do resultado, esse aspecto se torna uma fonte potencial de valor. Assim, "valor" pode ser um fluxo de dinheiro, mas também pode significar precedentes, reputação, relacionamentos, aparência política, eqüidade e mesmo o quanto a auto-imagem do outro lado pesa no processo. O Negociador 3-D é um mestre na arte da cooperação e nas habilidades de resolução de problemas que desencadeiam ganhos conjuntos e que, assim, criam valor para todos os lados como alternativa ao *no-deal*. A criação de valor faz parte do aspecto "ganha-ganha" do processo, pois beneficia todas as partes.

Mas isso é apenas um pedaço da história. O Negociador 3-D também é um mestre na arte de *obter* valor. Essa é a parte mais competitiva e tem mais a ver com o aspecto "ganha-perde" da negociação, na qual todas as partes querem uma fatia maior da "torta do valor". Obviamente, existe uma tensão inerente entre as jogadas necessárias à criação de valor e as jogadas mais competitivas, que criam condições para a apropriação de valor individualmente. Administrar essa tensão é o coração e a essência da arte e da ciência da negociação. Quando esses vetores contraditórios não são bem administrados, a negociação tende a se romper rapidamente. Jogadas precipitadas e violentas em busca da apropriação de valor podem entrar em conflito com as jogadas necessárias para criar valor. Assim, alguns impasses desnecessários acabam aparecendo, e o dinheiro acaba ficando na mesa. As técnicas de Negociação 3-D descritas neste livro ajudarão a responder a esses três desafios. Elas o ajudarão a criar e obter valor e a administrar de forma produtiva a tensão que isso gera.

Existe mais um ponto importante: os negociadores devem pensar a longo prazo quando estão criando ou obtendo valor. Existem muitos tipos de negociação com um único *round* após o qual as partes dificilmente negociarão novamente. É provável que, se for vender a sua companhia, você o faça somente uma vez. Se vender uma série de casas ou carros usados no decorrer da sua vida, certamente estará lidando com indivíduos diferentes a cada vez. Esses são acordos importantes, e nos capítulos seguintes ofereceremos muitas orientações acerca da administração de negociações de *round* único, que, por sua vez, não exigem uma perspectiva de longo prazo.

Porém, em negociações que consistem em mais de um *round*, quando estiver criando ou obtendo valor, é importante ter em mente a perspectiva de longo prazo por três motivos. Primeiramente, muitos negociadores são apenas parte de um relacionamento muito mais abrangente. Dessa maneira, esse relacionamento mais amplo pode ser comprometido pela utilização de determinadas táticas que podem prejudicar a obtenção de bons acordos no futuro. Em segundo lugar, muitos acordos geram valor somente quando as partes cumprem o que foi acordado. Se alguma parte sentir que foi explorada ou tratada de maneira injusta, pode cumprir apenas em parte o que foi determinado e, em alguns casos, pode até mesmo repudiar o acordo totalmente. O terceiro ponto mostra que, mesmo no caso de um acordo estabelecido em um único processo de negociação, a sua atitude no processo pode afetar sua reputação em acordos futuros, mesmo que não estejam diretamente relacionados com o acordo presente. Os negócios e as redes pessoais dentro das quais interagimos estão se tornando cada vez mais intrincados e conectados. As pessoas se comunicam. Construir uma reputação em cima da noção de desigualdade ou competitividade extrema pode prejudicá-lo no futuro.

Reiteramos que o objetivo geral de uma negociação é criar e obter valor a longo prazo. Esse objetivo informa como fazer uma auditoria de obstáculos 3-D (assunto do nosso próximo capítulo) e como elaborar uma estratégia 3-D para superar os obstáculos e barreiras identificadas (assunto do Capítulo 3). Quando analisamos as dificuldades de determinado processo de negociação, freqüentemente fazemos duas perguntas muito específicas:

- Quais são os obstáculos à criação de valor?
- Quais são os obstáculos à obtenção de valor?

Da mesma forma, quando falarmos da elaboração de uma estratégia 3-D, nos concentraremos na configuração, no *design* do negócio e nas jogadas táticas que irão (1) criar o máximo de valor possível e (2) obter o máximo valor possível no longo prazo.

Não apenas uma, mas *três* dimensões

Resumindo, o Negociador 3-D joga de forma mais completa do que o negociador ganha-perde, da velha escola, ou do que o descolado negociador ganha-ganha, ou do que seus muitos derivados que habitam ao redor das mesas de negociação. Por esse motivo, desenvolvemos a metáfora das "dimensões" para descrever as três diferentes e mutuamente reforçadoras classes de movimentos em negociação que fazem parte do arsenal do Negociador 3-D: as táticas, o *design* do negócio e a configuração. A Tabela 1-1 resume cada uma das três dimensões. No momento em que colocamos todas essas peças juntas, vemos o que significa ser um Negociador 3-D. E é precisamente isso que este livro irá mostrar: como jogar *todo* o jogo em vez de se concentrar somente na parte da mesa de negociação.

Um último ponto: em todas as negociações, *o que está em jogo é sempre muito importante*. Isso vale para quando você estiver negociando um financiamento de capital de risco, tentando estabelecer comunicação em situações difíceis, ou quando fechar um acordo-chave para uma negociação. Com certeza esses são diferentes contextos de negociação, com diferentes aspectos colocados na balança: a vida, os lucros, os sonhos. Mas, em todos os casos, as pessoas que estão na mesa valorizam muito o resultado do processo de barganha.

TABELA 1-1
Dimensões singulares que compõem uma abordagem 3-D integrada

Dimensão	Apelido	Onde	Foco	Jogadas ilustrativas
Primeira	Tática	"Na mesa"	Pessoas, processo	Melhorar a comunicação, construir a confiança, administrar conflitos, mediar diferenças culturais
Segunda	*Design* do negócio	"No *flip chart*"	Valor, substância, resultado	Inventar e estruturar acordos que criem mais valor, que se alinhem com os objetivos e que sejam sustentáveis
Terceira	Configuração	"Fora da mesa"	Arquitetura	Assegurar o escopo mais favorável (as partes, interesses e opções de *no-deal* adequados), bem como a seqüência e as escolhas básicas do processo

Infelizmente, quando se trata do sucesso na negociação, não faz muita diferença a importância do que está em jogo. Somente *uma preparação eficiente e uma atenção focada* fazem a diferença e, na nossa experiência, descobrimos que a melhor preparação é aprender os princípios da Negociação 3-D. O primeiro passo da preparação é entender contra o que você está lutando. Para nós, isso significa identificar as barreiras que estão entre você e o acordo que busca realizar. Fazer um diagnóstico dessas barreiras é nosso próximo ponto. Será abordado no Capítulo 2.

CAPÍTULO 2

Faça uma Auditoria 3-D das Barreiras Existentes para o Negócio

Como você pode conseguir o acordo que busca? Comece com uma clara compreensão a respeito do que você quer. Quais são as características gerais do acordo que deseja realizar? A seguir, desenvolva uma imagem detalhada de onde as coisas estão posicionadas hoje. Então, baseado nessa imagem, você faz a seguinte pergunta: o que se encontra entre mim e o alcance do potencial máximo do acordo que tenho em mente? Trabalhe retrospectivamente a partir da compreensão que você desenvolveu a respeito dessas barreiras, de forma a desenvolver uma estratégia de negociação. Assim, vamos usar a terminologia introduzida no último capítulo para lidar com a pergunta: "O que está impedindo o acordo ideal?". As falhas na configuração o estão bloqueando? Ou, quem sabe, questões relativas ao *design* do negócio? Ou talvez problemas com as pessoas envolvidas?

Não se precipite nas suas conclusões pensando que se trata de uma questão de diferença de opiniões em relação aos preços discutidos, ou que questões de diferença cultural estão atrapalhando a negociação, ou que as pessoas do outro lado da mesa simplesmente não são razoáveis. Sem uma avaliação precisa das barreiras, o que chamamos de *auditoria 3-D das barreiras*, suas estratégias e táticas podem ser dirigidas aos problemas errados[1]. Utilizamos o termo *auditoria* para salientar o fato de que é necessária uma avaliação *sistemática* da situação em termos da configuração, do *design* do negócio e das táticas empregadas. Neste capítulo mostraremos como desenvolver esse tipo de avaliação. Mas primeiramente vamos dar uma olhada em uma negociação que não possuía o benefício de uma auditoria 3-D e, em conseqüência, teve resultados insatisfatórios.

---

[1] Nosso colega da Faculdade de Direito de Harvard, Robert Mnookin foi o primeiro a sistematizar a noção de barreiras a um acordo de negociação, porém seu conjunto de barreiras remete intimamente a disciplinas acadêmicas como psicologia, bem como a teorias específicas, em vez de uma abordagem mais voltada a questões práticas como o esquema de barreiras 3-D que desenvolvemos aqui. Veja os trabalhos de Mnookin e de seus colegas; K. Arrow et al., eds., *Barriers to Conflict Resolution* (New York: W.W. Norton, 1995).

LockStore: a auditoria 3-D que deveria ter acontecido

Este caso é baseado em uma história real: a saga de negociações de uma empresa no ramo da tecnologia que iremos chamar de LockStore Systems, Inc. Essa empresa havia desenvolvido um sistema para detectar vazamentos em tanques subterrâneos de estocagem de gasolina, um detector de odor que era cem vezes mais preciso, rápido e barato do que os outros tipos de tecnologia disponíveis no mercado nessa área.

A Agência de Proteção Ambiental estava exigindo e desenvolvendo padrões para teste de tanques de gasolina subterrâneos, de forma a evitar a contaminação de suprimentos de água. Embora não tenha participado do processo de regulamentação, a LockStore acompanhou com grande interesse todo o processo de desenvolvimento e implementação desses padrões. Assim que os padrões foram implementados a LockStore estava certa de que tinha em mãos um produto vencedor: não só era mais rápido, barato e melhor que os concorrentes, mas também era, de certa forma, *obrigatório* para a manutenção das diretivas da nova regulamentação a respeito de tanques de estocagem de gasolina. Seus engenheiros começaram a negociar com potenciais compradores e ficaram perplexos ao receber somente *uma única* encomenda do mercado. Um após o outro, todos os potenciais clientes caíram fora da mesa.

O que deu errado? Ou seja, quais foram as barreiras ao acordo?

Geralmente orientamos a começar uma auditoria 3-D com uma análise da configuração, a terceira dimensão, que normalmente inclui as outras. Entretanto, vamos inverter a ordem e começar pelo ponto com o qual estamos mais familiarizados. Assim, vamos começar com a primeira dimensão: a tática e os fatores interpessoais e sua influência na mesa.

No caso da LockStore, será que foi culpa da personalidade dos engenheiros? Ou talvez a culpa foi de não saber o momento de olhar no olho do comprador e fechar o acordo? Não. Todas essas questões interpessoais (mais tarde ficou claro) não tinham nada a ver com a série de recusas.

Pense por um momento sobre a forma como esses compradores poderiam perceber os *seus* interesses no produto, principalmente, à luz do fato de que as novas regulamentações ainda permitiam alguns litros de vazamento, enquanto a nova tecnologia perceberia qualquer vazamento por menor que fosse. O equipamento da LockStore era simplesmente *muito* bom. Todos os potenciais compradores concordavam que era um "feito tecnológico". Mas a parte que os engenheiros de venda da LockStore não ouviram foi essa: "E por um ótimo preço também. Mas na verdade este prático e eficiente novo equipamento certamente vai me trazer problemas legais desnecessários de regulamentação, bem como muita dor de cabeça. Acho melhor recusar. Pensando melhor, acho que quem deveria comprar este produto seria o meu *concorrente*." Assim, da perspectiva da LockStore "mais rápido, melhor e mais barato" soava como garantia de venda; entretanto, para o outro lado, soava como dor de cabeça na certa. Nada feito.

A primeira, e fatal, barreira tática foi o foco míope da LockStore. Presos na sua própria perspectiva, os engenheiros de venda não pensaram a respeito do que significaria ser "mais rápido, melhor e mais barato" para o *outro* lado. E lembre-se: é a escolha do outro lado que você está tentando influenciar nas suas negociações.

Ajustar esse ponto interpessoal básico teria sido útil para a LockStore. Infelizmente, uma maior atenção serviria para revelar uma barreira a este acordo: o valor necessário não existia na percepção do comprador. Na verdade, este equipamento hipersensível criaria custos e riscos desnecessários para o usuário. Esta é a ilustração de uma barreira clássica que chamamos de *acordo adverso/balanço do no-deal*, simplesmente significa que a resposta de *no-deal*, o não, soa melhor que o sim para uma ou mais das partes.

Seria um tanto difícil esse balanço de *no-deal* unicamente através do manejo e ajuste de possíveis contratos. Assim, além de diminuir a eficiência do produto, mantendo o mesmo preço, o que mais poderia ser feito? Como sugere a nossa auditoria de barreiras táticas e de *design* do negócio, provavelmente nem mesmo os negociadores mais persuasivos, nem mesmo os mais criativos *designers* de negócios teriam sido bem-sucedidos. Se estivéssemos envolvidos, aconselharíamos a LockStore a buscar soluções *fora da mesa*. A verdadeira barreira para o sucesso do acordo envolvia a própria configuração, que estava limitada à negociação entre a empresa e os clientes.

A LockStore simplesmente estava negociando com as pessoas erradas. Mais energia deveria ter sido empregada persuadindo o governo a *exigir* o alto nível de cumprimento das normas que o equipamento media. Ao todo, esse resultado traria menos custos de cumprimento e aderência às normas e regulamentações e ofereceria resultados ambientais muito mais satisfatórios para todos. Talvez a LockStore pudesse ter juntado forças com os seus fornecedores para alcançar este resultado. Também poderia ter proposto acordos de licença de fabricação para outros concorrentes, de forma a trazê-los à negociação. Talvez até alguns potenciais clientes pudessem ser persuadidos a participar desta coalizão. (Nenhum desses clientes queria ser o *único* a incorrer nos custos de manutenção que o equipamento da LockStore geraria, mas provavelmente *todos* concordariam em utilizar o equipamento de detecção da LockStore se todos que tivessem tanques de estocagem de gasolina seguissem o mesmo alto padrão.) Se a Agência de Proteção Ambiental tivesse exigido a utilização do melhor tipo de tecnologia disponível no mercado para a monitoração de tanques de estocagem, a LockStore poderia desfrutar do resultado de um alto índice de vendas para uma ampla variedade de clientes industriais.

Essa auditoria 3-D póstuma sugere que a LockStore enfrentou uma barreira tática auto-infligida por manter o foco voltado para dentro e por não investigar os reais interesses do outro lado. Assim, mesmo uma abordagem interpessoal mais eficaz revelaria a infeliz barreira ligada ao acordo propriamente dito, ou seja, que não existia uma zona de interesses comuns, mas ao menos esclareceria as barreiras de configuração ao acordo.

Para superar essa barreira, a LockStore teve de mudar a configuração levando em conta os maiores potenciais financeiros e ambientais resultantes desta mudança. Quando a LockStore mapeou as partes da negociação, o seu foco estava somente nas partes que já estavam na mesa. Porém, uma Negociação 3-D também olha as partes *potencialmente* envolvidas, com o objetivo de configurar a situação mais promissora. A LockStore falhou nesse sentido e teve de pagar um alto preço como resultado.

Dessa maneira, fazer uma auditoria 3-D *prospectiva* das barreiras para guiar a sua estratégia de negociação é muito melhor do que fazer uma necropsia para descobrir por que não deu certo. Com o caso da LockStore como ilustração, trabalharemos com base em uma auditoria de barreiras mais sistemática, começando com a configuração.

Avaliando as barreiras de configuração

Uma configuração falha significa um solo menos fértil para o tipo de negociação desejado. Os problemas de configuração podem envolver três aspectos da negociação: escopo, seqüência e escolhas básicas do processo.

Falhas no *escopo* dizem respeito aos interesses, partes e opções de *no-deal* errados. A experiência nos ensina que acertar o escopo é muito mais do que meramente uma lista mecânica; significa ter uma imaginação disciplinada e é isso que a abordagem 3-D vai ajudá-lo a desenvolver. Tom Stemberg percebeu que o escopo original da sua negociação de financiamento da Staples apresentava barreiras insuperáveis. Ele foi bem-sucedido por trazer novas partes com interesses diferentes que melhoraram suas opções de *no-deal* e diminuíram as do outro lado. A administração da LockStore não conseguiu fazer isso e acabou falhando.

As falhas de *seqüência*, em contraste, são problemas relativos à ordem em que a negociação vai se desenrolar. Por exemplo, podem ser cometidos erros na escolha de quem abordar primeiro ou na ordem na qual os tópicos são tratados, e estes podem tanto estimular quanto atrapalhar uma negociação em jogo.

Finalmente, falhas nas *escolhas básicas do processo* incluem problemas com a forma em que uma negociação é organizada. Por exemplo, podem não existir meios para descobertas conjuntas de valores entre as partes ou mesmo espaço para uma terceira parte, ou mediadores, que possam intermediar ou facilitar o processo, uma vez que esses pontos poderiam ser úteis.

Cada uma dessas três categorias de falhas pode incluir problemas na forma como uma negociação é organizada. Primeiramente, é necessário mapear o escopo: todas as partes, seus interesses e suas opções de *no-deal*. Em segundo lugar, é importante checar a seqüência. E em terceiro, procure falhas ocultas nas escolhas básicas do processo. Vamos dar uma olhada em cada uma delas.

Mapeando todas as partes e suas opções de *no-deal*

O mapeamento das partes e dos seus interesses é um passo vital em uma negociação. Muitos negociadores principiantes tendem a se apressar neste ponto. Qual é a dificuldade em fazer isso? Existimos eu e a pessoa do outro lado da mesa e nós estamos conversando sobre um preço que seja bom para os dois.

Quem são realmente as partes?

A verdade é que ter um *entendimento real* do conjunto completo das partes interessadas requer um verdadeiro esforço de imaginação, pois inclui não somente os que já estão participando do acordo, mas também os que poderiam se interessar por ele em algum momento da negociação. Digamos que você seja o vendedor. Você tem certeza absoluta que os compradores prospectivos que tem em mente são os compradores mais motivados? Existe alguma outra maneira de olhar para o seu produto ou serviço de forma a fazer com que ele tenha ainda mais valor para outro tipo de comprador? Outro contexto no qual ele possa ser usado? Se você não explorou completamente essas possibilidades, está deixando dinheiro na mesa.

Em outros casos, você pode até estar com as partes adequadas, mas não está negociando no melhor nível de aproveitamento. Mesmo quando está lidando com uma grande empresa ou setor público, você não está lidando com uma unidade monolítica, mas com pessoas específicas muitas das quais têm seus próprios interesses, percepções e compromissos. Para aperfeiçoar a sua abordagem, é necessário construir um mapa preciso das suas contrapartes e de como elas funcionam em suas organizações. Qual é a hierarquia? Quem influencia quem? Quais partes não conseguem dialogar? De que forma podem influenciar as negociações?

Às vezes, negociadores menos experientes ficam hipnotizados pelos agregados econômicos de um acordo e esquecem os interesses dos participantes que estão em posições que podem facilitar ou impulsionar a negociação. Quando os diretores dos grandes laboratórios farmacêuticos Glaxo e SmithKline Beecham anunciaram publicamente sua fusão em 1998, por exemplo, os investidores ficaram emocionados, *aumentando* rapidamente a capitalização de mercado da empresa em estonteantes US$ 20 bilhões. Mesmo assim, apesar de um acordo prévio relativo a quem iria ocupar altos cargos na nova empresa, discórdias internas a respeito de posições e controle administrativo vieram à tona novamente. Essas discórdias afundaram o acordo anunciado e os US$ 20 bilhões evaporaram[2].

Esse episódio confirma duas lições correlacionadas a respeito de partes e interesses. Primeiro, ao mesmo tempo em que uma situação econômica favorável para todas as partes é *necessária*, muitas vezes ela não é *suficiente*. Em segundo lugar, mantenha todos os participantes internos potencialmente influentes na sua tela de radar. Não perca de vista os seus interesses ou sua capacidade para afetar o acordo. O que é racional para o todo, pode não ser para as partes.

---

[2] Por fim uma estratégia lógica de tirar o fôlego reuniu as empresas novamente, mas somente dois anos após o incidente das discórdias.

Qual é o conjunto completo dos seus interesses?

A próxima parte do mapeamento diz respeito aos *interesses*. Às vezes é tão fácil mapear interesses quanto chegar ao preço adequado. Porém, muitas vezes existe todo o tipo de interesses que não são colocados diretamente à mesa, mas que têm o poder de afetar profundamente as negociações. Se existe uma diferença entre o que as pessoas dizem que querem (a sua *posição* de barganha) e o que elas realmente querem (os seus *interesses*), é necessário descobrir qual é essa diferença. Lembre-se que o que é valorizado abrange fatores econômicos e não-econômicos, tangíveis e intangíveis.

Por exemplo, uma firma inglesa de desenvolvimento de imóveis conseguiu a maior parte da terra necessária para reconstruir um grande hospital regional em um local fora de Londres. No entanto, uma área-chave ainda faltava ser comprada, e o seu dono resistia fortemente a vendê-la. Embora a propriedade fosse avaliada em meras 80.000 libras, o construtor havia oferecido sucessivamente 90.000 libras, 100.000 libras e então 120.000 libras, até chegar à proposta final de 200.000 libras, todas sem efeito. O dono parecia bem consciente da posição pivô que a área ocupava e parecia determinado a explorá-la. Em desespero, com o projeto interrompido, o diretor da empresa marcou um encontro com o dono. Quando o diretor chegou em sua limusine conduzida por um chofer, na propriedade em questão, o dono, que na verdade era uma senhora idosa, convidou-o para entrar e ofereceu-lhe uma xícara de chá.

Olhando ao redor, ele percebeu vários porta-retratos com a foto de um cachorrinho. No decorrer da conversa, a dona, você pode chamá-la de sra. Jones, descreveu tristemente o fato do seu "querido Fluffy" ter morrido três anos atrás e estar enterrado no seu quintal, atrás da sua casa. Por fim, o diretor da empresa pediu para ver onde estava o túmulo do cachorrinho. Após um momento de silêncio e contemplação no pequeno quintal, ele delicadamente perguntou à Sra. Jones se ela alguma vez havia pensado a respeito do que iria acontecer com este local com o passar dos anos, conforme aquele bairro fosse mudando, o que inevitavelmente iria acontecer. Será que um memorial devidamente construído em um lugar apropriado não seria mais adequado para Fluffy?

A sra. Jones concordou quase que imediatamente. A firma de desenvolvimento fez todos os arranjos para o enterro de Fluffy em um dos cemitérios para animais de estimação de mais prestígio da cidade, a venda foi fechada por bem menos que 100.000 libras e o projeto do hospital voltou à ativa. Na assinatura dos papéis de venda, a sra. Jones disse: "O que uma mulher sozinha como eu faria com mais dinheiro? Estou satisfeita tendo o suficiente para alugar um apartamento perto do Fluffy".

Mesmo sendo um tanto inusitado, este episódio ilustra um aspecto muito mais amplo da negociação: a importância de entender os reais interesses de cada uma das partes por trás da negociação. Wayne Huizenga, veterano em vários negócios que resultaram em empresas como Waste Management, Inc., AutoNation e Blockbuster, externaliza sua ampla experiência por meio de um conselho. Huizenga diz: "Em todos esses anos fechando negócios, tenho noção de algumas regras e de algumas lições. A mais importante de todas é tentar se colocar no lugar da outra pessoa. É de importância vital tentar entender o que o outro lado realmente busca com a negociação".[3]

Pode parecer extremamente trabalhoso e muito desse trabalho pode soar como inferências construídas sem suficientes evidências. Porém, na maioria dos casos, o mapeamento do conjunto completo das partes e dos interesses, reais e potenciais, é certamente revertido em tempo e dinheiro bem aproveitados. Afinal de contas, ajustar as partes com os interesses de modo adequado abre outras possibilidades para negócios que criem valor e que aumentem a possibilidade de uma negociação bem-sucedida. O que essas pessoas do outro lado da mesa *realmente* querem? O que posso oferecer a elas que garanta o que desejam e que não seja tão custoso para mim? Certamente não é uma tarefa fácil e muitos negociadores ficaram presos justamente neste ponto. Por esse motivo, foram elaboradas orientações a respeito do mapeamento de todas as partes e interesses, baseadas tanto na experiência prática quanto na pesquisa acadêmica. Elas serão apresentadas nos próximos capítulos.

Avaliando opções de *no-deal*

Em qualquer negociação, todas as partes envolvidas, inclusive você, enfrentam uma escolha fundamental e inevitável: ficar parado ou mover-se, fechar ou não um acordo, "sim" ou "não". É necessário, antes de dizer "sim" a um negócio, entender como ele pode servir aos seus interesses. Porém, não é possível fazer esse cálculo no vácuo. Assim, a verdadeira pergunta é: "O quanto serve aos meus interesses, *com base em quais comparações?*".

Esse é o equilíbro *deal/no-deal*. De um lado da balança, você tem o acordo proposto; do outro, tem a opção de não fechar negócio, às vezes chamada de *melhor alternativa ao acordo de negociação* (BATNA)[4]. É possível encontrar outro comprador? Existe algum fornecedor alternativo ou alguma aliança possível com outros parceiros? É possível levar a situação ao tribunal? É possível arriscar? Você pode arriscar entrar em guerra de novo com o Egito? Existe outro curso de ação que possa tomar que sirva melhor aos seus interesses do que o presente acordo? A sua alternativa a "não fechar negócio" estabelece a diretriz, em termos de valores, que qualquer outro acordo que venha a ser proposto tem que superar. Se o acordo proposto vale menos para você do que sua alternativa, você sairá da mesa sem fechar negócio.

É necessária uma avaliação de duas etapas, feita por cada uma das partes para entender o balanço de *deal/no-deal*. Primeiro, a avaliação da sua própria posição, con-

---

[3] H. W. Huizenga, na introdução de *Masters of the Universe: Winning Strategies of America's Greatest Deal Makers*, escrito por D. J. Kadlec (New York: Harper Business, 1999) ix.

[4] Fisher, Ury e Patton popularizaram a importância do *best alternative to a negotiated agreement* (BATNA), no livro *Getting to Yes: Negotiating Agreement Without Giving In* (New York: Penguin, 1991); um histórico a respeito deste importante conceito pode ser encontrado em J. K. Sebenius e D. Lax; "The Power of Alternatives or the Limits to Negotiation", *Negotiation Journal* 1 (1985); 77-95.

forme mencionado anteriormente. Segundo, a avaliação das alternativas da *outra* parte, até onde você as compreende. Por que isso é necessário? Porque parte de uma boa estratégia de negociação vem de moldar a percepção de sua contraparte a respeito do equilíbrio do *deal/no-deal* que *ela* tem que enfrentar, de forma que diga "sim" ao negócio que *você* quer. A outra parte tem que decidir por si mesma que o acordo que você está oferecendo é melhor que qualquer uma das alternativas, incluindo a opção de *no-deal* absoluta, ou seja, de não fechar negócio. Para fazer com que a outra parte chegue a essa decisão, você precisará efetuar varias ações concomitantes, que incluem: melhorar o valor do negócio na percepção da outra parte, fazer com que percebam a melhor alternativa de *no-deal* deles como negativa (e desfavorável) e com que percebam a sua alternativa de *no-deal* como positiva (e favorável).

Os cálculos de *deal/no-deal* devem acontecer em dois níveis: individual e agregado. Lembre a forma como você mapeou todas as partes. Cada participante é potencialmente importante, caso contrário, não estaria em seu mapa. Mas a *combinação* dos participantes também é um fator-chave. Como uma coalizão potencialmente vencedora ou bloqueadora pode perceber e avaliar essa escolha entre *deal/no-deal*?

Perceba que o cálculo de *deal/no-deal* também é um processo continuado. É provável que opções de *no-deal* se desenvolvam e mudem (em parte devido aos seus esforços). Da mesma forma que uma equipe de médicos monitora os sinais vitais de seus pacientes, negociadores habilidosos monitoram as percepções de ambos os lados das opções de *deal/no-deal*. Bem como o lado para o qual a balança está pendendo, de forma a tomar atitudes para alterar esse balanço, caso isso se faça necessário. Em muitos casos, esse monitoramento prossegue, mesmo depois de assinado o contrato: todos os lados continuam a perceber o negócio como preferível às suas opções de *no-deal*?

Em negociações complexas que envolvem partes múltiplas, a avaliação das alternativas de *no-deal* pode ser muito desafiadora e extremamente importante. Sem essa avaliação, não é possível saber se suficientes (e adequadas) partes estão na mesa para a negociação. Esta é uma situação na qual o mapa de todas as partes envolvidas pode compensar. Associe cores a cada uma das partes envolvidas na negociação: verde para aquelas que estão favoráveis à negociação, amarela para aquelas que aparentam indecisão e vermelho para as partes que favorecem as opções de *no-deal*. Quantos *vermelhos* aparecem no seu mapa? São numerosos e bem posicionados a ponto de formar uma coalizão bloqueadora? Se este for o caso, quais as suas melhores chances de convertê-los ou superar alguns, ou todos, de alguma forma?

Avaliar a melhor opção de *no-deal* da outra parte pode oferecer algumas surpresas. Em uma situação, aconselhamos um alto executivo de uma companhia de produtos com representação mundial. Ele esperava vender uma divisão da empresa que vinha tendo uma performance mais fraca por pouco mais do que seu custo depreciado de US$ 7 milhões para um de dois potenciais compradores. Depois de mapearmos as partes e o conjunto completo de seus interesses, a intensa rivalidade desses dois potenciais compradores em outros mercados foi se tornando cada vez mais óbvia. Parecia muito provável que, dirigida pela estratégia adequada, cada uma das partes poderia perceber a outra como a opção (bem possível) de *no-deal* do vendedor e, assim, estaria disposta a pagar um preço maior simplesmente para impedir a outra parte de arrematar a divisão. Assim, nos certificamos de que os dois lados soubessem que as suas partes estavam interessadas e, cuidadosamente, estimulamos o interesse de ambos. Depois de uma acalorada negociação, que se assemelhou em muitos aspectos a um leilão, a divisão foi vendida por US$ 45 milhões.

Portanto, é necessário inferir os interesses do outro lado e entender a sua melhor opção de não fechar negócio algum. Fazendo isso, obviamente, é necessário que você cultive a sua própria opção de não fechar negócio. Uma forte opção de *no-deal* é uma ferramenta importante em uma negociação. Muitas pessoas pensam que é a habilidade de infligir ou de aliviar algum dano que concede poder de barganha em uma negociação. Mas, na verdade, a sua habilidade de não fechar um negócio que, aparentemente, soa como uma boa alternativa, é ainda mais importante. Quanto melhor parecerem as suas possibilidades de *no-deal* para você e para as outras partes, mais real se torna a sua ameaça de não fechar negócio algum. E, assim, essas mesmas possibilidades podem servir para melhorar o acordo. Nosso colega Roger Fisher ilustrou esse ponto perguntando o que você gostaria de ter no seu bolso durante uma conversa de ajuste de salários com o seu chefe: uma arma ou uma fantástica oferta de emprego de um empregador adequado, que também é um dos concorrentes da sua empresa?

Verificando a seqüência e as escolhas do processo

Depois de mapear o conjunto completo de partes, seus interesses e opções de *no-deal*, o Negociador 3-D procura barreiras associadas com a seqüência na qual as diferentes partes estão envolvidas, assim como as escolhas básicas do processo a respeito do desenrolar da negociação. Quanto mais partes em potencial participarem, melhor será a seqüência, pois possibilitará criar a configuração mais promissora. A forma como esse processo é orquestrado, com a participação de mediadores ou não, seguindo uma abordagem cooperativa ou competitiva, e o próprio tempo de execução, afetará significativamente o resultado final. Barreiras e obstáculos podem surgir de uma organização inadequada desses elementos.

Suponhamos que você precise construir o apoio interno para um novo produto a ser desenvolvido ou para promover uma maior iniciativa nas vendas. Talvez você pense em seguir a velha indicação de "primeiramente trazer os seus aliados à mesa". Se este for o caso, você deveria repensar esta estratégia, pois ela nem sempre gera a melhor seqüência.

Quando os Estados Unidos buscaram uma coalizão anti-Iraque após a invasão do Kuwait pelos iraquianos em 1990, o maior aliado dos americanos na região era Israel. E mesmo assim, os israelenses foram deliberadamente excluídos desta coalizão. Por que motivo? A inclusão formal de Israel teria desencorajado, ou adiado, a adesão da maior parte dos países árabes. Dessa forma, uma seqüência alternativa, começando inicialmente com os países árabes moderados, para mais tarde buscar integrar Israel ao acordo, evitou completamente esse problema.

Outra indicação padrão no que tange à seqüência, diz respeito a colocar a própria casa em ordem antes, desenvolvendo um consenso interno para depois lidar com outras partes. Porém, essa nem sempre é a melhor escolha. Por exemplo, ao se preparar para a primeira Guerra do Golfo, o presidente George H. W. Bush designou tropas americanas para a região. A seguir, envolveu-se em negociações exaustivas, buscando construir uma coalizão externa da ONU frente a uma Resolução do Conselho de Segurança que autorizava "todos os meios necessários" para retirar o Iraque do Kuwait. Só aí ele começou a negociar seriamente para conseguir a autorização do Congresso para o uso de força no Golfo Pérsico.

Se Bush começasse buscando a aprovação interna de um Congresso que estava profundamente cético a respeito deste assunto, o acordo teria sido elusivo. Se sua primeira tentativa fosse obter a aprovação do Congresso americano, qualquer tentativa internacional americana de organizar uma coalizão estaria fadada ao fracasso. Conforme observou o general Brent Scowcroft, conselheiro da segurança nacional: "Houve críticas à nossa atitude de, efetivamente, pressionar o Congresso americano por meio de uma coalizão internacional que permitisse o argumento 'Caro congressista, você diz não apoiar o presidente, quando mesmo o presidente da Etiópia o apóia...' Caso não houvesse uma coalizão ou voto da ONU, nunca teríamos conseguido o apoio do Congresso".[5]

Ou seja, garantir a seqüência adequada da negociação resultou no seu sucesso, enquanto que uma seqüência inadequada conduziria ao fracasso. Essa linha de pensamento a respeito da seqüência não se restringe a negociações diplomáticas de alto escalão ou mesmo a negociações militares. Conseguir o apoio de participantes para uma força-tarefa ou de uma equipe multifuncional pode depender da ordem das consultas. Escolhas elaboradas de seqüência vão muito além deste exemplo, mesmo para conseguir os participantes "adequados" para uma palestra, um seminário, um painel ou um evento de caridade, dependemos de escolhas de seqüência elaboradas: quem envolver primeiro? De que maneira abordar essa pessoa? Baseado neste resultado, quem deverá ser o próximo da lista? E a seguir?

Avaliando obstáculos ao *design* do negócio

Um *design* do negócio inadequado tem o poder de impedir ou mesmo de atrasar o progresso da negociação.

No Capítulo 1, foram descritos diversos casos, nos quais os acordos originais que estavam sendo negociados não conduziam a um resultado bem-sucedido. Retomemos o caso da barganha envolvendo a venda de uma companhia de componentes

---

[5] Veja Michael Watkin, "The Gulf Crisis: Building a Coalition for War"; Caso número C16-94-1264.0 (Cambridge, MA: Kennedy School of Government, 1994), 53.

eletrônicos. Um processo de barganha que foi solucionado através da introdução de um ganho contingenciado. Entretanto, nos estágios iniciais do processo, *antes* desta solução ser apontada, existia uma séria barreira ao *design* do negócio. As visões divergentes das duas partes quanto às perspectivas de longo prazo da empresa conduziam a avaliações substancialmente diferentes. O ganho contingenciado representou uma reestruturação significativa do acordo original que estava sendo negociado. Essa reestruturação foi baseada em uma auditoria das barreiras inerentes ao *design* do negócio e num processo criativo muito bem-sucedido durante essa auditoria.

Da mesma forma, o negócio proposto pela LockStore, a venda de aparelhos hiper-sensíveis de detecção de vazamentos, foi uma alternativa pouco atraente, e até indesejável, frente às opções de *no-deal* dos seus clientes em potencial. Uma auditoria de barreiras e obstáculos provavelmente revelaria esse fato e acabaria forçando a LockStore a repensar a sua posição de barganha.

O que acontece quando uma auditoria de barreiras identificar um *design* do negócio falho e pouco eficiente? Conforme implícito nessa situação, uma ou ambas as partes podem sair da mesa, ou podem tentar consertar ou superar essa falha. Trabalhar individualmente ou em grupo (no *flip chart*) pode ser uma maneira de os negociadores descobrirem fontes ocultas de valor econômico e não-econômico. A partir dessa descoberta, acordos podem ser confeccionados com o objetivo de disponibilizar esse valor para as partes envolvidas de forma a superar a barreira criada por um *design* do negócio inadequado. Exploraremos melhor o *design* do negócio na Parte III deste livro.

Avaliando barreiras táticas e interpessoais

"O que temos aqui é falta de comunicação", diz o autoritário capitão do filme *Rebeldia Indomável*, de 1967, logo após a tentativa de fuga malsucedida de Luke. "Alguns homens são simplesmente inacessíveis."

Quando as negociações não vão bem, você pode achar que está chegando à mesma conclusão que o capitão: *algumas pessoas são simplesmente inacessíveis*! Essas figuras do outro lado da mesa (você pode pensar) devem ter algum tipo de dificuldade pessoal. Elas não estão reconhecendo a transparência e magnitude do caso que estamos apresentando. Talvez você se dê conta de que está falando um pouco mais alto, e com mais ênfase, num esforço para "acessar" essas figuras um tanto lentas. Mais ou menos como quando algumas pessoas falam mais alto, ou mais devagar, com uma pessoa que *literalmente* não entende o seu idioma. Partindo da idéia de que se a pessoa falar mais alto ou devagar, as palavras poderão se tornar mais compreensíveis. Claro que essa idéia não se confirma no caso de uma negociação. Na verdade, é provável que ela faça com que esses negociadores, que estão buscando ser entendidos, pareçam ainda mais arrogantes. E que o outro lado da mesa perca o interesse em entender o que está sendo dito.

A maioria de nós – incluindo não-negociadores – lida com as barreiras na comunicação todos os dias. Elas são mais familiares para nós e assim não precisam de tanta explicação neste contexto. Vamos abordá-las rapidamente aqui e discuti-las com mais profundidade nos capítulos a seguir.

Nas negociações, os problemas de comunicação mais comuns envolvem a forte percepção de que um ou ambos os lados, de alguma forma, não entende as perspectivas almejadas e interesses. O outro lado parece não ser capaz de entender questões-chave em relação a prioridades e limites. Essa dificuldade pode ser resultante de uma falta de clareza na sua apresentação ou falha em estruturar pontos específicos, ou talvez falha de um dos lados nas habilidades de escuta (uma boa escuta "ativa" é muitas vezes considerada como algo inato, porém, é uma habilidade que deve ser desenvolvida). Pode também ser um aspecto da abordagem de barganha utilizada; por exemplo, cada um dos lados faz pouco mais que reenfatizar a sua posição irremovível.

Barreiras na comunicação podem ser conseqüência da falha em ajustar os filtros culturais apropriados. O exemplo clássico é o "sim" que o negociador americano consegue de sua contraparte japonesa. O americano escuta o japonês falando "sim, eu concordo com o negócio". Porém existe uma boa chance de que o negociador japonês esteja meramente dizendo "sim, eu estou ouvindo". Quando esse mal-entendido é levado adiante, o americano acaba pensando que não pode confiar nos japoneses e os japoneses, por sua vez, acabam pensando que os americanos devem ser extremamente obtusos. Nenhuma das duas conclusões ajuda a melhorar as comunicações subseqüentes!

Ilustramos barreiras táticas na mesa principalmente através de questões de comunicação, porém, existem muitas outras. Na nossa experiência, algumas das barreiras táticas mais potentes de cada lado resultam da ênfase muito grande em *exigir* valor, em vez de criá-lo. Estamos todos bem familiarizados com jogadas mais duras, exigências de última hora, táticas de pressão, pessoas ocultando informações, ameaças de sair do negócio e assim por diante. É *necessário* incluí-las na sua auditoria de barreiras táticas. Com cada um dos lados exigindo agressivamente mais, o risco de acordos malsucedidos, impasses desnecessários e conflitos cresce consideravelmente.

Duas sérias barreiras que devem ser monitoradas

Até este ponto, descrevemos uma auditoria de barreiras de forma compartimentada: primeiramente na dimensão da configuração, a seguir, na dimensão do *design* do negócio, e finalmente na dimensão tática/comunicação. Entretanto, enfatizamos que as negociações do mundo real, pelo menos as mais complexas, envolvem barreiras potenciais em mais de uma dimensão. Duas dessas barreiras merecem atenção específica.

Um balanço do *deal/no-deal* adverso. Já introduzimos esta forte barreira no contexto da configuração. Se o acordo não for bom o suficiente para uma ou mais partes, se não existe valor suficiente como alternativa ao *no-deal*, então a negociação pode estar condenada. As reverberações serão percebidas em todas as nossas dimensões 3-D: configuração, *design* do negócio e tática. Assim, o rearranjo de um balanço de *deal/no-deal* mais favorável pode precisar de táticas concomitantes de sua parte, que incluem: melhorar o valor do negócio para o outro lado e fazê-los perceber a alternativa de *no-deal* deles como não-desejável (e possivelmente pior a longo prazo). Buscaremos respostas mais sustentáveis a essa questão nos próximos capítulos.

Informação incompleta ou difusa. Informação de má qualidade ou falta de informação também pode ser uma grande barreira. Sem informação precisa sobre os elementos-chave de uma negociação, incluindo as partes, seus interesses e opções de *no-deal*, é difícil criar e apropriar valor de forma eficaz. Existem lacunas no seu conhecimento a esse respeito? Você possui apenas um conhecimento fragmentado das motivações ao redor da mesa?

Para superar essa barreira comum, uma estratégia 3-D deve conter um componente de coleta de informações. E quando as decisões devem ser tomadas em cima de informações complexas com muitas contingências envolvidas – *se isso acontecer, então aquilo deve ser feito* – todas as partes necessitarão desenvolver uma base de informações consensuais. Do contrário, haverá discussões incessantes sobre os fatos da situação, em vez de uma *ação* a partir desses fatos.

Chegando lá

Antes de negociar de maneira eficiente, é necessário entender duas coisas:

- Onde você quer que a negociação chegue
- O que está entre você e o destino que quer que a negociação tenha

Presumivelmente, o formato do acordo que você quer fechar surgiu de conversações contínuas na sua organização: o preço e termos mais amplos para o seu produto ou empresa, o preço que está disposto a pagar para assegurar o financiamento para o próximo estágio de crescimento, as fronteiras que quer estabelecer para garantir a segurança de seu país e assim por diante. A seguir você precisa descobrir o que pode evitar que esse objetivo seja alcançado.

Essa é a função da auditoria de barreiras 3-D. Se você está prestes a entrar em uma negociação ou se já está envolvido em um processo de barganha que não está chegando onde você gostaria, uma auditoria de barreiras é crucial. Ela deve abarcar todas as nossas dimensões 3-D (configuração, *design* do negócio e as táticas) e também deve refletir as realidades de barreiras que se entrecruzam.

Baseado no conhecimento que obtiver a partir da auditoria, você deve estar preparado para elaborar uma estratégia 3-D para superar as barreiras. Esse é o tópico do próximo capítulo.

- Faça uma auditoria de barreiras 3-D, tendo em mente um acordo provisório.
  - O que o impede de alcançar o potencial do negócio que você quer?
  - Partes inadequadas? Interesses inadequados? Opções de *no-deal* inadequadas? Seqüência inadequada? Escolhas básicas do processo inadequadas? *Design* do negócio inadequado? Táticas ou abordagens interpessoais inadequadas?
- Avalie as barreiras de configuração.
  - Todas as partes, seus interesses e melhores opções de *no-deal* foram avaliados?
  - O conjunto completo de partes reais e potenciais envolvidas foi avaliado?
  - Interesses subjacentes da negociação foram avaliados? Tanto os seus quanto os das outras partes?
  - As melhores opções de *no-deal* de cada um dos lados foram avaliadas? Qual delas indica um acordo mais favorável? Qual detém maior influência no "poder" de negociação?
  - A seqüência e as escolhas básicas do processo foram verificadas?
- Avalie as barreiras ao *design* do negócio.
  - O acordo proposto cria o máximo de valor possível?
  - Ele vai ao encontro dos objetivos e requisitos das partes envolvidas?
- Avalie barreiras táticas e interpessoais.
  - Você está enfrentando obstáculos relativos às táticas complexas e difíceis aplicadas pelo outro lado?
  - Existem problemas de comunicação, personalidade, confiança, estilo ou questões culturais?
- Esteja atento às barreiras que se entrecruzam.
  - Existe um balanço de *deal/no deal* adverso?
  - Alguma informação distorcida ou que esteja faltando?

CAPÍTULO 3

Desenvolva uma Estratégia 3-D para Superar as Barreiras

Vamos lançar um desafio de negociação para você, direto das docas e salas de executivos da Costa Oeste americana.

Em 1999, a Associação Marítima do Pacífico (PMA), uma associação abrangendo 72 linhas de navios e operadores de terminais nos portos da Costa Oeste, desde San Diego até Seattle, estava buscando fechar um acordo com a International Longshore and Warehouse Union (ILWU). Com esse acordo, buscava introduzir novas tecnologias de informação com o objetivo de otimizar a eficiência dos transportes e aumentar a capacidade dos portos sobrecarregados da Costa Oeste[1]. Os estivadores e os departamentos da gerência da ILWU estavam passando por um processo de enxugamento e de outras mudanças tecnológicas, assim, muitos empregos já haviam sido perdidos (havia 100.000 operários na década de 1950, por volta de 2002 a força de trabalho contava com 10.500 empregados). Assim, o sindicato temia que essas novas tecnologias propostas pudessem significar maiores perdas de pessoal[2].

Apesar do número reduzido, os estivadores ainda tinham um incrível poder, o suficiente para deter o comércio marítimo que passasse pela Costa Oeste americana, ou seja, um comércio que circula em média *US$ 6 bilhões por semana*. Assim, em resposta à ameaça iminente, o sindicato prontamente recusou a proposta da PMA e começou a desacelerar o ritmo de trabalho intencionalmente. Filas de contêineres cheios acumulavam-se nos portos da Costa Oeste, provocando falhas no fornecimento de diversos materiais e produtos em todo o país. Grandes empresas que dependiam de transporte marítimo, como a Wal-Mart e a Home Depot, bem como outras interessadas em pro-

---

[1] Nossa descrição desse processo de negociação é de K. L. McGinn e D. Witter, "Showdown on the Waterfront: The 2002 West Coast Port Dispute (A)", Caso número 9-904-045 (Boston: Harvard Business School, 2004); e dos mesmos autores, "Showdown on the Waterfront: The 2002 West Coast Port Dispute (B)", Caso número 9-904-067 (Boston: Harvard Business School, 2004).

[2] Steven Greenhouse, "The Nation: The $100,000 Longshoreman: A Union Wins the Global Game", *New York Times*, October 6, 2002, sec. 4, 1.

dutos perecíveis, pressionaram a PMA para fazer um acordo, *qualquer* que fosse. A PMA, uma organização fragmentada de pequenas empresas no ramo das cargas marítimas, de pronto abandonou as exigências tecnológicas, mas prometeu reintroduzi-las nas discussões do ano de 2002.

Para infelicidade da PMA, o sindicato permaneceu um oponente formidável. Os resultados desse embate foram compensadores: por volta do ano de 2002, os membros do sindicato estavam entre a elite dos trabalhadores americanos. A renda anual, incluindo horas extras, ficava entre US$ 83.000 para os estivadores, US$ 118.000 para os gerentes e a módica quantia de US$ 158.000 para os chefes encarregados[3]. Conforme declarou Howard Kimeldorf, *expert* em questões trabalhistas da Universidade de Michigan: "Dentre os trabalhadores braçais americanos, certamente nenhum é tão bem pago quanto os estivadores... Em termos de músculos econômicos, [a ILWU] certamente é o sindicato mais forte do país"[4]. Quando as discussões recomeçaram, a ILWU continuou a utilizar a sua estratégia paralisação/greve.

Contra todo esse furor, imagine que você é o presidente da PMA, Joseph Miniace, ainda se recuperando depois do episódio de 1999. Você está agora prestes a entrar nas negociações de 2002 e planeja fazer um segundo *round* na tentativa de implementar um acordo de novas tecnologias com o sindicato. Se fizesse uma auditoria de barreiras 3-D, que pontos seriam levantados?

Talvez você chegasse à conclusão de que alguma coisa deu muito errada no seu estilo de negociação, mas que, apesar de tudo, ainda acredita estar certo. Talvez as suas abordagens táticas e interpessoais precisem ser reavaliadas. Talvez devesse fazer um curso para melhorar as suas habilidades de escuta e de interpretação de linguagem corporal. E possivelmente o seu professor nesse curso exaltaria as virtudes de uma abordagem "ganha-ganha" em vez da abordagem "ganha-perde" utilizada de forma tão ferrenha pela sua contraparte na negociação. É possível também que chegasse à conclusão de que um *brainstorm* para idéias criativas tivesse potencial. Entretanto, o mais provável é que uma voz em algum lugar do seu cérebro o alertasse de que a capacidade do sindicato de paralisar os US$ 6 bilhões semanais advindos do comércio exterior americano triunfaria novamente. Mesmo com novas habilidades de negociação e novas abordagens anotadas em um quadro branco.

Essa voz estaria *correta*.

Assim, qual a alternativa? Prestes a entrar nas discussões de 2002, Miniace estava lidando com uma forte sensação de fracasso bem como com outras barreiras interpessoais ditadas por um sindicato poderoso e experiente. Porém, a maior barreira que ele de fato estava para enfrentar tinha a ver com uma configuração no mínimo traiçoeira levando em conta o acordo que a PMA estava buscando. ("Balanço de *deal/no-deal* adverso" é a forma como nos referimos clinicamente a essa barreira.) O mais perigoso era

---

[3] David Greenberg, "Ports Seek Swap of Job Security for Automation", *Los Angeles Business Journal*, july 15, 2002, http://www.findarticles.com/p/articles/mi_m5072/is_28_24/ai_91092608.

[4] Larry Kanter, "On the Waterfront: Possible Strike by Longshoremen Threatens L.A.'s Economy," *Los Angeles Business Journal*, February 22, 1999, http://www.findarticles.com/p/articles/mi_m5072/is_8_21/ai_54222190.

a possibilidade de uma outra greve ou paralisação do sindicato, que, conforme já sabia de sua experiência passada, provocaria demandas irrecusáveis por parte dos próprios membros da PMA para normalizar o fluxo das cargas e suprimentos aos fornecedores a qualquer preço.

Como seria uma estratégia 3-D que desse conta de um caso *barra pesada* desses? Logo nos voltaremos ao problema específico que diz respeito a Miniace. Mas primeiramente vamos consultar Daniel Vare, diplomata e autor italiano que viveu no início do século 20. Vare cunhou uma definição irônica (e útil) de um processo de diplomacia bem-sucedido: "a arte de permitir que *eles* façam da maneira que *você* quer" [nossa ênfase][5].

À primeira vista, essa definição pode parecer uma forma pouco disfarçada de manipulação. Porém, acreditamos que o conselho de Vare significa muito mais do que isso. Na sua melhor interpretação, permitir que façam à sua maneira significa encontrar um acordo que vai ao encontro dos interesses reais da sua contraparte, como uma forma de ir ao encontro dos seus próprios interesses. Significa moldar a forma como o outro lado percebe a escolha básica entre um sim ou um não, de forma que o "sim" seja escolhido pelos motivos *deles* e vá ao encontro do acordo que *você* quer para os seus próprios interesses.

Essa é uma tarefa difícil. Ela necessita a elaboração de uma estratégia de Negociação 3-D: um planejamento que possibilite que você saia do lugar em que se encontra hoje e vá para o lugar em que precisa estar amanhã. Começamos o último capítulo com uma pergunta simples para ajudá-lo a chegar onde quer: *o que se encontra entre você e o acordo que quer*? Essa pergunta pode ser respondida a partir da auditoria de barreiras 3-D descrita no Capítulo 2. Ela requer o mapeamento de todas as partes, seus interesses e opções de *no-deal*. Você deve avaliar a seqüência e as escolhas básicas do processo. Deve testar o balanço de *deal/no-deal* levando em conta o lado pessoal da equação. Completar uma auditoria de barreiras significa prestar atenção extra aos problemas em cada uma das três dimensões do nosso esquema 3-D: a configuração, o *design* do negócio e as táticas. Então, a partir dessa auditoria, você busca descobrir como chegar da realidade presente para a conclusão de uma negociação bem-sucedida. Essa parte envolve a elaboração de uma estratégia 3-D para superar essas barreiras. Esse é o tópico deste terceiro e último capítulo introdutório.

Estratégia 3-D: o básico

Agora queremos dar uma noção mais clara de como uma estratégia 3-D de fato funciona para superar as barreiras que já foram cuidadosamente mensuradas. Uma estratégia dessas necessita de três atividades que se reforçam mutuamente, ou seja, as nossas três dimensões, elaboradas de forma a permitir que eles façam à sua maneira:

---

[5] Como citado em W. L. Ury, *Getting Past No* (New York: Bantam, 1991).

- Configure a negociação adequada
- Desenvolva acordos que criem valor
- Enfatize táticas de soluções de problemas

Conforme for progredindo na leitura das próximas partes, pense nessas atividades como peças de um grande quebra-cabeça que deve ser montado por você, conforme a figura vai ganhando forma. Um Negociador 3-D é flexível e oportunista. Quando estiver lidando com as barreiras, não hesite em redistribuir as peças ou reconfigurar a mesa para moldar a forma como o outro lado balança a cabeça dizendo "sim" ao invés de "não". As suas jogadas fora da mesa, no *flip chart* e na própria mesa se combinam em variadas proporções para induzir as suas contrapartes a optarem pelo negócio que *você* quer a partir dos motivos *delas*.

Basicamente, afirmamos que estabelecer e manter perspectivas múltiplas num processo de barganha são características de um negociador bem-sucedido. As dimensões às quais nos referimos vão ser importantes em vários momentos. Por exemplo, a configuração naturalmente precede o *design* de bons negócios, assim como o *design* ocorre em um momento diferente das táticas adequadas serem utilizadas. Na maioria dos casos, as três dimensões podem ser utilizadas simultânea ou alternadamente.

Uma analogia um tanto grosseira seria considerar a forma como utilizamos os nossos sentidos. Quanto mais sentidos (visão, audição, olfato...) ativamos em uma situação, mais perceptivos seremos. Essa é a essência da Negociação 3-D: reunir a mais ampla base de conhecimentos e conjuntos de habilidades e ativá-los no processo de barganha, de forma a melhorar as chances de sucesso.

Antes de entrarmos em detalhes, queremos salientar um ponto-chave da nossa abordagem 3-D. *Um problema encontrado em uma dimensão pode, com freqüência, ter a sua solução em outra dimensão*. Por exemplo, no caso da LockStore citado no capítulo anterior, o que parecia ser uma falha tática acabou se revelando uma falha na configuração. Esse é um importante aspecto da Negociação 3-D, e é o ponto-chave que distingue a nossa abordagem das outras abordagens de negociação disponíveis.

Pense novamente no exemplo de Tom Stemberg e na sua procura por financiadores descrito no Capítulo 1. Frente às táticas de protelação dos capitalistas de risco, Stemberg não conseguia fechar o acordo que queria através da utilização de contratáticas na mesa. Em vez disso, ele foi em busca de uma nova configuração, envolvendo novas partes e interesses que estivessem mais propensos a aceitar o acordo que ele estava propondo. Em outras palavras, ele reconfigurou a mesa e desenvolveu novas negociações baseadas nessa nova configuração. Enquanto fazia isso, deu seguimento às outras negociações, com a esperança de que os participantes originais pudessem decidir que as suas próprias opções de *no-deal* estavam mudando para pior. Por fim, frente à escolha de *deal/no-deal* elaborada por Stemberg na nova configuração, as contrapartes disseram "sim".

Conforme mostram esses exemplos, se você pensar na negociação meramente em termos das pessoas e das táticas à mesa, estará se limitando às respostas pessoais e táticas. Levando em conta todos os bloqueios que vai encontrar nas várias negociações, acabará perdido como um participante 1-D num mundo 3-D. A Negociação 3-D oferece uma saída produtiva. Agora faremos a transição para a essência da estratégia 3-D. Buscaremos superar as barreiras que a auditoria 3-D identificou fazendo um alinhamento das três dimensões. Com as proporções corretas para a situação que tem em mãos, você deve configurar a negociação adequada, fazer o *design* do negócio que crie valor e enfatizar táticas de soluções de problemas. Vamos falar um pouco sobre cada um desses processos, e a seguir apresentaremos um caso desafiador que reúne todos esses pontos.

Configure a negociação adequada

Vamos começar com a configuração. Refazendo a nossa definição original, podemos dizer, de modo amplo, que a configuração consiste em movimentações e jogadas fora da mesa, com o objetivo de assegurar que as partes certas, abordadas na seqüência certa, considerem os tópicos certos no processo certo tendo claro o contexto das expectativas certas, mantendo as alternativas de *no-deal* certas no fundo de sua mente: *certo, certo, certo, certo, certo, certo e certo*. Considerando que uma configuração ruim certamente irá complicar a negociação (ou até mesmo encerrá-la), os arranjos pré-negociação ou, para utilizar uma metáfora militar, as regras do combate devem ser dispostas com muito cuidado.

Para os objetivos deste capítulo, alguns dos desafios-chave podem ser apresentados em itens:

- Procure cuidadosamente elementos de vantagem potencial; não aceite a configuração atual da forma como foi disposta.

- Visualize as opções mais adequadas para o *escopo, seqüência* e *escolhas básicas do processo*.

- Buscando encontrar o melhor caminho rumo à essa configuração promissora, *mapeie em sentido inverso*, indo da configuração ideal para a atual.

- Envolva partes e questões que tenham o potencial de criar valor. Evite batalhas que visam puramente exigir valor sempre que possível.

- Esteja certo de que os elementos de uma coalizão potencialmente vencedora estão presentes e de que a sua configuração não auxilie partes com potencial de bloquear.

Para ilustrar melhor esses pontos, vamos retornar à configuração desfavorável na qual Joseph Miniace se encontrava na posição de destaque na PMA. Ele esperava conseguir negociar um novo acordo de tecnologia com o sindicato, conforme previsto na última vez que haviam negociado. Ele havia identificado corretamente a forte barreira ao acordo: historicamente, quando abordada a respeito de um acordo que não era satisfatório, o sindicato pôde dizer "não" e ao mesmo tempo fazer com que a sua opção de *no-deal* rendesse uma greve que custou muito dinheiro. Como ele poderia agir para alterar esse balanço de *deal/no-deal* adverso, configurando uma situação mais promissora? Em outras palavras, como ele conseguiria realinhar a mesa de forma que os estivadores percebessem que o acordo merecia um "sim" mais do que um "não"?

Investindo meses em visitas às 72 empresas participantes da PMA, Miniace começou uma campanha *interna* para reestruturar o conselho pouco flexível da PMA, que operava já há bastante tempo através do consenso. O novo conselho incluiria "menos executivos de relações trabalhistas, com interesses claros na regulação das negociações e contratos estabelecidos, e... mais executivos operacionais, capazes de entender as conseqüências econômicas de concessões repetidas. Toda essa reestruturação também faria com que os participantes mais importantes compusessem o conselho".[6] Com executivos de alto nível como membros do conselho reestruturado, com os votos moderados pela participação na carga transportada e com uma extensa campanha educacional interna sobre a importância das novas tecnologias para o futuro, Miniace começou os seus contatos externos.

Primeiro, começou uma coordenação conjunta com Robin Lanier, ex-presidente da International Mass Retail Association, que tinha bons vínculos com os transportadores, grandes importadoras e redes comerciais como a Wal-Mart. Lanier expressou as preocupações que ouviu várias vezes a respeito da tecnologia portuária:

> *Nós tivemos um problema de congestionamento; um problema de infra-estrutura... aqui estavam esses importadores muito sofisticados que possuem sistemas de gestão da cadeia de suprimentos baseados em internet e em EDI, e quando as coisas chegavam ao porto parecia que todo o sistema desmoronava. Se você quiser saber onde o seu contêiner está, uma vez que ele tenha chegado ao porto [seu esforço não será compensado] justamente pela falta de tecnologia de informação... Nós não tínhamos a mínima idéia de como funcionava o trabalho no porto. Não chegamos a pensar sobre isso. Simplesmente puxamos briga com os trabalhadores.*[7]

A seguir Miniace e sua equipe agendaram visitas ao Departamento do Comércio, do Tesouro, do Trabalho, do Transporte e Segurança Nacional, bem como ao Escritório do Representante do Comércio Americano. Segundo Miniace, a mensagem da PMA, da forma como foi entregue na capital da nação, era consistente:

> *Dissemos a todos que encontramos que não queríamos nada deles. Queremos que entendam o que estamos fazendo. Explicamos o que nos aconteceu nas últimas negociações. Esse foi o impacto e é isso que está na mesa dessa vez, por isso é tão importante. Avisamos que não toleraríamos uma paralisação dessa vez. Se o sindicato optar por uma paralisação, não iremos mais negociar.*[8]

---

[6] McGinn and Witter, "Showdown on the Waterfront: The 2002 West Coast Port Dispute (A)," 9.
[7] Ibid., 11.
[8] Ibid.

Finalmente, a PMA contratou um serviço de relações públicas para assegurar que a mensagem chegasse à mídia e ao público em geral. Se a pressão voltasse, um conselho mais informado e estruturado junto com aliados políticos e financeiros energizados colocaria a PMA numa posição muito mais forte, mesmo com as possíveis ações de relações públicas que o sindicato pudesse oferecer.

De fato, seguindo essas iniciativas, e em resposta à paralisação do sindicato e ao boicote dos portos pela PMA, o Presidente Bush invocou o Ato Taft-Hartley para forçar as partes a voltarem ao trabalho e a se submeterem à mediação federal. Essa medida impediu que o sindicato fizesse uso da sua arma paralisação/greve.

Nessa configuração muito mais favorável, Miniace e sua equipe trabalharam duro com o sindicato para elaborar um acordo possível. No final, a PMA conseguiu um acordo tecnológico muito mais eficaz após intensa negociação que envolveu muitos passos, alguns em falso, confrontos desnecessários e um pronunciamento memorável do Secretário de Segurança Interna, Tom Ridge, aos estivadores. Os principais negociadores do sindicato interpretaram o pronunciamento de Ridge como: "Se vocês atrapalharem esta negociação, serão vistos como terroristas econômicos".[9] Em um mundo pós-11 de Setembro, com certeza essa foi uma mensagem muito poderosa.

Neste caso, um diagnóstico das barreiras apontou os desafios centrais para a PMA: um oponente duro e uma configuração de negociação com um balanço de *deal/ no-deal* altamente adverso. Uma resposta meramente tática na mesa, concentrada no foco interpessoal, certamente teria falhado. Assim, a equipe de Miniace lançou mão de múltiplos esforços, tanto internos quanto externos, para realinhar esse balanço. Esses esforços certamente foram decisivos nesta situação. Como foi apontado criticamente pelo principal negociador do sindicato: "Antes, a negociação acontecia na mesa".[10]

Considere o fato de que alguns dos principais participantes eram os mesmos durante os dois confrontos. Esta é uma forte evidência de que a configuração e o *design* do negócio são vitais no processo. Joseph Miniace tinha sido contratado como presidente dos transportadores muito antes das negociações de 1999. Mas, ao se preparar para aquela negociação desastrosa, não tinha tomado *nenhuma* das medidas que descrevemos aqui. Somente após aquela experiência frustrante, tomou medidas para configurar uma situação mais promissora para a PMA. Então, como um eficiente estrategista 3-D, configurou a negociação adequada, estendendo aos participantes internos, externos, presentes e potenciais, seus interesses e opções de *no-deal*.

Design do negócio para a criação de valor

Nada acaba mais rápido com uma negociação do que um *gap* de valor, ou seja, uma lacuna entre as alternativas de fechamento de *deal* e de *no-deal* de uma ou mais das partes. O acordo deve oferecer valor suficiente na mesa para todas as partes e esse va-

---
[9] Ibid., 14.
[10] Ibid, 12.

lor deve ser sustentável ao longo do tempo. É muito melhor chegar a um acordo onde as vantagens estão claras para todos do que a um acordo que deve ser forçado externamente, em geral a um custo bem alto e sem garantia alguma de efetividade.

Apresentamos aqui quatro princípios-chave que devem ser observados ao elaborar acordos para a criação de valor:

- Foco na maximização da rede de valor total que pode ser desenvolvida através do acordo.

- Investigue questões que são relativamente fáceis de serem providas por uma das partes e valiosas para a outra; aprimore essas questões-chave com questões complementares. (É a diferença de interesses que conduz a ganhos conjuntos.) Busque outras diferenças para a criação de valor: em previsões, na atitude em relação a riscos e ao tempo e assim por diante. Como um *designer* de acordos, pense em benefícios elevados a custos baixos.

- Desenvolva acordos robustos e sustentáveis: faça a projeção de como um acordo em progresso aparecerá frente a futuras opções de *no-deal*.

- Faça com que a versão escrita do acordo reflita o "espírito do acordo"; alinhe produtivamente o contrato social com o contrato econômico.

Vamos retornar brevemente ao contrato com os estivadores, por fim negociado com uma configuração favorável (com a invocação do Ato Taft-Hartley forçando os portos a abrir e o sindicato a trabalhar). Impulsionado pela assistência criativa e incansável de mediadores federais, o acordo final não só agiu coercitivamente, forçando o sindicato a aceitar as novas tecnologias, como facilitou com que as duas partes pudessem chegar a um acordo, visto que teriam que conviver por um bom tempo. Enquanto a administração conquistou o direito de implementar tecnologia nas docas, bem como um novo dispositivo para fiscalização; a ILWU manteve o que considerava sua prerrogativa fundamental: jurisdição em todo tipo de atividades rotineiras e a serem implantadas, assim como todas as funções de planejamento nos pátios. Todo esse processo praticamente significou a garantia de emprego vitalício para algumas classes de membros do sindicato. Planos de previdência tinham mais sustentação financeira e ocorriam aumentos de salários.

Conforme o *design* do negócio total se cristalizou, as vantagens para cada um dos lados conduziram a um movimento completamente inesperado: um contrato de seis anos, em vez dos contratos de três anos anteriormente negociados. Dezoito meses após a implementação do novo contrato, o tráfego de contêineres de toda a costa aumentou em 10%. Com esse aumento no volume, seguiu-se um aumento no número de membros do sindicato, anteriormente em declínio constante[11]. O *design* do acordo criou valor durável para os dois lados.

---

[11] "Miniace Resigns PMA Post After Seven Years at Helm; Industry Veteran McKenna to Lead Organization," Pacific Maritime Association Press Release, March 18, 2004, http://www.pmanet.org/docs/index.cfm/id_subcat/35/id_content/2142590158.

Para uma outra perspectiva em relação ao *design* do negócio, vamos examinar uma negociação no meio-oeste americano, envolvendo ambientalistas e fazendeiros contra uma companhia de energia e seus planos de construir uma represa. De todos os lados, as partes sentiam que era um confronto entre posições irreconciliáveis: "com certeza" *versus* "nem pensar".

Ainda assim havia um *design* do negócio muito superior aguardando a chance de ser utilizado, caso as partes conseguissem ultrapassar suas posições de barganha e se focassem em interesses subjacentes. Na realidade, os fazendeiros estavam preocupados com o reduzido fluxo de água depois da represa; os ambientalistas, por sua vez, estavam preocupados com o fato de o rio ser o habitat de espécies em extinção. E a companhia de energia necessitava aumentar a sua capacidade logo, bem como manter uma imagem de preocupação com o meio ambiente.

Após um processo legal caro, os três grupos elaboraram um acordo direcionado aos seus interesses, o qual todos consideraram mais produtivo do que a continuação da batalha no tribunal. Ele foi cuidadosamente desenvolvido com o objetivo de proporcionar acordo mútuo, envolvendo todo um novo conjunto de interesses e questões, que incluía uma pequena barragem construída com passagem para peixes, garantias de fluxo de água, proteção às espécies com habitat no rio e um fundo destinado às espécies em extinção em locais semelhantes.

Existem diferenças complementares potenciais de interesse, prioridade, custo ou valor? Caso não existam, é possível aumentar o escopo da negociação para que ela abranja *designs* do negócio que criem valor? Em outras palavras, mudanças na configuração podem produzir melhores acordos? Como pudemos observar nos casos citados, a resposta é sim. Vale lembrar que os componentes de uma estratégia 3-D interagem mutuamente. Como um exemplo ainda mais ilustrativo dentro de um escopo mais abrangente, podemos pensar nas questões diplomáticas. Muitas vezes acordos bilaterais que trazem valor em potencial são impraticáveis sem a presença de uma terceira parte com diferenças complementares de interesse. Considere o resultado da atuação de Henry Kissinger ao incluir o governo americano como outra parte em uma negociação que estava estacionada quando envolvia somente o Egito e Israel:

> *A estrutura circular de pagamento foi essencial na promoção de um acordo entre as partes: o Egito melhorou a imagem do governo americano em terras árabes, principalmente entre os produtores de petróleo. Os americanos proporcionaram aos israelenses um substancioso auxílio financeiro e militar. E Israel, por sua vez, devolveu território ao Egito. De fato, uma troca bilateral entre o Egito e Israel não teria sido bem-sucedida, uma vez que não havia interesse no que a outra parte poderia oferecer.*[12]

Adam Brandenburger e Barry Nalebuff exploraram em *Co-opetition*, seu influente livro em estratégias de negociação, o conceito de "rede de valor". Ou seja, a

---

[12] J. G. Stein, "Structure, Strategies, and Tactics of Mediation: Kissinger and Carter in the Middle East," *Negotiation Journal* 1, no. 3 (1985): 331-334.

coleção de participantes cuja combinação de potencial para o desenvolvimento de acordos tem o poder de criar valor.[13] Mudanças na configuração podem ser entendidas como maneiras de tecer a possível teia de valor, enxergando além dos limites de uma negociação feita para participantes compatíveis, com características ou valores complementares. Tais jogadas de reconfiguração da mesa podem favorecer *designs* de negócio que criam valor e incorporam de forma lucrativa esses participantes adicionais.

Enfatize táticas de solução de problemas

A maioria das pessoas pensa que negociação se trata meramente de táticas aplicadas: o que ocorre na mesa? Que movimentações e jogadas podem criar o máximo de valor e capturar o máximo deste valor para o seu lado?

Como resposta a essas perguntas, faremos duas observações: a primeira é que o foco em apenas uma dimensão durante uma negociação é um erro, pelas razões explicitadas anteriormente. Certamente você não estudaria um fenômeno físico somente com um olho aberto. O sucesso nas negociações requer todas as habilidades que um negociador conseguir reunir. A segunda observação diz respeito ao fato de que a maioria das negociações bem-sucedidas não acontece orientadas por táticas fantásticas, extravagantes e bizantinas. Elas são orientada por um comportamento sério, fundamentado e previsível. As pessoas do outro lado da mesa não têm a expectativa de negociar com uma Madre Tereza, mas também não querem negociar com um Maquiavel. Elas esperam que você conquiste a confiança delas, assim como você espera que elas conquistem a sua. Nos próximos capítulos, falaremos mais sobre as táticas. Os pontos a seguir são uma pequena prévia:

- Para acordos (de preço) que puramente exigem valor, avalie e molde as percepções do que chamamos de "zona de possível acordo", estabeleça metas agressivas, molde a percepção da outra parte de forma que perceba as vantagens, estabeleça comprometimentos possíveis e busque "princípios de igualdade" justos para solucionar o problema de distribuição do valor.

- Para criar e exigir valor, tente olhar o que está por trás de posições incompatíveis para entender interesses mais profundos, construa uma relação de confiança, melhore a comunicação, compartilhe a informação, invista na criatividade e busque uma orientação tal que coloque as partes lado a lado contra o problema, em vez de estarem uma contra a outra.

- Escute, aprenda e adote um estilo persuasivo que seja tanto empático quanto determinado.

---

[13] A. M. Brandenburger and B. J. Nalebuff, *Co-opetition*, (New York: Doubleday, 1996).

- Crie um processo e um clima de negociação atraente e agradável.

- Tome medidas para administrar a tensão entre as ações cooperativas que são necessárias para a criação de valor conjunto e as ações individuais que são necessárias para se apropriar de valor de modo unilateral.

Juntando todos os pontos: comprando uma empresa

Até agora olhamos para os componentes *individuais* de uma negociação: configurar a negociação adequada, o *design* de acordos que criem valor e táticas focadas na solução de problemas. Para ver esses três elementos alinhados em uma estratégia 3-D, vamos deixar um pouco de lado as estratégias da economia tradicional, de confrontação, descritas anteriormente e examinar a abordagem de aquisição de uma grande empresa de biotecnologia.

Nesse caso, fizemos uma consultoria para o gerente de desenvolvimento de negócios a respeito de uma possível aquisição de uma divisão de uma firma de agronegócio que ele havia identificado como potencialmente atraente em relação à pesquisa científica. Após uma pesquisa preliminar e algumas entrevistas, esboçou um mapa das partes e verificou rapidamente os interesses, opções de *no-deal* e acordos potenciais (veja Figura 3-1). A avaliação do balanço de *deal/no-deal* revelou um risco: tanto coalizões internas quanto externas poderiam ser facilmente formadas caso o gerente de negócios simplesmente anunciasse o seu interesse potencial na aquisição. Na firma de biotecnologia, por exemplo, o gerente de pesquisas e desenvolvimento tecnológico poderia perceber o interesse na firma de agronegócio como ameaçador à rota e orientação que seu próprio grupo tomava quanto à pesquisa, bem como fonte de embaraços (o interesse nesta firma poderia lançar dúvidas sobre a competência dos núcleos de pesquisa e desenvolvimento internos). Provavelmente o diretor financeiro e o presidente cortariam a perspectica desse acordo devido à situação apertada de liquidez que a empresa vinha enfrentando. No âmbito externo, o presidente da empresa de agronegócio há pouco tempo havia elogiado publicamente a referida divisão e havia direcionado diversos recursos a ela.

As barreiras internas e externas partilhavam o mapa de interesses: o balanço agregado de *deal/no-deal* não parecia de forma alguma promissor, com bloqueadores tanto internos quanto externos. Existe um exercício muito útil que pode ser feito. Tente visualizar as partes cujo balanço de *deal/no-deal* pende para as opções de *no-deal*, em vermelho vibrante, as partes que estão receosas e com alguma atitude negativa, em amarelo, e as partes que vêem o acordo como a melhor opção, em verde. Quando nosso cliente, o gerente de desenvolvimento de negócios da empresa de biotecnologia, tentou fazer esse exercício, o mapa pareceu um mar de pontinhos amarelos e vermelhos. Como ele poderia convertê-los em verde? E, principalmente, como ele poderia construir uma coalizão vencedora a favor do acordo e superar potenciais bloqueadores?

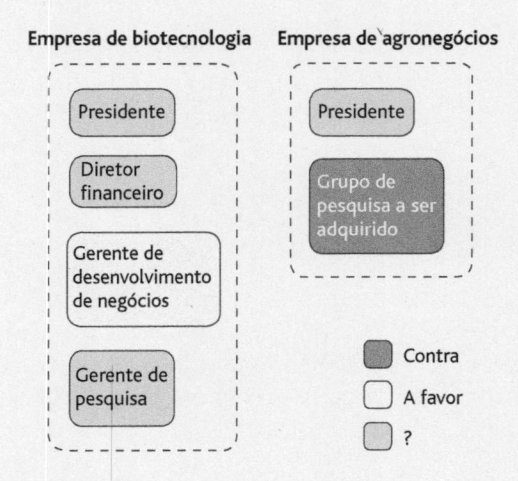

Empresa de biotecnologia
- Presidente
- Diretor financeiro
- Gerente de desenvolvimento de negócios
- Gerente de pesquisa

Empresa de agronegócios
- Presidente
- Grupo de pesquisa a ser adquirido

■ Contra
□ A favor
■ ?

FIGURA 3-1
Mapa das partes com posições prováveis.

Sugerimos ao gerente de desenvolvimento de negócios que repensasse sobre o conselho de Daniele Vare, para elaborar uma estratégia 3-D. Como ele poderia deixar que "eles" – seu próprio presidente, outros *stakeholders* internos e o presidente da empresa de agronegócios pensassem como ele? Pedimos a ele que imaginasse o que deveria acontecer na cabeça de cada um para que dissessem "sim" ao acordo proposto, ao invés do "não" que certamente resultaria da situação presente. Para começar, o que o seu próprio presidente teria que perceber para dizer "sim"? Após pensar muito sobre essa questão, o gerente de negócios decidiu que, se o diretor financeiro e o gerente de pesquisa e desenvolvimento estivessem incluídos no processo, o presidente da empresa teria uma percepção mais favorável da aquisição. Assim, uma conversa com o gerente de pesquisa de sua empresa explicitou o fato de que a unidade de agronegócios estava em busca de uma abordagem científica complementar a respeito de um mecanismo genético subjacente. Nessa conversa, ficou claro que a abordagem do grupo de pesquisa da divisão agrícola, alvo da negociação, poderia ser atrativo por si só, no mínimo, do ponto de vista científico. Mesmo sem o objetivo de algum tipo de aplicação na área da agricultura, as possibilidades biotecnológicas para o uso humano eram muito atrativas. Depois que o gerente de negócios conversou com o seu colega da área de pesquisa, o gerente de pesquisa e desenvolvimento se mostrou cada vez mais interessado nas possibilidades, e menos preocupado e temeroso a respeito dos reflexos no seu próprio grupo. Principalmente se o acordo proposto fosse oferecido como idéia do próprio gerente de pesquisa e desenvolvimento.

Ao mesmo tempo, o gerente financeiro, ciente do entusiasmo do grupo de pesquisa, disse que aprovaria o acordo se este pudesse ser estruturado como uma transação de ações. Com o gerente financeiro e o gerente de pesquisa provisoriamente no mapa, o gerente de negócios comentou a respeito com o presidente da empresa, que rapidamente ofereceu o seu apoio à proposta.

De fato, o presidente ficou tão entusiasmado que começou a sondar aos poucos o presidente da outra empresa sobre a possibilidade de um acordo, ligando várias vezes para conversar sobre o assunto. Pedimos a ele que reconsiderasse seu impulso. Baseado no nosso julgamento, seria necessário esquentar um pouco e preparar a situação para que o gerente da empresa-alvo não considerasse a situação de forma apressada e não fosse pego "frio", sem possibilidade de avaliar o balanço de *deal/no-deal* de forma favorável à negociação. A partir do que pudemos determinar, ele percebia a sua divisão de pesquisa como fonte de futura vantagem competitiva (imagine uma luz vermelha piscando aqui!). Dessa maneira, aconselhamos o "nosso" diretor a não entrar direto em conversas mais sérias. Haveria uma abordagem mais produtiva? Uma que talvez pudesse oferecer uma configuração mais promissora? E mais importante, como poderíamos fazer com que o presidente da outra empresa "fizesse da nossa maneira"?

Imaginamos, então, as condições que maximizariam as chances de um "sim" por parte do presidente da outra empresa. As barreiras pareceriam menores se pudéssemos incluir o seu gerente de negócios e fazer com que o seu pessoal de pesquisa também se mostrasse entusiasmado a respeito da situação. Como orquestrar uma estratégia 3-D que dê conta dessas metas? Por meio de um mapeamento retrospectivo da nossa principal meta, conseguir um "sim" do presidente-alvo, decidimos começar encorajando os nossos cientistas de biotecnologia a se encontrarem com suas contrapartes de pesquisa em agronegócios em um seminário que se realizaria. O ideal seria desenvolver uma melhor compreensão da sua abordagem, que era quase que exclusivamente focada em aplicações em animais de criação.

Conforme essas discussões técnicas foram se desenvolvendo, começou a tomar forma uma idéia alternativa para um *design* de acordo revisado. Quem sabe uma colaboração de pesquisa na questão dos mecanismos genéticos subjacentes? Cada um dos lados poderia assim contribuir intelectualmente, também através da utilização de laboratórios especializados, bem como com o tempo de cientistas especialistas. Qualquer tipo de aplicação humana poderia ser então utilizada exclusivamente pela firma de biotecnologia, e qualquer aplicação em animais, seria de uso exclusivo da corporação de agronegócios. Os cientistas dos dois lados pareciam muito positivos a respeito da proposta, apesar desta ter sido discutida meramente em termos gerais e hipotéticos. Eles também pareceram se entrosar muito bem, além de respeitarem claramente a qualidade do trabalho do outro.

Apesar dos cientistas estarem começando a se familiarizar mais uns com os outros em nível pessoal, fizemos um levantamento para descobrir qual a opinião mais valorizada pelo presidente da firma de agronegócios a respeito de aquisições e assuntos relacionados a esse tema. Trabalhamos retrospectivamente, a partir do diretor financeiro e conseguimos ganhar a aprovação de uma analista do departamento financeiro muito respeitada pelo diretor em questão. Levando em conta o *background* técnico e financeiro da analista, certamente o seu trabalho seria quase o de reconhecer valores, nesta negociação nada convencional e "difícil de valorar". Afinal, se o acordo só pudesse contar com ações como "moeda corrente", um pré-requisito exigido por nosso próprio diretor, certamente existiriam muitas questões complexas a respeito de como devem ser avaliados pontos como propriedade intelectual, uso de dependências, tempo de pesquisa científica e direitos de desenvolvimento.

Assim, após um contato "muito exploratório" com o presidente-alvo, elaboramos um entendimento legítimo para trocas com esta analista-chave. Investimos uma grande quantidade de tempo nos assegurando de que ela havia endossado o conceito do acordo, bem como em clarificar as diferentes formas que julgávamos que as contribuições potenciais nessa colaboração deveriam ser avaliadas. Dessa forma, quando as negociações "propriamente ditas" começaram no nível da direção das empresas, o ambiente já estava preparado. O presidente buscou assessoria tanto com seus cientistas quanto com seu diretor financeiro, que por sua vez buscou assessoria com sua analista, que essencialmente agiu conforme havíamos desejado, a partir de dentro da empresa. Em outras palavras, a consideração cuidadosa da seqüência e a reconfiguração do acordo fizeram com que o vermelho e o amarelo, coalizões bloqueadores em

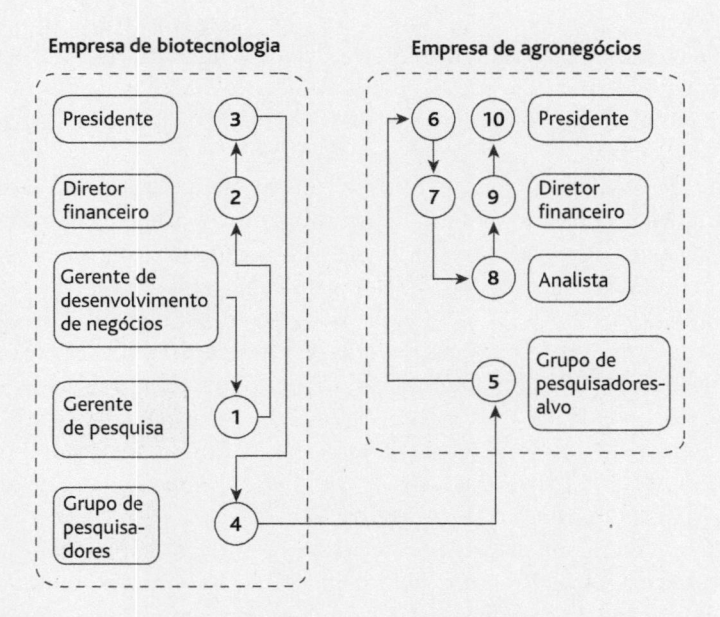

FIGURA 3-2

Abordagem seqüencial para a construção de uma coalizão vencedora.

ambas as firmas, ficassem "verdes" membros de uma coalizão vencedora. (Veja a Figura 3-2 para um resumo desta abordagem seqüencial.)

Nos capítulos posteriores, aprofundaremos a lógica do mapeamento retrospectivo, ou seja, a construção seqüencial de uma coalizão vencedora e a superação de coalizões bloqueadoras. As fontes dessas análises são avaliações assessoradas, refinadas continuamente, de como cada parte percebe o balanço de *deal/no-deal*, tanto individualmente quanto a partir da visão do conjunto. A elaboração dessa linha de ação pode ser então uma estratégia 3-D, conduzindo a uma configuração com escopo e seqüência mais favoráveis, incluindo uma visão do balanço de *deal/no-deal* muito mais abrangente.

Algumas conclusões

Nesta introdução às estratégias 3-D, já enfatizamos o fato de que um problema encontrado em uma dimensão pode muitas vezes ter a sua solução em uma outra dimensão. Esse fato tem duas implicações. A primeira delas é que se você confundir uma falha na configuração com uma falha no *design* do negócio, isso pode conduzi-lo a um caminho improdutivo, onde nenhuma solução eficaz poderá ser encontrada. A segunda é que, mesmo no caso de você ver uma barreira exatamente como ela é (por exemplo, uma falha no *design* do negócio que realmente é uma falha no *design* do negócio) você terá de procurar em algum outro lugar para uma solução. Até o momento, utilizamos a história Stemberg/Staples, o caso da LockStore, o contrato com os estivadores e o caso biotecnologia/agronegócios para ilustrar essa questão. Apresentaremos exemplos adicionais nos capítulos a seguir.

Um aspecto muito importante da Negociação 3-D é a capacidade de buscar soluções em várias dimensões, e essa é a característica que distingue a nossa abordagem de outras que existem no mercado. Na verdade é como atacar um problema circulatório através de uma mudança na sua dieta. É uma abordagem extremamente promissora se você entender as ligações subjacentes existentes.

Uma outra conclusão interessante que queremos compartilhar com você tem a ver com o que pode ser chamado de concomitância das nossas três dimensões. Nestes capítulos introdutórios, tentamos apresentar nossas idéias da forma mais lógica possível. Primeiro, você faz um diagnóstico (na forma de uma auditoria de barreiras) e a seguir, você age (através de uma estratégia de Negociação 3-D). Entretanto, a realidade é muito mais complexa. Uma negociação eficiente não acontece com passos tão estruturados assim. Não é como seguir uma receita.

Como você verá, a essência da Negociação 3-D é fazer muitas coisas bem feitas, e às vezes, todas ao mesmo tempo.

No decorrer do livro, dividiremos em partes os componentes de nossa abordagem para fins didáticos. Nesse tipo de desconstrução, é fácil perder de vista o fato de que na Negociação 3-D muitas coisas acontecem simultaneamente. Nossa abordagem tem uma leve semelhança com a metáfora da construção de uma casa. Primeiro você estabelece a fundação e, a seguir, com certeza de que está bem firme, passa a construir os outros andares. É como pilotar um avião com o tempo instável em um terreno desafiador. Você até tem uma rota planejada em mente, mas durante o vôo passa um bom tempo reajustando essa rota, em resposta aos desafios e às oportunidades que surgem no decorrer da viagem.

Talvez você chegue ao destino pretendido por um caminho diferente ou talvez chegue a um destino totalmente diferente, porque este pode ser o lugar que você precisa ou tem que ir.

- Uma estratégia 3-D é uma combinação alinhada de *desing* do negócio, configuração e movimentos táticos para superar as barreiras para o entendimento. Ela permite que você faça os outros "pensarem como você na 3-D". Para fazer uma auditoria de barreiras você deve:
  - ▶ Configurar a negociação certa.
  - ▶ Escolher as partes certas. Escolher os interesses certos. Ter opções de *no-deal* e o equilíbrio *deal/no-deal* certos. Ter escolhas de processos básicos certas.
  - ▶ *Design* de negócio que criem valor.
  - ▶ Táticas para a solução de problemas.
- Lembre-se que uma barreira encontrada em uma dimensão freqüentemente pode levá-lo a outras dimensões para uma solução.
- Embora apresentemos os elementos das estratégias 3-D como classes separadas de ações "fora da mesa", "no *flip chart*" e "na mesa", na prática elas tendem a ocorrer de forma concomitante.

PARTE II

Configure a Negociação Adequada
"Longe da Mesa"

CAPÍTULO **4**

Reúna as
Partes Adequadas

Comece os preparativos para uma negociação pensando seriamente nas partes interessadas. Essa é uma prescrição que a princípio pode parecer extremamente óbvia.

Você pode estar pensado: qual é a grande dificuldade em fazer *isso*? As partes interessadas não são você e a outra pessoa (ou talvez o seu lado e o outro lado)? Se for comprar um carro, a negociação não será entre você e o vendedor? Se quiser aumentar o seu salário, não será uma negociação entre você e o seu chefe?

A resposta é "sim e não". Em alguns casos, as partes interessadas podem ser reduzidas a um número pequeno. No caso da compra de um carro, provavelmente a negociação se dá entre você e o vendedor. Mas as coisas não são tão simples assim, as partes relevantes a este acordo podem ser você, sua esposa, o representante de vendas, o gerente de vendas e até mesmo os seus filhos. Isso sem mencionar os outros vendedores que também podem estar interessados em negociar com você. Porém, existem muitas negociações nas quais as partes interessadas não são nada óbvias. E se você não identificá-las corretamente, a negociação já vai começar com muitos problemas.

Nos capítulos anteriores, ilustramos esse desafio com alguns exemplos. No caso da LockStore, a companhia com a tecnologia de detecção de vazamento de gasolina. Na negociação em questão, os seus vendedores estavam lidando com os clientes errados. Ou, se pensarmos na rede complexa de conjuntos de partes que foram elementos-chave no caso Staples/Stemberg, ou na aquisição biotecnologia/agronegócios que foi examinada no último capítulo. Como mostram esses exemplos, jogar somente com as partes óbvias pode obscurecer as verdadeiras chaves para o negócio.

Assim, no seu novo papel de um sofisticado Negociador 3D, você precisa se concentrar em estabelecer a configuração adequadamente. Precisa pensar no *conjunto completo* de partes influentes envolvidas e nas partes potenciais que poderiam se interessar no acordo. Quem mais poderia estar na mesa? Ou, quem está na mesa, mas não *deveria* estar lá? Mesmo grandes negociadores que estão mediando processos de barganha aparentemente simples estabelecem a lista completa do conjunto de partes. Este processo exige o *exercício de uma imaginação disciplinada*. Este é o foco deste capítulo.

Em outras palavras, é impossível pensar sobre as *partes* sem pensar nos seus *interesses* (o assunto do nosso próximo capítulo). Assim, começaremos com um foco inicial nas partes, antes de nos concentrarmos nos interesses, que serão abordados no Capítulo 5.

Esboçando o mapa de todas as partes: as sete perguntas-chave

Ao avaliar as partes, usamos o termo *mapa de todas as partes* como modo de descrever aquilo que estamos buscando (e em certa forma, como pretendemos chegar lá). Cada uma destas palavras tem um significado. "Todas" previne contra uma visão muito estreita. "Partes" implica uma constituição mais ou menos organizada. E "Mapa" remete a mais do que uma simples lista. Estamos procurando estabelecer as relações entre as partes de forma adequada. O mapa de todas as partes retrata o conjunto completo das partes envolvidas e potenciais da discussão, assim como a relação entre elas. O que queremos dizer com a palavra *relação* não se refere meramente a relações formais, inclui também a forma como as partes estão conectadas no processo de tomada de decisão, e como se dão as linhas de influência.

O melhor modo de começar um processo de mapeamento é por meio de uma série de sete perguntas orientadoras. A discussão destas perguntas é o núcleo deste capítulo. Elas são as seguintes:

1. O seu mapa de todas as partes inclui os participantes de maior valor, que irão garantir que o seu acordo possa criar o maior valor possível?

2. O seu mapa de todas as partes inclui o conjunto completo de todas as partes influentes, incluindo aquelas que podem fazer parte da "negociação informal"?

3. Para ajudar a identificar bloqueadores em potencial (assim como aliados em potencial), o seu mapa de todas as partes inclui as partes envolvidas no processo de decisão interno?

4. O seu mapa de todas as partes destaca agentes ou representantes que podem ter incentivos inadequados, bem como a habilidade para moldar a decisão das partes, distorcendo ou fornecendo informações para forma seletiva?

5. O seu mapa de todas as partes antecipa negociações em potencial com aquelas partes, que devem aprovar o acordo?

6. O seu mapa de todas as partes antecipa negociações em potencial com aquelas pessoas que implementarão o acordo?
7. Existem muitas partes desnecessárias que estão complicando o acordo?

Vamos considerar cada uma dessas perguntas.

Você incluiu os participantes de maior valor?

Vamos visitar os donos de uma companhia de embalagens que opera em um nicho, que possui uma tecnologia inovadora e um produto exclusivo, para ilustrar o que queremos dizer com mapa de todas as partes. Os donos estão em aprofundada negociação de preços para vender a empresa a um ou dois compradores do ramo industrial. Ambos os compradores em potencial são maiores do que a companhia em questão. E os dois ofereceram um valor baixo pela compra da empresa. Tão baixo que, de fato, era até difícil acreditar.

O mapa das partes da Figura 4-1 ilustra como os donos viram inicialmente (e a partir do seu lado da mesa conduziram) as negociações.

Nesse ponto, os vendedores fizeram a primeira pergunta-chave: *O seu mapa de todas as partes inclui os participantes de maior valor, que irão garantir que o seu acordo possa criar o maior valor possível?* Frustrado com as ofertas de compra e com a falta de ofertas mais elevadas, o gerente da companhia decidiu pensar em um âmbito mais abrangente. Um processo de *brainstorm* (criatividade) sugeriu que um dos principais clientes de uma das companhias, uma grande empresa produtora de bens, poderia oferecer um valor alto para ter acesso exclusivo às tecnologias e produtos da empresa de nicho. Baseados nessa hipótese, os donos da companhia à venda abririam as negociações também neste frente, o que conduziu ao mapa de partes da Figura 4-2.

Essa inclusão do comprador em potencial de alto valor muda completamente a dinâmica da situação. Os compradores industriais 1 e 2 deverão aumentar o seu lance, do contrário perderão acesso a uma tecnologia exclusiva. Incluir o participante de "alto valor" foi chave para o sucesso. O participante de "alto valor" é aquele que irá valorizar

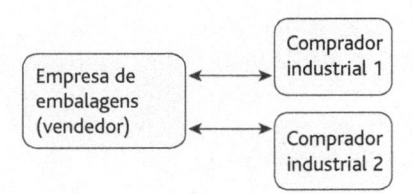

FIGURA 4-1
Mapa das partes com dois compradores potenciais da indústria.

mais o acordo e cuja presença pode conduzir à criação do maior valor possível e também aumentar a competição no negócio. Este caso, assim como o exemplo da Staples no Capítulo 1, deve lembrar a você e a sua equipe de perguntar consistentemente: *"Quem vai valorizar mais esse acordo? Essa parte está presente na negociação?"*. Para responder essa pergunta é necessário uma extensa verificação ampla. Mas uma verificação ampla não significa, necessariamente, partes *externas*. Muitas vezes a resposta pode ser encontrada dentro da própria empresa com a qual você já está negociando. Considere a situação corriqueira de um fornecedor barganhando com um importante cliente. Vamos supor que tanto a firma do fornecedor quanto a do cliente fizeram um compromisso público de desenvolver uma parceria com o objetivo de obter um alto padrão de qualidade, um fornecimento confiável, um bom preço (do ponto de vista do cliente) e um fluxo contínuo de pedidos (do ponto de vista do fornecedor). Mas suponhamos, como um exercício de imaginação, que em algum lugar lá dentro da firma do cliente, o comprador esteja usando as outras contrapartes contra o fornecedor escolhido, tentando baixar os preços a todo custo, ameaçando o fornecedor com as ofertas de outros concorrentes.

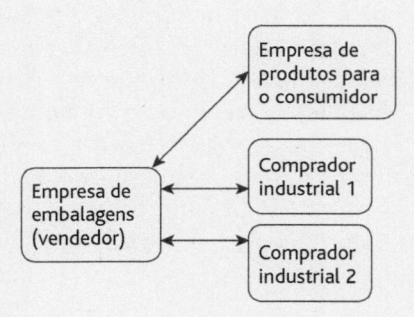

FIGURA 4-2
Adicionando um participante de alto valor em potencial.

Em muitos momentos, fornecedores frustrados vêm a nós pedindo auxílio na negociação, pois não conseguem lidar com indivíduos desse tipo, que geralmente descrevem em termos nada amigáveis. "Não é justo", é o que ouvimos de muitos representantes de vendas. "No nível da presidência da empresa estão exaltando as virtudes da nossa parceria e conversando alegremente conosco, enquanto que aqui no nosso nível estão nos castigando!"

O que deve ser feito? Em primeiro lugar, vamos presumir que o fornecedor ofereça *valor real* ao cliente (se você não oferece valores reais, nem mesmo uma abordagem 3D poderá salvá-lo!). Neste caso, o fornecedor deve oferecer o que propõe da forma que seja mais atrativa ao cliente. Porém, neste exemplo, mesmo com uma proposição

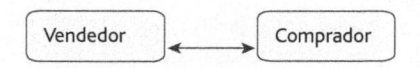

```
Vendedor <---> Comprador
```

FIGURA 4-3
Mapa ingênuo das partes.

de adição de valor, essas conversas estão tomando muito tempo para chegar a uma solução. O que o fornecedor também deve fazer é encontrar e desenvolver um aliado influente do outro lado, alguém que realmente compreenda e se beneficie com o aumento na qualidade e no serviço por parte do fornecedor (o participante interno de alto valor). Tal aliado (ou melhor, time de aliados) pode, com freqüência, ajudar a persuadir e até mesmo exercer pressão no comprador em nome do fornecedor. Isso pode acontecer diretamente ou por meio de conexões com o alto escalão da administração que exerce influência nessa parceria.

A simples negociação entre o fornecedor e o comprador pode ser representada pelo que muitas vezes chamamos de um *mapa ingênuo das partes*, como representado na Figura 4-3. Neste mapa, o fornecedor e o comprador poderiam sentar-se à mesa por um longo tempo, e mesmo assim nenhuma ação por parte do fornecedor teria impacto significativo, isto é, táticas – a primeira dos nossas três dimensões.

Agora vejamos um mapa de todas as partes que retrata uma coalizão transversal com um aliado interno de alto valor, uma aliança que funciona contra a tática do comprador. Esta configuração é mostrada na Figura 4-4.

No entanto, é muito importante ter em mente que pensar no aliado interno como uma mera pessoa "influente" é uma noção incompleta. Um foco na dimensão política (por exemplo, "quem o diretor escuta?") pode perder de vista a motivação real para a verdadeira influência. É o alto valor único que o fornecedor oferece ao aliado, um valor

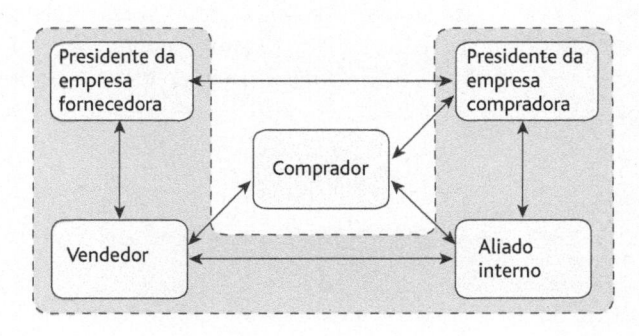

```
Presidente da              Presidente da
empresa       <------>     empresa
fornecedora                compradora
    ^                           ^
    |          Comprador        |
    v         /        \        v
Vendedor <---              ---> Aliado
              \        /        interno
           <------------->
```

FIGURA 4-4
Mapa de todas as partes com o aliado interno como o participante de alto valor.

que está em risco caso não exista acordo, que dá ao participante interno de alto valor o envolvimento que proporcionará o sucesso na negociação.

(*Nota para pessoas da área de compras*: Obviamente você quer liderar este tipo de negociação, você pode fazer isto concentrando-se em negociações face a face seguindo os méritos da transação. E, claro, gerando competição genuína, na forma de leilões, para conseguir um valor comparável de fornecedores alternativos. Dessa forma a perspectiva de um bom acordo será maximizada. Falaremos sobre esses pontos mais tarde.)

Resumindo: você se certificou que os participantes de alto valor são parte da sua negociação? Encontrá-los exige um olhar renovado: fora dos âmbitos tradicionais, dentro da outra organização, em outras partes de uma cadeia fragmentada de valor ou em qualquer outro lugar. A lógica das estratégias de negociação pode ajudar muito neste processo[1]. Os psicólogos confirmam o fato de que muitas vezes olhamos de maneira estreita quando se trata de definir as partes com as quais devemos negociar[2], principalmente em ambientes com os quais já estamos familiarizados. Se você não estiver sistematicamente procurando por novas partes para negociar, de maneira disciplinada, as suas chances de encontrá-las serão mínimas. Você pode estar preso numa negociação cuja configuração não gerará frutos.

Você mapeou todos os participantes potencialmente influentes?

Seguindo para a segunda das nossas perguntas: *O seu mapa de todas as partes inclui o conjunto completo de todas as partes influentes, incluindo aquelas que podem fazer parte da "negociação informal"?* Um amigo nosso estava interessado em comprar uma casa muito sofisticada do seu dono/arquiteto que, embora a tivesse projetado e gostasse do local, tinha colocado a casa à venda. A propriedade estava avaliada em um preço relativamente alto. E a partir de algumas conversas que nosso amigo teve com o arquiteto, já estava claro para ele que negociações apenas a respeito do preço não funcionariam. Aos poucos começamos a ter a impressão de que o dono estava relutante em vender a casa, Às vezes retirando-a do mercado mesmo quando existiam boas ofertas na mesa. Alguma coisa a mais estava acontecendo. A Figura 4-5 mostra o mapa ingênuo de partes desta situação.

---

[1] Em *Co-opetition* (New York: Doubleday, 1996), Adam Brandenburger and Barry Nalebuff desenvolveram uma perspectiva em estratégia de negócios que tem muito do espírito da Negociação 3-D. Seu conceito de "valor líquido", que usaremos mais tarde, pode ser útil para achar as partes certas.

[2] Experiências em laboratório descobriram que isso é verdade em "combinação" de problemas, onde o desafio é obter as partes certas (de maior valor) para transacionar, porém, as pessoas ainda têm uma visão muito estreita. Ver A. E. Tenbrunsel et al., "The Negotiation Matching Process: Relationships and Partner Selection," *Organizational Behavior and Human Decision Processes* 80 (1999): 252-283.

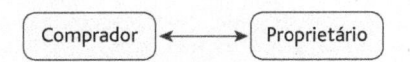

```
Comprador  ←——→  Proprietário
```

FIGURA 4-5
Mapa ingênuo de partes.

Assim, em vez de dar lances cada vez mais altos, nosso amigo tentou entender melhor a situação e a sua dinâmica de funcionamento. Depois de conversar com o agente imobiliário, nosso amigo ficou sabendo que o dono tinha se casado novamente há pouco tempo e que a sua esposa tinha dois problemas com a propriedade em questão. Primeiro, ela via a propriedade como uma extensão indesejada da sua primeira esposa e em segundo lugar, ela estava preocupada com o declínio geral do mercado de compra de casas. À luz desta informação, uma abordagem diferenciada pareceu fazer sentido.

Agora, em vez de forçar um fechamento da negociação, nosso amigo decidiu prolongá-la. Ele também começou a acompanhar as suas ofertas com uma série de breves, mas atraentes análises sobre como o dinheiro obtido com a venda da casa, poderia crescer mais e mais, se investido sabiamente, em contraste com os riscos de deixar aqueles mesmos recursos em um patrimônio num mercado em declínio. Através dos esforços incansáveis do agente imobiliário, que trabalhava legalmente para o arquiteto, mas que só lucraria caso houvesse uma venda, o nosso amigo se certificou de que a esposa também visse, lesse e pensasse cuidadosamente sobre essas ofertas/análises incomuns. A Figura 4-6 dá uma idéia mais consistente a respeito de quem precisava estar envolvido para fechar essa negociação ardilosa.

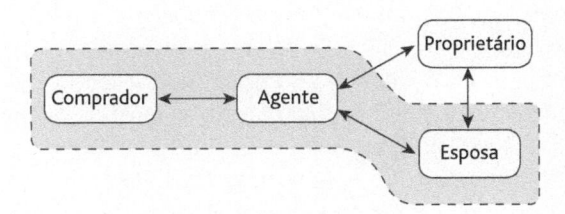

```
Comprador ←→ Agente → Proprietário
                    ↓        ↕
                    → Esposa
```

FIGURA 4-6
Mapa das partes com inclusão da esposa influente.

Você ficaria surpreso se soubesse que o acordo foi feito sem problemas com uma coalizão entre o comprador, o agente e a esposa, todos trabalhando juntos em cima do dono/arquiteto relutante?

Vendedores efetivos usam esta abordagem todo o tempo, mesmo que não construam mapas de todas as partes. Um grande vendedor busca identificar e conquistar aqueles que tomam a decisão final que, por sinal, podem ser diferentes daquelas pessoas que estão à mesa. Em muitas configurações, de fato, uma negociação informal pode muitas vezes ofuscar e ser mais importante que uma formal. Você deve estar atento a isso: mapear as partes que não estão necessariamente envolvidas na assinatura do acordo e contrato, mas que possuem influência.

Podem haver dimensões culturais neste desafio. Os negociadores no Japão, por exemplo, precisam prestar muita atenção aos grandes grupos industriais/financiadores, os *keiretsu*, que estão conectados a uma densa rede de relações em negócios. Embora as empresas possam ter identidades diferentes, o conhecimento das suas relações e implicações pode ser extremamente crítico. Da mesma forma, o gigante alemão Alliantz é muitas vezes chamado "a aranha da teia", como resultado da sua influência nas tomadas de decisão no setor. Na Itália, não ignore o papel de decisão de famílias e empresas poderosas, os *salotto buono ("sala de visitas")*. E claro, a influência pode tomar formas muito mais sinistras, como, por exemplo o papel da máfia russa e de outros grupos de proteção/extorsão. Nessas configurações e em configurações similares, uma boa orientação local é crítica para a elaboração adequada do mapa de todas as partes.

Mesmo na ausência dessas redes informais de influência, um processo de negociação informal pode atrair uma boa quantidade de outros participantes. Os papéis desses participantes podem ser óbvios no caso de você estar procurando por eles, e um choque desagradável se não estiver. Por exemplo, a Stone Container Corporation, uma corporação americana, estava negociando os termos de um amplo projeto florestal em Honduras, um país de baixo poder econômico da América Central que só recentemente entrou no processo de democratização e que tinha uma relação tensa com o governo e as multinacionais americanas. Formalmente, o acordo teria de ser feito com o presidente de Honduras e seus ministros. Como explicou Jerry Freeman, o executivo da Stone responsável: "Nós estávamos lá lidando com quem achávamos que tinha o poder, a responsabilidade e autoridade (o presidente). Junto com tudo isso estava o Serviço Florestal, que detinha o poder científico. Assim, tínhamos a ciência e eles fariam o controle de qualidade no programa que nós elaboramos."[3]

Esta visão em termos legais estava correta, mas era ingênua. Inadvertidamente, para observadores perspicazes fora do processo, a estratégia de negociação estreita de Stone ativou uma sensação de suspeita por todos os lados. Forçou o envolvimento do Congresso de Honduras, sindicatos trabalhistas, partidos políticos, empresas, indígenas que residiam na região afetada, assim como grupos ambientalistas nacionais e internacionais. Apesar de estar propondo um projeto que seria bom para todas as partes envolvidas, Stone ficou imerso em um complexo processo com múltiplas partes

---

[3] J. K. Sebenius and H. Riley, "Stone Container in Honduras (A)," Caso número. 9-897-172 (Boston: Harvard Business School, 1997).

envolvidas. Como mais tarde Freeman colocou: "Fomos pegos no meio de um tiroteio sem nenhum local para nos escondermos".[4]

Ele não precisaria ter sido surpreendido desta maneira. Uma avaliação informal da história de Honduras *versus* empresas americanas em relação a projetos de recursos naturais, junto com um entendimento da frágil situação em que se encontrava a presidência do país, teria sido suficiente para elaborar um mapa de todas as partes mais adequado. Certamente esse mapa teria apontado uma abordagem menos formal e mais abrangente, envolvendo partes adicionais desde o início.

Você incluiu os envolvidos nos processos de decisão?

Negociadores menos experientes às vezes ficam hipnotizados pelo agregado econômico de um acordo e esquecem dos interesses dos participantes que estão na posição de prejudicá-lo. Este é o foco da nossa terceira pergunta: "*Para ajudar a identificar bloqueadores em potencial (assim como aliados em potencial), o seu mapa de todas as partes inclui as partes envolvidas no processo de decisão interno?*" Antes havíamos discutido a proposta de fusão de duas gigantes do ramo farmacêutico a Glaxo e a SmithKline Beecham. Esta fusão desabou quando pessoas de dentro dessas empresas começaram a agir para bloquear o acordo. Por causa disso, US$ 20 bilhões investidos em ações das empresas desapareceram, quando foi informado que o acordo não ocorreria.

Este episódio salienta duas lições importantes. Primeiro, ao mesmo tempo em que uma situação econômica favorável é necessária para que um acordo aconteça, ela não é suficiente, devido à quantidade de interesses em jogo. Em segundo lugar, mantenha todos os participantes potencialmente influentes na sua tela de radar, principalmente os que detêm poder bloqueador. Fique atento aos seus interesses e à sua capacidade de afetar o acordo.

Questionar quais as partes envolvidas em um acordo e quem detem o poder de bloqueá-lo possibilita inúmeras respostas, principalmente em locais menos familiares, com processos de decisão e motivação distintos. Para aqueles que estão acostumados com a forma americana de gerenciar, incluindo acionistas, pode ser uma surpresa a política alemã de "co-determinação", que estabelece como norma a composição do quadro de diretores e supervisores com pelo menos 50% de representes trabalhistas. Em outro exemplo, uma companhia canadense com a qual trabalhamos, estava tentando romper um acordo de *joint venture* com uma empresa chinesa privada, e estava intrigada pelo papel proeminente que um oficial do partido comunista local tinha na negociação.

Pensando de forma mais abrangente podemos dizer que o que parece extremamente "racional" tendo em vista o todo, pode não ser quando levamos em conta as partes. Quando está negociando com a "IBM" ou com o "Exército", por exemplo, lembre-se que você não está lidando com uma única estrutura. Você está lidando com

---
[4] Ibid., 9.

indivíduos idiossincráticos, cada um deles envolvido em complexas tramas de tomadas de decisão e estruturas de gerenciamento, cada um com seus próprios interesses e potenciais que podem tanto bloquear quanto auxiliar o acordo que você deseja.

Você mapeou as partes influentes que possuem incentivos inadequados?

Agora nos remetemos à nossa quarta pergunta: *"O seu mapa de todas as partes destaca agentes ou representantes que podem ter incentivos inadequados, bem como a habilidade para moldar a decisão das partes, distorcendo ou fornecendo informações de forma seletiva?"* Em alguns casos, um agente ou representante participante do processo possui interesses divergentes com relação ao acordo. Vamos presumir que você esteja no comitê de compensações do quadro de diretores de uma empresa, e que esteja negociando um salário apropriado para um diretor que está prestes a assumir o cargo. A quem você recorreria em busca de auxílio?

Para responder essa pergunta corretamente, vamos examinar um caso real, visto do ponto de vista do outro lado da mesa. Joe Bachelder, um advogado especialista em acordos de remuneração de executivos, estava representando um cliente que havia sido selecionado por uma empresa para ser o próximo diretor executivo e estava no processo de negociação do seu salário. Depois da primeira sessão de negociação, o Sr. Bachelder puxou o seu cliente para um canto e informou a ele, confidencialmente, que ele conseguiria tudo o que desejava daquela negociação, apesar da atitude dura de muitos dos representantes até o presente momento. Como Bachelder poderia estar tão confiante a respeito da vitória? Ele explicou que o principal motivo era devido ao fato de o quadro de diretores ter encarregado o respeitado conselheiro geral interno da empresa de presidir a negociação.

Por que isso foi um erro? Não foi um erro de efetividade: de fato, o conselheiro geral interno da empresa sem dúvida era um negociador honesto e habilidoso. Mesmo assim, o Sr. Bachelder informou satisfeito ao seu cliente: "assim que isto estiver terminado, você será o chefe dele. Ele já sabe disso. Ele não vai resistir muito".[5]

Obviamente, o quadro de diretores colocou a parte errada para comandar a negociação. Eles deveriam ter contratado um especialista externo para ajudar nesta negociação específica. Alguém que efetivamente tivesse interesses e incentivos alinhados com a negociação. Não importa o quão eficaz o conselheiro geral fosse, nem o quão leal ele fosse ao quadro de diretores, não haveria como sacrificar os seus interesses de longo prazo em prol de algum dinheiro a (relativamente) curto prazo em favor da companhia. (Além do mais, existe o fator experiência e *expertise*: o conselheiro geral da firma devia ter feito no máximo dois ou três acordos de compensação de diretores executivos da empresa, enquanto que o

---

[5] Essa evidência anedótica é de G. Anders, "Top Negotiator Wins Top Pay for Executives," 2003, http://www.carerrjournal.com/salaryhiring/negotiate/20030708-anders.html.

Sr. Bachelder os fazia diariamente. Assim, os representantes da diretoria deveriam ter os interesses adequados e saber os truques deste tipo de acordo específico.)

Mesmo um contrato que pareça ter os incentivos econômicos alinhados pode falhar em resolver o problema do agente inadequado. Por exemplo, após um incêndio ocorrido em uma pequena empresa, a sua dona julgou que a companhia de seguros estava enrrolando e, assim, contratou um especialista para negociar a indenização. O especialista iria ganhar um taxa fixa, além de um bônus baseado no valor final estabelecido na negociação.

O especialista logo negociou um valor, porém a dona, após conversar com outras pessoas que haviam passado pela mesma situação, achou o valor extremamente baixo. Ela percebeu que o seu agente, que lidava há anos com o mesmo número limitado de seguradoras, geralmente negociava acordos rápidos que eram bastante econômicos para as seguradoras. Por quê? Porque era muito mais lucrativo para o especialista manter a sua prática do que barganhar para ganhar um incentivo extra desta única cliente. Situação esta que certamente acarretaria no rompimento no fluxo de acordos e provocaria uma retaliação por parte das seguradoras. De fato, esta era uma negociação pequena num quadro muito maior que alinhava os poderosos interesses da companhia de seguros com os do especialista.

Pode ser pior. Um executivo australiano muito bem-sucedido contou-nos certa vez que, anos antes, quando era um jovem funcionário de um banco, ganhando meros US$ 5.000 por ano, também jogava, com algum talento, em um time irlandês de *hurling*. Ao ouvir falar do seu talento um agente o abordou com uma oferta tentadora: jogar nos fins de semana para um time de Boston onde receberia a sua viagem de ida e volta mais US$ 350 por jogo!

Esta configuração ganha-ganha continuou durante toda a temporada até as finais. E foi justamente nas finais que o time de Boston perdeu. Profundamente desapontado, o participante/funcionário do banco foi se desculpar com o dono do time. "Sim, de fato este ano nós perdemos", disse o dono do time. "Mas nos saímos muito melhor do que em outras ocasiões no passado. Você foi uma ajuda fenomenal ao meu time. E com certeza não foi tão ruim para você, com os US$ 700 que ganhou por jogo, mais as passagens aéreas!" Depois dessa informação, o agente sumiu do mapa.

O "agente errado" pode vir de muitas formas. Coloque-se no lugar nada confortável de Nicholas Kristof, colunista do *New York Times*, que tinha escrita um artigo sobre o Iraque de Saddam Hussein detalhando como (no meio de muitos outros abusos) o governo iraquiano tinha torturado um líder muçulmano. Kristof e o seu "tradutor" oficial do governo iraquiano foram detidos. Kristof descreve a situação dizendo que foi chamado para comparecer ao ministério onde ele foi

> *ferozmente denunciado por dois homens de Saddam. Porém nenhum dos dois havia de fato lido o ofensivo artigo e nem mesmo falavam inglês... Assim, o meu tradutor pegou a minha coluna e a traduziu para eles. Vi minha vida passar*

---

* N. de R. *Hurling* é um jogo nacional irlandês semelhante ao hóquei.

diante dos meus olhos. Mas o trabalho do meu tradutor era ser um espião e informar a respeito das minhas atividades, e ele estava preocupado que a minha coluna fosse prova de que ele não estava fazendo o seu trabalho. Além disto, ele estava cobrando US$ 100 por dia e perderia uma fortuna ou sabe-se lá o que poderia acontecer caso eu fosse expulso. Assim, ele traduziu a minha coluna muito seletivamente. Não houve nenhuma menção a barbas queimadas ou unhas cravadas em cabeças. Ele deixou parágrafos inteiros de fora. Quando terminou, os dois oficiais me olharam com uma cara feia e me deixaram ir escoltado, mas livre[6].

Kristof teve sorte que o seu "representante" no governo iraquiano, assim como muitos agentes em configurações mais rotineiras, tinha desalinhado dramaticamente os incentivos de seus superiores e também possuía a capacidade de controlar e moldar a informação passada adiante[7].

Entretanto, caso a pessoa do outro lado da mesa seja um representante de um chefe autocrático que não delega poder, o truque estaria em descobrir como se conectar, nem que seja indiretamente, com a verdadeira pessoa encarregada de tomar decisões. Este deve ser o seu foco principal quando estiver lidando com autocratas. O seu trabalho não é persuadir os que não têm poder, com propostas intermináveis, concessões e informações, mas expandir o seu mapa de partes.

O ideal é possuir agentes habilidosos e informados que o representem fielmente. Assim, eles farão escolhas na negociação que estarão alinhadas com os seus interesses. (De fato, você mesmo pode ser o agente, representando a sua organização em negociações com outros que também são agentes das suas firmas.) Mas conforme indicam os exemplos anteriores, a realidade do agenciamento muitas vezes está longe do ideal.

Falaremos mais sobre essa questão em outros capítulos, principalmente no que diz respeito à tensão gerada entre os gerentes e os agentes.[8] Por hora, concentre-se em construir o mapa das partes e em prestar muita atenção aos agentes presentes nesse mapa, assim como nas partes que deveriam ou não estar presentes. Em especial, tente compreender a sua relação, interesses e habilidades de filtrar informações e moldar decisões longe do seu exame direto.

---

[6] N.D. Kristof, "Death by Optimism," *New York Times*, November 5, 2003, 25.

[7] Para um estudo amplo e criterioso desse problema de gerentes e agentes, ver J. Pratt and R. Zeckhauser, eds., *Principals and Agents: The Structure of Business* (Boston: Harvard Business School Press, 1985). Para uma aplicação extensiva a situações de negociação, ver R. H. Mnookin, L. E. Susskind, and P. Foster, eds., *Negotiating on Behalf of Others* (Thousand Oaks, CA: Sage publications, 1999).

[8] Bob Mnookin e seus colegas exploraram essa tensão gerente-agente como uma obra-prima de suas análises em R. H. Mnookin, S. R. Peppet, and A. S. Tulumello, *Beyond Winning. Negotiating to Create Value in Deals and Disputes* (Cambridge, MA: Harvard University Press, 2000).

Você antecipou as negociações com as pessoas que aprovarão o acordo?

A maioria de nós está ciente do fato de que negociações bilaterais, como por exemplo comprar um condomínio ou reformar uma casa em um bairro histórico, podem ser ampliadas e incluir vizinhos, grupos, comissões e autoridades da prefeitura. Dependendo da situação, é uma atitude sábia checar com antecedência a possibilidade de o acordo ser feito com as pessoas que efetivamente o aprovarão, antes de chamar outras partes para integrar a negociação. Este ponto nos conduz à nossa quinta pergunta: *O seu mapa de todas as partes antecipa negociações em potencial com aquelas partes que devem aprovar o acordo?* Nos Estados Unidos, algumas transações necessitam da participação da Comissão de Valores Mobiliários e Câmbio, da Comissão Federal do Comércio e do Departamento da Justiça antes de serem aprovadas. Assim, quando o Travelers Group e a Citicorp começaram a pensar na idéia de uma fusão, uma enorme transação que de fato mexeria com toda a teia de negócios federais, os presidentes das duas firmas visitaram o presidente do Federal Reserve Alan Greenspau para ter uma noção da posição do Fed[9]. O que os dois presidentes entenderam era que a participação regulatória implicava em uma negociação anterior a respeito dos termos aceitáveis do acordo. Era muito mais complexo do que meramente um simples "de acordo" no final da negociação. Mesmo em acordos menores que não possuem nenhum tipo de mecanismo regulatório, a questão permanece: é necessário construir um estágio favorável de aprovações no seu mapa inicial de partes e estratégias.

Você considerou as pessoas que implementarão o acordo?

Um problema semelhante ao do "agente errado", costuma surgir no final da negociação. Tenha cuidado quando uma equipe propuser uma aliança ou uma aquisição através de meros números, considerações legais ou qualquer outro fator dominante isolado. Por quê? Uma vez que o acordo esteja fechado, esta mesma equipe vai empurrar esta parte para o gestor operacional, que então tem que fazer o papel indesejado de tornar o esquema factível. Assim, fazemos a sexta das nossas sete perguntas: *"O seu mapa de todas as partes antecipa negociações em potencial com aquelas pessoas que implementarão o acordo?"*

Em quase todas as negociações, um envolvimento anterior dos responsáveis pela implementação do acordo é desejável. Jerry Kaplan, fundador da GO Technologies (fabricante de computadores operados por caneta) foi muito crítico com o processo a que a IBM sujeitou sua empresa em meio à negociação de um complexo investimento na GO. "Em vez de delegar a alguém a negociação, a IBM contratou um negociador profissional, que pouco se importa ou sabe a respeito da essência do acordo, mas tem total autorida-

---

[9] D. J. Kadlec, *Masters of the Universe* (New York: Harper Business, 1999), 85-92.

de... O negociador começa fazendo uma lista de todos os envolvidos internamente, e todos eles podem fazer novas solicitações... ou bloquear pequenas concessões..."[10] Em um processo de negociação assim, as chances das pessoas adequadas se encontrarem é muito pequena. E os resultados são muito frustrantes no que diz respeito à implementação.

Em alguns casos, investidores ou outros negociadores com interesses poderosos na transação podem desviar a atenção dos diretores de conflitos possivelmente fatais no "contrato social" subjacente. Por exemplo, quando a Matsushita Electric comprou a MCA, incluindo parques de diversões, indústrias fonográficas e a Universal Pictures, por US$ 6,59 bilhões, a empresa japonesa de eletro-eletrônicos estava interessada em manter um fluxo fixo de "*software*" criativo para seus negócios globais envolvendo *hardware*. A alta administração da MCA, enquanto isso, concordou fortemente com a aquisição na expectativa que a empresa japonesa pudesse conseguir capital para a compra das propriedades adicionais (uma empresa de música, uma rede de televisão e assim por diante) que a MCA percebia como necessárias para competir com rivais como a Disney e a Cap Cities/ABC.

Estamos falando de duas perspectivas *bem diferentes*, para dizer o mínimo. Para fechar o acordo, Michael Ovitz, o nada ortodoxo negociador corporativo, conseguiu de alguma forma manter as partes *separadas* durante a negociação. Lidando com as expectativas separadamente em cada um dos lados, e assim construindo uma integração para quando a negociação estivesse, virtualmente fechada. Ficou claro, em retrospecto, que nenhum dos lados agiu como havia dito que faria. Com certeza em parte este resultado foi devido às barreiras culturais que dividiam um Japão industrial, uma Hollywood criativa e a comunidade financeira nova-iorquina. Mas este resultado aconteceu também devido ao papel desempenhado por uma terceira parte. Pelo fato de cada um dos lados ter uma idéia distorcida das expectativas do outro, houve uma considerável fricção pós-acordo. Alguns anos mais tarde, a Matsushita vendeu a MCA à Seagram, incorrendo em um prejuízo de 165 bilhões de ienes. Se os responsáveis tivessem mais contato direto é improvável que este acordo impraticável fosse feito.

Existem muitas partes?

Você pode estar pensando, a partir das nossas discussões até agora, que em Negociações 3D mais significa melhor. Não é bem assim. Faça a sétima pergunta a si mesmo: *Existem muitas partes desnecessárias que estão complicando o acordo?* É fato que, na prática, freqüentemente encontramos partes úteis, e vitais, que de alguma forma foram deixadas de fora do processo. Mas também é fácil confundir e acabar complicando mais as coisas. Às vezes, quando você faz um esforço realmente sincero para incluir todos os acionistas em potencial, os menores possíveis, o processo simplesmente escapa das suas mãos, se perde.

---

[10] J. Kaplan, *Startup* (Boston: Houghton Mifflin, 1995), 120.

Muitas configurações ficam mais administráveis quando são simplificadas. Isso pode acontecer mais cedo, como no caso de duas indústrias dominantes de papel que negociam entre si primeiro e só mais tarde decidem incluir na mesa os participantes menores. Se ficar claro que os agentes da negociação não estão levando o acordo a lugar algum, os diretores podem decidir se livrar destes agentes e tentar uma negociação direta.

Muitas vezes o escopo de um *design* de negócio escolhido para uma transação pode ser simplificado para servir a um propósito específico. Quando a Bell Atlantic e a NYNEX planejaram uma "fusão de iguais" envolvendo mudança de donos em cada um dos lados, descobriram que esta estrutura necessitaria de negociações distintas e separadas com autoridades reguladoras em cada um dos *treze* estados atendidos pelas empresas! Para minimizar esses tipos de negociações um *design* de negócio foi desenvolvido especificamente para esta situação, deixando claro que a Bell Atlantic era a compradora nominal.[11]

Das partes aos interesses

Começamos este capítulo com uma pergunta retórica: as partes em um acordo não são só você e a pessoa do outro lado da mesa? Neste momento deve estar claro que, a não ser em contextos extremamente simplificados, isso raramente acontece. Neste capítulo, mostramos vários casos em que "negociadores" não reuniram as partes adequadas, e pagaram um alto preço por este equívoco. O mapa errado os levou ao lugar errado.

A maior parte dos livros unidimensionais sobre negócios persiste não questionando as partes, e as considera como dadas, como imutáveis. Assim, o foco destes livros fica somente na tática e no processo interpessoal. Esperamos tê-lo persuadido do fato de que isso simplesmente não basta. É preciso usar a imaginação de uma maneira disciplinada para elaborar e desenvolver o mapa correto de todas as partes. Assim, as partes certas estarão envolvidas.

Quando considerarmos mais casos nos capítulos subseqüentes, voltaremos a falar sobre as partes como uma variável crítica de configuração por razões adicionais às desenvolvidas neste capítulo. Por exemplo, quando estivermos lidando com interesses e acordos, vamos querer que o conjunto adequado de partes esteja reunido para facilitar a criação máxima de valor (por exemplo, a articulação de uma rede de valor ou a adição dos EUA ao acordo Egito-Israel). E depois começaremos a discutir a elaboração das suas próprias opções de *no-deal*, ou a desqualificação das opções de *no-deal* do outro lado, o que muitas vezes necessita da participação de partes que não estão envolvidas (o caso da PMA-estriadores). Por fim, conforme abordarmos a lógica da seqüência adequada, você perceberá que as partes entrarão e sairão do acordo por vários motivos (por exemplo, a coalizão da primeira Guerra do Golfo). Lembre-se que, no que diz respeito às partes, tudo se resume a um único princípio: sem os negociadores corretos e adequados, é difícil conseguir o acordo ideal.

---

[11] B. Wasserstein, *Big Deal: 2000 and Beyond* (New York: Warner Books, 2000), 622-623.

- Para acertar na configuração é importante reunir as partes corretas.
- Pense de modo amplo para conseguir o mapa de todas as partes.
- Para conseguir o mapa certo de todas as partes, examine, de modo disciplinado, para além dos suspeitos de sempre para descobrir quem realmente faz a diferença. Leve em conta participantes atuais e potenciais, internos e externos, gerentes e agentes, negociadores e influenciadores, aliados e bloqueadores, assim como partes de alto e baixo valor e as partes que aprovarão e colocarão o acordo em prática.
- Mapeie as relações entre aqueles do seu mapa de todas as partes avaliando os processos formais de decisão e de governança.

CAPÍTULO 5

Reúna os Interesses Adequados

Acertar a configuração adequada nada mais é que reunir os interesses adequados. Vamos definir *interesse* como *o que quer que você deseje que esteja em jogo na negociação*. Os seus interesses são o motivo pelo qual você se envolveu na negociação. O mesmo vale para as pessoas do outro lado da mesa. Sem uma avaliação clara e concisa dos interesses, você estará negociando cegamente.

No Capítulo 2 descrevemos o conceito de "auditoria 3-D" das barreiras existentes ao acordo e demos vários exemplos de casos em que a falta de habilidade de um dos lados para administrar o conjunto completo de interesses do outro lado acabou bloqueando a realização de um acordo bem-sucedido. Lembre-se da história do túmulo do Fluffy, e de como ele estava atrapalhando a construção de um hospital nos subúrbios de Londres. Naquele caso, o presidente da empresa de desenvolvimento presumiu que a dona desta última propriedade estava barganhando e segurando-a até conseguir o valor máximo possível. Na realidade, a questão toda não era o dinheiro. A dona de Fluffy simplesmente desejava agir da melhor forma com o seu querido bichinho de estimação após a sua morte. O erro de mapeamento de um único interesse, naquela circunstância, serviu para paralisar (e mesmo quase bloquear) a construção de um grande centro médico. A história da LockStore Systems mostrou como uma empresa e seus representantes de venda podem falhar em se colocar no lugar de clientes em potencial, e assim falhar em efetivar a venda. O sucesso no caso da LockStore estaria em abordar um novo conjunto de partes com interesses diferentes, assim configurando uma situação mais favorável. Quando reconfigura a mesa com novas partes, você está pensando nos novos interesses que entrarão na negociação, melhorando a configuração para os seus propósitos. Exemplo disso está no acordo dos estivadores-PMA ou na aquisição biotecnologia-agronegócios.

Neste capítulo, abordaremos os pontos favoráveis e desfavoráveis no agrupamento de interesses. Vamos começar com um princípio geral e a seguir passaremos para os erros mais comuns e as melhores maneiras de corrigi-los ou evitá-los.

A principal orientação: faça do mapeamento de interesses uma prioridade central, desde o início

Para ser um negociador habilidoso, na maior parte dos casos, você tem que se comprometer com o processo de mapeamento de interesses e considerá-lo seriamente como uma prioridade *durante toda a negociação*. Se você só olha os interesses rapidamente, é provável que comece em um nível superficial, e que talvez deixe de lado boas opções e fontes de alavancagem inexploradas. Negociadores sofisticados são virtualmente unânimes a respeito deste ponto: você tem que saber o ponto de partida de uma negociação antes de ir para um ponto melhor.

Os seus interesses

Existem duas partes no processo de entender os interesses: entender os *seus* interesses e entender os interesses *deles*. Talvez a primeira parte desta orientação o surpreenda. Não sabemos sempre a respeito dos nossos próprios interesses?

De acordo com a ex-Representante do Comércio Americano, Charlene Barshefsky, a resposta pode muito bem ser um "não", principalmente no que diz respeito a *articular* a posição:

> *Você tem que saber o que quer, e ser articulado a esse respeito. Isso parece extremamente óbvio, mas você ficaria surpreso ao descobrir que muitas pessoas não sabem o que querem com o grau de precisão que uma negociação exige. A seguir, você tem que pensar nas 2.000 maneiras de chegar onde quer: que trocas serão realizadas, que argumentos serão utilizados, quais as jogadas que o outro lado realizará. Assista cuidadosamente, escute cuidadosamente, fale menos e permaneça persistente.*[1]

Esses comentários são testemunha de nossa própria experiência. Os negociadores, muitas vezes, têm dificuldade de separar os pontos imprescindíveis de uma negociação dos pontos importantes ou dos "desejáveis, mas não críticos". Se o seu objetivo principal em uma negociação de emprego com três possíveis novos empregadores for aumentar a sua experiência e aprender novas habilidades, cuide para que a conversa não acabe meramente em benefícios de curto-prazo.

Para um fornecedor de cosméticos e perfumes, algumas das negociações mais importantes com as lojas de departamento têm a ver com a quantidade de espaço alocada à linha de produtos. Desde o local onde será exibido na loja, a margem, a mídia, os temas que serão usados e o compartilhamento de custos em promoções especiais. Por mais importantes que sejam essas questões, o verdadeiro sucesso consiste no quanto eles conseguem direcionar o negócio básico no longo prazo. Esse interesse mais profundo deveria ser o compasso, revisto de tempo em tempo, para guiar o pro-

---

[1] E. Schmitt, "Questions for Charlene Barshefsky: the Negotiator." *New York Times Magazine*, October 1, 2000, 4.

cesso. Os melhores negociadores têm muito claro os seus interesses, mas também têm discernimento de quais são os *trade-offs* entre interesses no decorrer do processo e são flexíveis e criativos nos meios para atingir estes interesses finais.

Os interesses deles

O outro lado da questão dos interesses – igualmente importante e provavelmente mais desafiador – é entender os interesses *deles*. O que é necessário entender sobre a organização, hierarquias e desafios competitivos da sua contraparte antes de fazer o melhor acordo possível com eles? Considerando que a sua contraparte irá dizer sim, pelos motivos deles e não pelos seus, você precisa do máximo de *insight* possível no quanto os interesses deles seriam alcançados pelo seu acordo comparado com a melhor opção de *no-deal*.

"Passamos muito tempo pensando como o pobre homem ou mulher do outro lado da mesa vai vender este acordo para o chefe dele ou dela," diz o representante de negócios da Millenium Pharmaceuticals, Steve Holtzman. "Passamos muito tempo tentando entender como eles estão elaborando o seu plano."[2] Holtzman entende intimamente o jogo da negociação: através de uma série de acordos e alianças, ele ajudou a Millenium Pharmaceuticals desde o seu início em 1993 até se tornar uma grande empresa industrial (com uma capitalização de mercado de US$ 10,6 bilhões) menos de uma década mais tarde.

A modelagem financeira e a construção de cenários, tanto do seu lado quanto do lado deles, podem ser críticas para entender os interesses em uma ampla variedade de contextos de negociação. Passamos um bom tempo em Wall Street, em um momento ou outro de nossas carreiras, e naquele contexto freqüentemente nos deparamos com pessoas que estavam se preparando para negociações importantes simplesmente "trabalhando com números". Dificilmente essa abordagem se mostra eficiente em negociações importantes. Você precisa ir além, para refinar a sua compreensão dos interesses da corporação e dos interesses pessoais representados do outro lado da mesa. O que essas pessoas realmente querem com este acordo? Qual é a estratégia que estão usando neste momento e como este acordo se encaixa nela? Quem está na liderança? Como é esta pessoa (ou equipe), qual é o seu histórico de negociações? Como este acordo afetará o seu status, benefícios e possibilidades futuras? Quem mais está prestando atenção especial a este acordo? Quem o aprovará?

Alguns negociadores pensam que o foco na situação do outro lado é um sinal de fraqueza no seu próprio lado. Determinados em não ceder nem mesmo um centímetro, eles tentam o máximo possível para projetar uma imagem de exagerada autoconfiança. No início da sua carreira na Cisco Systems, Mike Volpi, mais tarde o assessor estratégico desta empresa, teve problemas para concluir acordos em negociação. O consenso entre os seus colegas de trabalho era de que a sua atitude de autoconfian-

---

[2] M. D. Watkins, "Strategic Deal-making at Millennium Pharmaceuticals," Caso número 899242 (Boston: Harvard Business School, 1999), 12.

ça era entendida freqüentemente como arrogância, e isto muitas vezes o prejudicava. Muitas aquisições depois, um dos seus colegas disse que a "parte mais importante do desenvolvimento de Volpi é que ele aprendeu que o poder não vem simplesmente de dizer para as pessoas que você é poderoso. Ele começou como uma pessoa que simplesmente queria puxar tudo para o seu lado da mesa e acabou se tornando uma pessoa que entende o acordo a partir do ponto de vista do outro lado".[3]

Resolvemos adicionar a idéia "de início e com freqüência" a esta seção. Se a pergunta for: "Em que momento devo começar a avaliar os interesses do outro lado?" a resposta será: "Quanto mais cedo, melhor". Se você esperar até que os momentos críticos apareçam para começar a investigar os interesses com seriedade, as muralhas de proteção na certa já estarão erguidas. Mesmo assim, com raras exceções, descobrimos que com *preparações focadas na descoberta de interesses e com grande atenção durante o processo* é possível desenvolver uma boa relação de trabalho, baseada na compreensão, uma vez que você quase sempre acaba negociando com as mesmas pessoas e companhias no decorrer do tempo. Como Lakhdar Brahimi, um enviado extraordinário da ONU disse certa vez: "Como me disse um velho diplomata britânico certa vez, o segredo da negociação é o seguinte: cada vez que visitar um país, fale com o máximo de pessoas que puder lá e aprenda o máximo sobre sua história e sua cultura, já que você nunca sabe se amanhã terá de negociar com eles".[4]

Já enfatizamos o papel central desempenhado pelo *mapa de todas as partes*. Iremos reiterar este ponto aqui. Use esse mapa como uma estruturação a respeito do que deve ou não ser feito considerando os pontos abordados. O seu mapa é a melhor ferramenta para se manter longe de problemas, e para chegar aonde você quer.

Mais duas orientações: erros a serem evitados

Além da negligência em não entender completamente os interesses das duas partes, os negociadores cometem mais dois erros relacionados a interesses:

- Deixar que o preço "ofusque" um conjunto mais rico de interesses em potencial
- Confundir posições de barganha com um conjunto mais completo de interesses reais

Vamos examinar estes problemas mais de perto.

---

[3] L. M. Holson, "The Cisco Whiz Kid: Young Deal Maker Is Force Behind the Company's Growth," *New York Times*, November 19, 1998, C9.

[4] L. Brahirni, transcrito de anotações do Great Negotiator Awards (Cambridge, MA: Programa de Negociação da Harvard Law School, 2002).

Não deixe que o preço "ofusque" um conjunto mais rico de interesses

O mítico Rei Midas tinha um dom especial: a habilidade de transformar qualquer coisa em ouro simplesmente pelo toque. Grandes negociadores têm o mesmo dom. Eles podem pegar materiais aparentemente mundanos e, através da sua "magia" tanto na mesa quanto fora dela, podem produzir valor para todas as partes da negociação.

Maus negociadores possuem o que pode ser chamado de toque de Midas reverso, ou seja, eles transformam ouro potencial em latão. Uma forma comum de fazer isso é prestar atenção exclusivamente ao preço ou em questões econômicas de curto prazo, assim transformando possíveis acordos cooperativos em acordos com poucos resultados. Através da adoção de uma abordagem de barganha exagerada e com uma tática exclusivamente focada no preço, eles deixam o potencial de valor intocado. É claro que o preço é um fator importante na maior parte dos acordos. Mas raramente ele é o *único* fator. Como Felix Rohatyn, antigo parceiro gestor da firma de investimentos bancários Lazard Frères afirmou: "A maior parte dos acordos são 50% de emoção e 50% de fatores econômicos."[5]

Rohatyn, um veterano de inúmeros acordos tanto públicos quanto privados, sabe sobre o que está falando. Mas também existe uma grande quantidade de pesquisa servindo de base para o seu ponto de vista.[6] Considere, por exemplo, uma negociação simplificada de uma única etapa, extensivamente estudada em contextos laboratoriais, envolvendo dinheiro real. Uma parte recebe US$ 100 para dividir com a outra parte da forma que queira. A segunda parte pode tanto concordar ou discordar. Se concordar, os US$ 100 são divididos de acordo com a proposta da primeira parte, se não concordar, nenhuma das partes leva algo. A lógica de preço puro diz que a primeira parte deveria propor algo como "US$ 99 para mim e US$ 1 para você". Ela ganha o máximo possível da negociação, mas ainda assim dá à outra parte mais do que ela teria recebido de outra maneira (um dólar ao invés de nada). Negociadores de puro preço confiantes partem do pressuposto de que a outra parte vai concordar com essa divisão desigual. Afinal, eles dizem, a segunda parte está ganhando "dinheiro grátis". É como encontrar um dólar na rua, não é? Quem não pararia para pegar?

Porém, existe um padrão que pode ser identificado a partir destes experimentos. A maior parte das pessoas fazendo o papel da segunda parte recusou propostas que ofereciam menos de um terço do valor (e alguns chegaram a rejeitar 40%, ou até mais). Este padrão se manteve mesmo com mais partes envolvidas e com valores significativos. Esses resultados se mostraram fidedignos mesmo em outras culturas, sugerindo que possa haver alguma invariância na percepção de igualdade e do que é justo. Quando uma divisão soa muito desigual para nós, nos sentimos *ofendidos* em um nível básico.

---

[5] S. Stein and H. Book, *The EQ Edge: Emotional Intelligence and Your Success* (Toronto: Stoddart Publishing, 2000).

[6] Veja C. Camerer and R. Thaler, "Anomalies: Ultimatums, Dictators, and Managers," *Journal of Economic Perspectives* 9, no. 2 (1995): 209-219.

Além de rejeitarmos o dinheiro (ou o seu equivalente), nós também acabamos decidindo dar uma lição na nossa contraparte.

A maior lição que podemos tirar disso tudo é que as pessoas se importam não apenas com o retorno econômico. Elas se preocupam com resultados relativos, percepção de igualdade e do que é justo, auto-imagem e reputação, entre outras coisas. Partindo deste ponto, aqui estão quatro interesses que não dizem respeito a preço e que são muitas vezes negligenciados em uma negociação, apesar da sua importância.

Relacionamentos. No Capítulo 2, citamos Wayne Huizenga, que depois de literalmente milhares de negociações, grandes e pequenas, construiu pessoalmente os impérios de negócios da Waste Management, Inc., da AutoNation e da Blockbuster. Um acordo, segundo Huizenga, no contexto de interações repetidas "tem que ser uma situação ganha-ganha para ambos os lados. Os outros participantes não podem ter a sensação de que perderam. Isto é especialmente crítico se as duas partes vão continuar a trabalhar juntas".[7]

O custo de negligenciar os interesses das relações torna-se dolorosamente óbvio na "grande ruptura" que surge em muitas negociações entre culturas diferentes.[8] De forma simples, pode-se dizer que o mundo se divide em dois tipos bem definidos de culturas: *culturas centradas em acordos*, nas quais os interesses dominantes envolvem substância e *culturas centradas na relação*, onde a profundidade dos relacionamentos é o interesse fundamental. Em culturas centradas em acordos (incluindo a maior parte da América do Norte, Norte da Europa e Austrália), a forma e a estrutura predominam. Em sociedades centradas nos relacionamentos (a maior parte dos países da América Latina, Sul da Europa e no Sul e Sudeste da Ásia), o espírito dos relacionamentos tende a ter preponderância frente às especificidades do acordo. Americanos, europeus do norte e australianos, todos centrados em resultados, muitas vezes subestimam o poder das relações de interesses. Quando prematuramente apelam para "começar a tratar de negócios" estão pulando um passo importante, uma dinâmica que pelo menos uma das partes na mesa considera essencial.

O contrato social. Da mesma forma, muitos negociadores têm a tendência de ficarem centrados no contrato econômico (divisões justas com eqüidade, compartilhamento de custos, governança e assim por diante) esquecendo-se do "contrato social", que pode ser definido como o "espírito do acordo". O contrato social de um acordo vai muito além de uma boa relação de trabalho. Ele governa as expectativas das pessoas a respeito da natureza, extensão e duração da transação, bem como as noções do processo que ocorrerá e as maneiras de lidar com situações não previstas. (Falaremos mais sobre o contrato social e de todos os aspectos psicológicos a seu respeito no Capítulo 11.)

---

[7] H. W. Huizenga, introdução de *Masters of the Universe: Winning Strategies of America's Greatest Deal Makers*, por D. J. Kadlec (New York: Harper Business, 1999), ix.

[8] Livro de Richard R. Gesteland, *Cross-Cultural Business Behavior: Marketing, Negotiating and Managing Across Cultures* (Copenhagen: Handelshojskolens Forlag, 1996), explica seu conceito de "grande ruptura" cultural e informa esse parágrafo.

Principalmente no caso de novos empreendimentos e alianças estratégicas, onde a boa vontade e fortes expectativas compartilhadas são importantes, a negociação de um contrato social positivo é crítica para reforçar o contrato *econômico*. É um mau sinal se, já no meio de um empreendimento em execução, as partes recorrem aos documentos de constituição quando surge um conflito. Quando um contrato social foi bem negociado, a abordagem na resolução de conflitos ficará clara para ambos os lados (mesmo quando os termos mais específicos da resolução não forem muito claros!).

O processo de negociação propriamente dito. O processo conta e muito. Ele pode soar como um domínio específico de funcionários e burocratas, mas na verdade, o próprio processo de negociação pode ser muito importante como um interesse por si só. Conta a história que o jovem Tip O'Neill, que mais tarde se tornou o presidente do Congresso americano, encontrou-se com uma eleitora idosa nas ruas de North Cambridge, Massachussets. Surpreso ao ouvir que não iria votar nele, O'Neill a colocou à prova: "A senhora me conhece e à minha família desde que eu me dou por gente!". "Sim." "Eu não cortei a sua grama no verão e varri a sua calçada no inverno?". "Sim." "A senhora não concorda com todas as minhas posições e propostas políticas?". "Sim." "Então porque a senhora não vai votar em mim?". "Simplesmente porque você não me pediu."

Um número considerável de pesquisas acadêmicas confirma o que O'Neill aprendeu nesse episódio: o processo conta. Resultados sustentáveis e desejáveis são alcançados mais facilmente quando todas as partes percebem o processo como pessoal, respeitoso, direto e justo.[9]

Ética. O potencial para comportamento centrado no interesse próprio na negociação gera questões éticas e isto é motivo para atenção e preocupação.[10] Questões éticas incluem táticas questionáveis como mentira e coerção, bem como questões de divisões justas e o tipo de representação utilizada no decorrer da negociação. Por exemplo, quais as obrigações de um agente negociando em nome do presidente de uma empresa? Ou de um agente encarregado de uma negociação "externa" em nome de uma organização dividida internamente?

Interesses éticos em uma negociação possuem no mínimo duas dimensões, sendo que ambas podem ser moldadas pelo contexto e pela cultura. Primeiro existe a

---

[9] Um trabalho clássico estabelecendo a importância de "justiça de procedimento" pode ser visto em J. Thibaut and L. Walker, *Procedural Justice: A Psychological Analysis* (New York: Wiley, 1975). Um resumo popular da literatura em justiça de procedimento pode ser encontrado em W. C. Kim and R. Mauborgne, "Fair Process: Managing in the Knowledge Economy," *Harvard Business Review*, July-August 1997, 65-75.

[10] Para uma discussão mais abrangente, veja D. A. Lax and J. K. Sebenius, "Three Ethical Issues in Negotiation," *Negotiation Journal* 2, no. 4 (1986): 363-370. *What's Fair: Ethics for Negotiators* (San Francisco: Jossey-Bass, 2004), editado por nossos colegas Michael A. Wheeler and Carrie MenkelMeadow, é de longe a melhor compilação do pensamento corrente sobre ética em negociação sob muitas perspectivas.

dimensão do que é *intrinsecamente* certo ou errado, em uma ação, apesar dos seus efeitos nos resultados obtidos. (A mentira e a coerção, a maioria concorda, são atos intrinsecamente errados, mesmo se não atingirem os resultados desejados ou forem irrelevantes no final da negociação.) Segundo, existem as dimensões *instrumentais* dos diferentes comportamentos éticos e não-éticos. Por exemplo: o fato de a outra parte saber o meu peso mínimo a obriga a me colocar sob pressão, utilizando este fato para conseguir vantagem? As conseqüências de comportamentos não-éticos, que podem até ser vantajosas no curto prazo, trazem desvantagens a longo prazo, se crio inimigos ou destruo reputações?

Confundindo posições de barganha com um conjunto mais completo de interesses reais

A sabedoria que está na essência do livro *Getting to Yes*, na versão de 1991 deste clássico em negociação dos nossos colegas Roger Fisher, Bill Ury e Bruce Patton, pode ser resumida na seguinte citação: "Concentre-se em interesses, não em posições".[11]

Vamos estabelecer um consenso sobre alguns termos. Pontos críticos (*issues*) são as coisas que estão em discussão direta na mesa. *Posições* são os argumentos e opiniões das partes sobre estes pontos críticos (*issues*). Interesses, como já salientamos antes, são *qualquer coisa que preocupe você ou as suas contrapartes e que está em jogo no processo*.

Posições sobre pontos críticos (*issues*) podem refletir interesses subjacentes, mas eles não precisam necessariamente ser idênticos. Por exemplo, se você está negociando uma oferta de emprego, o salário-base com certeza será ponto crítico. Talvez a sua posição a respeito dessa questão seja o fato de que você precisa ganhar US$ 100.000. Os interesses subjacentes desta posição incluem certamente a sua necessidade de uma boa renda. Mas eles também podem incluir questões como status, segurança, obtenção das condições para ser bem medido na posição, flexibilidade para acomodar pontos críticos familiares, novas oportunidades de ascensão e todo um conjunto de outras necessidades que vão além do salário. Assim, em vez de insistir nos US$ 100.000, você pode alcançar os seus reais interesses através de uma negociação (por exemplo) a respeito de uma relação mais próxima com a direção da empresa, um conjunto maior de responsabilidades, ou talvez uma prorrogação do seu início na empresa que permita que você tire aquelas férias tão adiadas com a sua família.

O principal ponto aqui é perceber que *interesses compatíveis muitas vezes escondem posições incompatíveis*. Negociações de "barganha posicional", que se baseiam principalmente ou quase que exclusivamente na avaliação das posições, também têm o seu lugar. (Voltaremos a este tópico mais tarde, quando abordarmos situações em que se está puramente exigindo valor.) Parece extremamente natural começar uma negociação deixando bem claro qual é a sua posição e solicitando ao outro lado que deixe bem claro a dele. Mas na maior parte das vezes, esta não é uma atitude sábia. Ela

---

[11] R. Fisher, W. Ury, and B. Patton, *Getting to Yes: Negotiating Agreement Without Giving In* (New York: Penguin, 1991).

tende a colocar o processo no modo "exigir valor", fixando as pessoas nas posições que cada uma delas tomou logo no início da negociação.

Em vez de agir desta maneira, depois de pensar seriamente no que *você* quer alcançar, você precisa chegar ao mesmo entendimento a respeito do outro lado da mesa. Certo, você já ouviu a posição da sua contraparte; agora o que está *por trás* desta posição? Não estamos sugerindo que eles estão desviando de assunto ou sendo manipuladores. Simplesmente queremos descobrir qual é a motivação de todas as partes na negociação. A negociação efetiva depende deste nível de entendimento. Assim, não pare nas posições. Cave mais fundo e descubra os *interesses*.

Quatro práticas para ajudar a entender os interesses

Vamos olhar agora para o outro lado da moeda: as práticas que podem aumentar as suas chances de ser bem-sucedido na mesa. Listaremos quatro:

- Pergunte, escute e teste
- Utilize fontes públicas para mapear os interesses
- Esteja atento às fontes internas
- Busque orientações de especialistas

Pergunte, escute e teste

Talvez a técnica mais simples e mais negligenciada, de começar uma negociação seja fazendo uma série de *perguntas* relacionadas a interesses e depois *escutar ativamente* as respostas. Depois *teste* estas respostas para conseguir uma compreensão ainda mais completa da posição do outro lado. Depois repita o ciclo. Pergunte, escute e teste.

Uma vez fomos contratados como consultores para uma empresa que estava se preparando diligentemente, há seis meses, para negociar um empreendimento conjunto com outra companhia. A extensão dos preparativos era formidável, de fato, muitos arquivos com informações importantes. Mas o nosso cliente ainda se sentia frustrado por não ser capaz de identificar os interesses subjacentes da outra parte. A equipe de negociadores sentia que ainda havia lacunas na compreensão das motivações do outro lado.

No meio de uma apresentação abrangente de PowerPoint, ficamos pasmos ao perceber um ponto muito importante. *Em todos os seus preparativos, eles nunca tinham estabelecido uma conversação direta com os altos executivos do outro lado.* "Uma grande preparação", dissemos a eles, "mas agora está na hora de parar de conversar com vocês mesmos. Marquem uma reunião exploratória com as suas contrapartes. Se a conversa correr bem, lancem o conceito que vocês têm em mente e escutem as reações deles. Se eles não gostarem do conceito, *testem*. Perguntem por quê. Por que não pensar em X? Por que não Y? Depois, escutem ativamente."

Naquele caso, assim como em muitos outros, a comunicação direta fez maravilhas. O resultado final foi um empreendimento conjunto extremamente sólido, embora devamos admitir que o resultado era bem diferente do que aquele que o nosso cliente havia imaginado nos seus momentos de isolamento.

Conhecemos um comprador que foi recusado quando tentou renovar um contrato de suprimento de materiais. Em uma comunicação escrita, a empresa que iria renovar o contrato alegou alguns pontos nada convincentes a respeito do aumento de preço das matérias-primas, a dificuldade de encontrar pessoal especializado e outros fatores. O comprador ficou intrigado: ele sabia que aquele contrato era importante para a empresa, que ele havia proposto termos econômicos que eram viáveis e que não havia motivos para o fornecedor acabar com a relação entre eles.

Nosso amigo comprador foi persistente (principalmente porque não havia nenhuma outra boa alternativa para este fornecedor em particular). Ele levou o representante de vendas do fornecedor para jantar, e seguiu a nossa indicação básica: *pergunte, escute e teste*. Aos poucos ficou claro que os bônus que o representante de vendas recebia advinham de novos contratos e não da renovação de antigos. Munido dessa compreensão a respeito da posição subjacente do representante, o comprador conseguiu reestruturar de forma cosmética o seu contrato de tal maneira que ele conseguiu ser qualificado como "um novo negócio", e ao mesmo tempo, assegurou um modesto ganho de preço para a sua própria empresa.

Utilize fontes públicas para mapear interesses

Outra amiga nossa tinha um negócio diferente: comprar ou fabricar presentes caros para "pessoas que já têm tudo". A questão toda era inventar algo que tivesse um significado extremamente pessoal para quem recebesse. Ela nos explicou que, presumindo que a pessoa que recebia o presente já era conhecida, mesmo que localmente, ela quase sempre conseguia um bom resultado no presente final, pois tinha o *insight* necessário sobre a pessoa simplesmente navegando na internet.

A mesma situação é válida nas negociações. Principalmente no caso de empresas públicas, é possível achar muitas fontes de pesquisa. Como a nossa amiga diz, as buscas na internet muitas vezes fornecem uma boa compreensão a respeito das pessoas, empresas e contextos industriais. Às vezes até com algumas nuances extremamente singulares. A maioria dos grandes jornais possui arquivos digitais que contém registros de pelo menos uma década de edições (*o The New York Times*, disponível *online*, possui em seu arquivo edições desde 1851!). Relatórios de analistas, consultados com critério por parte do leitor, podem fornecer uma boa perspectiva interna/externa.

Esteja atento às fontes internas

Depois de salientar a importância da consulta em fontes públicas de informação, queremos enfatizar o fato de que nada é comparável a possuir fontes que já negociaram com a sua possível contraparte. Muitas vezes você pode achar esse tipo de recurso dentro da sua própria organização, ou talvez mais perto dela do que imagina. Quem você conhece que já negociou com essas pessoas? O que eles sabem a respeito das preocupações, preferências e pontos sensíveis da outra parte? Um almoço pode prover *insights* importantíssimos.

Fomos chamados para orientar uma grande empresa que estava planejando um acordo com um grande fornecedor de produtos de informática e de integração de sistemas. O fornecedor mais atraente permaneceu desconhecido mesmo quando as partes entraram em negociações mais detalhadas. "Nós não sabemos quais os interesses vitais do outro lado ou como eles estão pensando sobre este acordo", o líder da equipe de negociação do nosso cliente nos disse. "Sem este conhecimento, podemos perder o acordo mais vantajoso e deixar dinheiro na mesa".

Nosso conselho foi, entre outras coisas, que ele tivesse uma conversa com o seu diretor de RH. Baseado na nossa experiência em situações semelhantes, pareceu provável que houvesse alguém na folha de pagamento do nosso próprio cliente que já houvesse trabalhado para o gigante em TI anteriormente. De fato, havia por volta de *vinte* pessoas, algumas das quais nos conseguiram ótimos *insights*, sem a violação da confidencialidade. Outros ainda dentro da firma do nosso cliente já tinham negociado outros acordos com a firma de TI. Foi muito proveitoso poder contar com essa experiência direta também.

Busque orientações de especialistas

A maior parte das negociações acima de um certo nível de complexidade envolve um número considerável de consultores: advogados, contadores, investidores e consultores da indústria. Quando você decide abordar esses especialistas, além das qualificações técnicas que eles possuem, você deve perguntar detalhadamente sobre a experiência e qualificações técnicas que possuem em contextos industriais com a sua contraparte da negociação.

Não tenha vergonha. É claro que é inapropriado que você busque informações confidenciais que os especialistas não possam discutir. Mas é justo esperar que esses especialistas possam lhe oferecer uma visão geral sobre como o outro lado funciona, e como poderia perceber o acordo que você tem em mente. Quem e que partes da organização estarão envolvidos? Como eles avaliarão um acordo deste tipo? Quais as suas preocupações e quais pontos são abordados com mais facilidade? Quem é mais fácil de lidar e quem é mais difícil de lidar do outro lado? São receptivos a que tipos de argumentos? E quando não são receptivos?

Ficando fora de armadilhas psicológicas

Vamos terminar este capítulo sobre interesses com uma rápida olhada nos tipos de armadilhas psicológicas que entram no caminho de negociadores eficazes. Nossa justificativa para incluir este tópico neste livro é a possibilidade de alguém estar lendo este livro e interpretando através de uma visão psicológica distorcida. Será muito difícil conseguir ajustar os interesses desta maneira. Três das armadilhas mais perigosas são:

- A mítica "torta fixa"
- Vieses autojustificados
- Percepções parciais

A mítica "torta fixa"

Provavelmente você já está familiarizado com o conceito das negociações "ganha-perde" ou "soma zero", na qual um dos lados perde e o outro ganha. Quando dividimos uma torta, se eu pegar uma fatia maior significa que você fica com a menor. Existem muitas situações onde a torta é fixa e as divisões ocorrem desta maneira. Porém existem muitas outras em que a situação pode ser diferente, embora uma ou mais partes não percebam desta maneira. Os psicólogos especialistas em negociações Max Bazerman, Margaret Neale e Leigh Thompson apresentaram provas substancias a este respeito.[12] Através de experimentos em que os participantes podiam ganhar um bom dinheiro num processo de avaliação adequada de interesses, esses psicólogos e outros demonstraram que pessoas mais rígidas e teimosas se apegam à percepção de um conflito subjacente, mesmo quando os seus interesses são compatíveis.

Vieses autojustificados

Além da percepção distorcida de tortas fixas onde elas não existem, os negociadores também podem interpretar as informações de forma alinhada com seus preconceitos. Por exemplo, em um programa da Harvard para executivos, mostramos as participantes experientes informações industriais e financeiras sobre a negociação de uma empresa que estava querendo adquirir uma outra companhia. Os executivos participantes deveriam interpretar papéis de "compradores" e "vendedores" alternadamente. A informação fornecida a ambos os lados era *idêntica*.

Após tempo suficiente para a análise, foi pedido a todos os participantes que fornecessem a *verdadeira* avaliação pessoal do valor razoável da empresa – diferente do valor tático que eles apresentariam em um processo de barganha. Aqueles que foram

---

[12] Ver M. H. Bazerman and M. A. Neale, *Negotiating Rationally* (New York: Free Press, 1992); M. A. Neale and M. H. Bazerman, *Cognition and Rationality in Negotiation* (New York: Free Press, 1991); e L. L. Thompson, *The Mind and Heart of the Negotiator,* 2nd ed. (Upper Saddle River, NJ: Prentice Hall, 2001).

designados para o papel de vendedor apresentaram uma avaliação mediana mais de *duas vezes superior* àquela fornecida pelos compradores. Esta diferença de avaliação não tem base nos fatos, tendo sido gerada inteiramente pelo papel que as pessoas exerciam. Este é um fenômeno disseminado em negociação, indo além da avaliação ao exame das chances em uma disputa judicial, à possibilidade de vencer um conflito e assim por diante.[13]

Percepções parciais

Existem evidências de que nós, humanos, erramos sistematicamente ao processar fatos. E nos equivocamos ainda mais quando estamos avaliando o outro lado, principalmente em situações desafiadoras. Para uma pessoa que está de fora do processo, algumas reações, tanto de parcerias ou casamentos que estão em crise, parecem extremamente exageradas, uma visão negativa da outra parte. Pesquisas extensas determinaram que existe um mecanismo inconsciente na nossa mente que faz com que percebamos o nosso lado como "mais talentoso, honesto e correto", enquanto, ao mesmo tempo, desqualificamos ou mesmo transformamos a oposição no lado mau.[14] Assim surgem percepções exageradas da posição do outro lado e o conflito acaba sendo ainda mais intensificado.

Percepções parciais podem acabar se tornando profecias que se auto-realizam. Alguns experimentos realizados com o propósito de testar a influência da expectativa dos professores em relação aos seus alunos, ou do diagnóstico de psiquiatras e psicólogos de seus pacientes, confirmam a noção de que as expectativas moldam o comportamento. (Meu professor pensa que eu sou burro, portanto eu devo ser burro, não vou me esforçar.) Se você está na mesa de negociação com a inabalável convicção de que a sua contraparte é difícil e teimosa, *é provável que você se comporte de maneira a produzir esse mesmo comportamento.*

Soluções

Assim, o que devemos fazer a respeito de vieses de percepção? Voltaremos à visão distorcida da torta no próximo capítulo. Quanto aos vieses autojustificados e às percepções parciais, negociadores sofisticados devem estar *preparados* para lidar com isso, tanto do seu lado quanto do outro lado da mesa. Tais percepções fazem parte da ordem natural das coisas em situações de tensão. Participantes menos experientes ficam chocados e ofendidos pelo extremismo percebido e não se conscientizam de que as suas próprias percepções também dizem muito dos papéis que estão desempenhando.
Como agir contra esses vieses?

---

[13] L. Babcock and G. Lowenstein, "Explaining Bargaining Impasse: The Role of Self-Serving Biases," *Journal of Economic Perspectives 11*, no. 1 (1997): 109-126.

[14] Para uma excelente introdução a resultados de pesquisa e implicações de negociação com vieses autojustificados e percepções parciais ver R. J. Robinson, "Errors in Social Judgment: Implications for Negotiation and Conflict Resolution, Part 1," Caso número 9-897-103 (Boston: Harvard Business School, 1997); e "Errors in Social Judgment: Implications for Negotiation and Conflict Resolution, Part 2," Caso número 9-897-104 (Boston: Harvard Business School, 1997).

Estudos científicos a respeito dos mecanismos sobre vieses não são nada promissores, o simples fato de estar consciente desse mecanismo pode ajudar em algumas situações.[15] Tenha em mente o conselho de *Getting to Yes*: "não deduza as intenções deles a partir dos seus próprios receios".[16] Ou, se você quiser um pouco mais de sangue frio, lembre-se do filme O Poderoso Chefão III: "Não odeie os seus inimigos. Esse ódio obscurece o seu julgamento". Para evitar essas tendências é importante buscar a opinião de alguém que esteja de fora de tudo isto, e alguém com quem você possa contar para lhe fornecer percepções corretas, em lugar daquelas que eles pensam que você quer ouvir.

Uma de nossas histórias preferidas a respeito de clarear um pouco a percepção sobre interesses é a seguinte: o sócio sênior de uma firma de advocacia chamou um jovem colaborador à sua sala, em uma sexta-feira à tarde, e pediu para que ele representasse um cliente em uma negociação e, caso a negociação falhasse que levasse o caso adiante, para o tribunal. O jovem advogado trabalhou duro todo o fim de semana. Na segunda-feira pela manhã, apresentou uma pasta repleta de materiais ao seu superior.

O superior louvou o seu colega pelo ótimo trabalho. A seguir revelou que a firma estaria representando justamente o cliente do outro lado. *Agora que você entende completamente o ponto de vista do outro lado*, ele disse ao jovem associado, *precisamos que você prepare o nosso lado*.

Nós também fizemos uma versão deste exercício. Alguns anos atrás, enquanto estávamos ajudando um cliente a se preparar para uma difícil negociação, sugerimos que o cliente criasse uma "pasta" para cada um dos lados; e que, num exercício de representação, colocasse os seus melhores negociadores para barganhar pelo outro lado. Surpreendentemente, a pasta que estava preparada pelo pessoal que estava representando o lado do nosso cliente foi exposta em uma apresentação longa, elaborada e persuasiva. A pasta que o nosso cliente havia preparado para o outro lado era baseada em argumentos e motivos pelos quais eles deveriam desarmar a barraca e deixar a mesa. Ficou dolorosamente claro que o nosso cliente, mesmo com as instruções que havíamos dado e a sua boa vontade em segui-las, não tinha *começado* a avaliar o conjunto completo de interesses do outro lado. Sugerimos que ele trouxesse uma firma de fora para elaborar as estratégias como se fosse representante do outro lado. Essa preparação foi muito importante nas estratégias de nosso cliente, pois ele foi capaz de contra argumentar de diversas formas as investidas do outro lado na negociação propriamente dita.

Negociamos para melhorar nossos interesses, e o outro lado também. Assim, as negociações mais bem-sucedidas são aquelas que vão ao encontro dos reais interesses das partes. Para isto, é necessária uma compreensão, tanto dos próprios interesses quanto dos da outra parte. Sem essa compreensão, suas negociações não começarão de um lugar favorável, e com certeza não irão acabar em uma situação mais propícia.

---

[15] Babcock and Lowenstein, "Explaining Bargaining Impasse."

[16] Fisher, Ury, and Patton, *Getting to Yes*.

- Para acertar na configuração, tenha uma boa compreensão dos interesses.
  - O que quer que uma das partes queira ou considere importante é um interesse.
  - Faça do mapeamento de interesses, tanto dos seus quanto dos da outra parte, uma prioridade central bem antes do processo de negociação ser iniciado e no decorrer das transações.
  - Evite o toque de Midas reverso; não deixe o preço ofuscar um conjunto ainda mais rico de interesses que podem incluir a percepção de igualdade, auto-imagem, reputação, relações, o contrato social e o próprio processo de negociação, bem como a ética.
- Não confunda posições de barganha com um conjunto mais rico de interesses subjacentes.
- Não esqueça de perguntar às suas contrapartes sobre os interesses, direta ou indiretamente, escute ativamente as respostas e coloque em teste o que ouvir.
- Utilize fontes públicas para mapear os interesses.
- Esteja atento às fontes internas bem como a outras pessoas que já negociaram com a sua contraparte.
- Busque informações de especialistas.
- Fique atento a percepções inconscientes distorcidas: a mítica "torta fixa", vieses autojustificados e percepções parciais.
- Busque contornar os mecanismos psicológicos que distorcem inconscientemente a percepção de interesses.

CAPÍTULO 6

Compreenda Adequadamente as Opções de *No-deal*

Muitos negociadores sem experiência acham que devem segurar a negociação a todo custo até que algum acordo seja efetivado. Com certeza esses negociadores se beneficiariam escutando o que o ex-secretário do Tesouro americano, Robert Rubin, tem a dizer: "Quando os outros percebem a sua vontade de sair da mesa, a sua posição fica mais forte... Às vezes, é melhor não chegar ao sim".[1] Tanto as percepções quanto a realidade das opções de *no-deal* desempenham um papel fundamental na maior parte das negociações. Vamos nos deter em um ponto extremamente *básico* por um minuto: contrastar duas situações diferentes de negociação com um vendedor de automóveis.

- **Situação 1**: O vendedor tem a forte impressão de que você está convicto a respeito do carro dos seus sonhos, vamos chamá-lo de carro A, e ele se encontra no estacionamento da concessionária. Você certamente é um comprador em potencial. Conforme você se acomoda na cadeira em frente à mesa do vendedor, a sua esposa diz firmemente: "Amor, procuramos por muito tempo e não achamos *nada*. O nosso velho carro pode nem conseguir sair deste estacionamento. Este carro é perfeito!" Agora você senta e discute o preço.

- **Situação 2**: O vendedor observa enquanto você se perguntando se prefere o carro A (o mesmo do exemplo anterior) que está logo ali, ou o carro B, que está em outra concessionária. Desta vez a sua esposa mostra ambivalência: "Amor, eu acho que prefiro o carro B". Sim, você gosta muito do carro A, mas o carro B tem algumas coisas que você gosta e está com um preço mais baixo. Nesta situação, você está negociando o preço do carro A para ajudá-lo a decidir qual prefere. Agora você senta e discute o preço.

---

[1] Para estas citações e muitas outras descrições da abordagem de Rubin às negociações, ver R. E. Rubin and J. Weisberg, *In an Uncertain World: Tough Choices from Wall Street to Washington* (New York: Random House, 2003), 118, 168.

Você não se surpreenderá ao saber que pode conseguir o melhor preço na situação 2, na qual você parece ter uma excelente opção de *no-deal* e parece tentado a optar por ela. É uma situação bem diferente comparada à primeira situação, onde você parece não ter nenhuma boa alternativa ao carro A. Acertar na configuração significa acertar na compreensão das opções de *no-deal* de cada lado. Este é um ponto muito importante na avaliação e escolha pelo "sim" ou pelo "não" em cada um dos lados.

Você deveria dizer um "sim" absoluto a uma proposta de acordo? A resposta a essa pergunta depende de muitos fatores, além do simples valor deste acordo. Também depende da *comparação* das suas opções, pois aí você poderá determinar, para si mesmo, se o valor de dizer "sim" excede o valor de dizer "não". Às vezes, citando as palavras de Rubin novamente, é melhor *não* chegar ao sim. E a mesma lógica também é verdadeira para a sua contraparte do outro lado da mesa.

Os termos específicos de um acordo proposto definem o valor do "sim". Mas como o valor do "não" é determinado? Depende do quão bem os seus interesses são atendidos através da escolha da sua melhor opção de *no-deal*, o curso mais promissor que você tomaria caso decidisse dizer não à proposta de acordo. Além de reunir todas as partes interessadas adequadamente e de mapear os seus interesses de forma acurada, compreender e moldar as opções de *no-deal* de todas as partes é o terceiro elemento fundamental da configuração de uma negociação.[2]

A sua melhor opção de *no-deal* pode ser simplesmente sair da mesa e não fechar o acordo. Quais serão as conseqüências disso? Pode ser buscar algum outro fornecedor, comprador, ou negociador, ou talvez produzir internamente, em vez de buscar algo externamente, ou ainda ir para a justiça, em vez de buscar algum acordo, formar uma coalizão ou aliança diferente, ou fazer uma greve. No caso de negociações internacionais de paz, a melhor opção de *no-deal* de uma nação pode variar desde a imposição de sanções econômicas até o uso de força – bloquear, bombardear, invadir. E, no curso da negociação, a sua melhor opção de *no-deal* pode ser seguir com a negociação, talvez na esperança de uma oferta melhor. De todas as formas, avaliar as suas opções de *no-deal* ajuda a estabelecer a relevância crítica do limite: *comparado a quê?* Enquanto isso, o outro lado (mesmo que informalmente) faz a sua própria avaliação das melhores opções de *no-deal* disponíveis para eles.

Quando trabalhamos com os nossos clientes, freqüentemente falamos em "balanço de *deal/no-deal*". Imagine uma balança contendo dois lados. Em um dos lados você coloca o valor da sua melhor opção de *no-deal*, e no outro você coloca o valor de dizer sim ao acordo proposto. Conforme as negociações avançam, você regularmente verifica a balança metaforicamente falando, para examinar como parece o equilíbrio

---

[2] Os especialistas em negociação Roger Fisher, Bill Ury e Bruce Patton cunharam um acrônico útil para definir este conceito: BATNA, *best alternative to a negotiated agreement*. (melhor alternativa para um acordo negociado). Ver R. Fisher, W. Ury and B. Patton, *Getting to Yes: Negotiating Agreement Without Giving In* (New York: Penguin, 1991). Nós gostamos do termo mas temos usado "melhor opção de *no-deal*", apenas para evitar o Jargão. A importância de opções de *no-deal* tem uma longa história intelectual e muitas implicações para negociação, as quais detalhamos pela primeira vez em nosso artigo "The Power of Alternatives or the Limits to Negotiation" *(Negotiation Journal)* 1, no. 2 [1985]: 163-179).

deal/no-deal. Embora as negociações estejam muito centradas em conseguir um "sim", as suas ações, bem como os fatores do mundo exterior, podem estar pesando mais para o lado do "não" na balança. Além disso, o outro lado pode estar colocando o dedo na balança também, melhorando ativamente as suas opções de *no-deal*; e, possivelmente, tentando piorar as suas. O que quer que esteja acontecendo na negociação é medido pelas suas opções de *no-deal*, em termos do conjunto completo dos seus interesses e de que algum acordo seja claramente aceitável. O mesmo para o outro lado.

Freqüentemente, os negociadores ficam presos no jogo tático da mesa. Parece que é aí que a ação ocorre e onde a sua atenção deveria ser focalizada. Muitos negociadores, mesmo os mais experientes, prestam atenção insuficiente (1) às suas melhores opções de *no-deal* e (2) ao balanço de *deal/no-deal*. Em muitos casos, tratam as opções de *no-deal* como pontos secundários, e não como o foco central da configuração. *Este pode ser um erro fatal*. Assim como as partes e os interesses, conforme descrito nos últimos dois capítulos, as opções de *no-deal* servem como base para moldar de maneira favorável a configuração: definindo as condições necessárias para qualquer acordo, influenciando os resultados fortemente e muitas vezes sugerindo ações fora da mesa com o objetivo de preparar situações mais promissoras.

No decorrer desse capítulo, apresentaremos cinco formas de usar o poder das opções de *no-deal* para estabelecer bons acordos:

1. Use a sua melhor opção de *no-deal*, e as das outras partes da negociação, para determinar onde existe uma zona de possível concordância, se é que ela existe.

2. Certifique-se de que o outro lado o perceba como capaz e disposto a sair da mesa. Quando as contrapartes percebem um aumento na sua disposição para sair da mesa, principalmente se for com o objetivo de buscar uma opção de *no-deal* mais atraente, os seus resultados na mesa melhoram significativamente. Assim, tome medidas para aprimorar a sua melhor opção de *no-deal* e considere ações para piorar a da sua contraparte.

3. Proteja, e não enfraqueça inadvertidamente, as suas opções de *no-deal*.

4. Somente considere formas de piorar a sua própria opção de *no-deal* em situações cuidadosamente selecionadas.

5. Quando estiver diagnosticando uma negociação em potencial, use a sua compreensão das opções de *no-deal* para discernir entre as situações nas quais a negociação em si pode desempenhar um papel importante e nas quais desempenha um papel secundário.

Determine se existe uma zona de possível acordo

Uma maneira simplificada de perceber as negociações é imaginá-las como um tipo de cabo de guerra, uma competição que acontece em uma linha competitiva (o "cabo"), com o vendedor puxando para o lado do valor "alto" e o comprador puxando para o lado do valor "baixo". O valor máximo possível, protegido a sete chaves pelo comprador, determina uma das pontas (o preço máximo aceitável, no caso de fechar o acordo) e o valor mínimo, também muito bem guardado, está na outra ponta (o preço mínimo aceitável para haver um acordo). Não importa na verdade se o cabo de guerra está acontecendo por causa do preço de uma casa ou de um carro, ou uma apólice de seguro, ou o preço de mercado de uma empresa. Em todos os casos, é vital manter uma imagem mental do preço representado pela figura do cabo de guerra, pois ela tem uma relação próxima com cada uma das melhores opções de *no-deal* dos dois lados envolvidos.

Lembre-se que a sua melhor opção de *no-deal* é o curso de ação que você poderia tomar no caso de não ocorrer nenhum acordo na negociação atual. O valor que você estipula para a sua melhor opção de *no-deal* estabelece a sua posição, em termos do conjunto completo dos seus interesses que qualquer acordo deve exceder para ser aceitável; o mesmo ocorre com o outro lado. Assim, opções de *no-deal* implicam na existência de uma *Zona de Possível Acordo* (ZOPA), um jargão que achamos relevante. A ZOPA é o conjunto de possíveis acordos benéficos para cada um dos lados, dados os seus interesses, melhor do que a opção de *no-deal*.

Suponha que o valor mínimo do vendedor caia abaixo do máximo do comprador, conforme mostrado na Figura 6-1. Nesse caso, existe uma ZOPA potencialmente lucrativa. Ou seja, o acordo é melhor do que a melhor opção de *no-deal* de cada um dos lados.

Sendo um pouco mais concreto, digamos que Joe esteja vendendo o seu apartamento e possui uma oferta aceitável (para ele) de US$ 450.000. Enquanto isso, Betty pagaria US$ 500.000 pelo apartamento de Joe. A ZOPA Joe-Betty obviamente existe e é o conjunto de preços entre US$ 450.000 e US$ 500.000.

É claro que é fácil imaginar um contexto sem nenhuma ZOPA. Por exemplo, se Joe já tivesse uma oferta de US$ 500.000 e Betty pudesse comprar exatamente o que quisesse por US$ 450.000, não existiria uma ZOPA para Joe e Betty.

Cada lado sabe os seus próprios limites, os quais devem ser continuamente avaliados e reavaliados conforme novas informações vêm à tona. O problema é que muitos negociadores possuem pouca noção a respeito das suas próprias opções de *no-deal*, ou sobre como avaliá-las, principalmente no que diz respeito a opções de *no-deal* mais complexas do que simples acordo de preço de compra-venda que utilizamos como ilustração até aqui. Se Joe e Betty estivessem tentando chegar a um acordo em um processo no tribunal, ao invés da simples opção comprar ou vender um apartamento, com certeza as opções de *no-deal* seriam muito mais difíceis de calcular.

O preço mínimo do vendedor   O preço máximo do comprador

FIGURA 6-1

A ZOPA (Zona de Possível Acordo) vista como um cabo de guerra.

Vejamos agora como uma avaliação acurada da verdadeira ZOPA, que parece ser fácil na teoria, mas de fato é complexa na prática, pode ser imensamente lucrativa quando é bem feita. Às vezes os atributos mais importantes das opções de *no-deal* do outro lado podem estar invisíveis, a não ser que você os procure ativamente.

Uma vez assessoramos uma firma americana durante uma negociação demorada com uma grande empresa japonesa. A meta das negociações era criar um empreendimento conjunto sob o controle da companhia japonesa. Na verdade, a criação desse empreendimento conjunto representaria a venda de dois terços da companhia americana, e certamente permitiria que essa empresa se concentrasse no que percebia ser uma boa linha de negócio com um potencial de lucro ainda maior. Foi um processo de dois anos extremamente detalhado e com várias suspensões das negociações, devido ao que os japoneses chamaram de um *"breakdown* no seu processo de consenso interno". Todas as vezes, entretanto, os japoneses davam um jeito de retomar as negociações, depois de lidar com os esforços internos para reconstruir e fortalecer o consenso dentro da companhia sobre o papel central desempenhado pelo acordo na sua estratégia global a longo prazo.

Quando uma empresa européia fez uma oferta tentadora por todo o empreendimento americano, a empresa japonesa ficou num beco sem saída. Assim que os japoneses deixaram claro que estavam querendo intensificar as negociações, em parte para desviar os europeus, os negociadores da firma americana reavaliaram a ZOPA tendo o preço como fator central. Ou seja, o mínimo que a firma americana aceitaria e o máximo que a firma japonesa pagaria pelo controle majoritário da parte da empresa americana que entraria no empreendimento conjunto.

Obviamente, a ZOPA de preço dependia da avaliação financeira, incluindo os benefícios estratégicos, bem como os custos para cada um dos lados na conclusão da negociação. Mesmo assim, no último momento antes do conselho de administração americano autorizar os seus negociadores a prosseguir na última sessão de negociação, insistimos com o nosso cliente para repensar a realidade da opção de *no-deal* dos japoneses. Rapidamente revisamos as outras opções estratégicas abertas à firma japonesa e confirmamos que elas não eram muito desejáveis.

Essa olhada de última hora na situação dos japoneses chamou a nossa atenção a respeito das conseqüências *internas* das opções de *no-deal* para a nossa contraparte japonesa. Os japoneses tinham trabalhado duro tentando alcançar um consenso dentro da empresa, assim virtualmente todas as pessoas da empresa estavam comprometidas com o fechamento dessa transação, desde os donos até os gerentes de departamento. Essa companhia tinha bastante dinheiro em caixa, assim a minimização do preço do acordo era importante, mas não era o ponto principal.

Armados com essa compreensão, os negociadores americanos conseguiram alavancar a dinâmica organizacional quase irresistível da empresa japonesa – a empresa tinha gasto mais de dois anos para integrar, em termos mentais, a operação americana na sua estratégia de longo prazo. Agora, em lugar de enfrentar extremos organizacionais custos internos de "perder", a empresa japonesa concordou em pagar uma quantia extraordinariamente elevada para a empresa americana, muito superior ao que pagaria se não tivesse ocorrido o processo de consenso. De fato, o prazo final da ação foi o *triplo* do preço no início do processo. Um negociador americano descreveu que, de fato, a companhia japonesa "tinha se apaixonado" pelo o seu alvo durante o processo e assim pagou o preço.

Este alto resultado de lucro (do ponto de vista americano) provavelmente não seria possível se os negociadores americanos utilizassem os termos de avaliação convencionais e se concentrassem em opções de *no-deal* externas. Em vez disso, o processo de consenso da outra parte, assim que reconhecido pelo lado americano como afetando diretamente a opção de *no-deal* japonesa, foi utilizado para o reconhecimento do fato de que a verdadeira ZOPA estendia-se muito além do que seria justificável de qualquer outra maneira.

Certifique-se de que eles acreditam que você pode sair da negociação

Embora muitas pessoas associem o "poder de barganha" com a habilidade de infligir ou absorver algum dano, a percepção da outra parte em relação a você possuir uma boa opção de *no-deal* é igualmente importante, ou talvez até mais importante. Lembre-se da história da compra do carro mostrada anteriormente, ou do caso da procura de Tom Stemberg por financiamento externo frente às negociações correntes com os capitalistas de risco. Ou de Joseph Miniace no Capítulo 3, que de início se sentiu completamente à mercê dos estivadores e da habilidade do sindicato de fechar os portos. As empresas de navegação da Costa do Pacífico agiram tanto interna quanto externamente para aumentar as suas opções de *no-deal* e piorar as do sindicato.

Indo na mesma direção de Robert Rubin (e um grupo grande de negociadores de primeira classe), o fundador e diretor da WebTV Steve Perlman coloca firmemente: "Se você não consegue abandonar a negociação, então você não consegue negociar... Aquele que menos se importa acaba ganhando".[3] Existem circunstâncias nas quais não é possível abandonar facilmente a negociação, principalmente em acordos com parcerias a longo prazo e relacionamentos importantes. Mas a sua aparente vontade de sair da negociação com confiança, ao invés de com ameaças rudes, pode conferir vantagens genuínas. A percepção por parte do outro lado da sua calma prontidão em abandonar a negociação, oposta à tensão desejosa de firmar um acordo, normalmente funciona conferindo vantagens a mais. É claro que essa prontidão aparente não deve necessariamente substituir uma busca conjunta genuína por um acordo ainda melhor. Mas, voltamos a ressaltar, a sua prontidão aparente, bem como essa habilidade para abandonar, oferece um reforço tático valioso para o processo.

Em negociações com duas partes interessadas, onde o que está sendo negociado é muito mais do que um simples carro A *versus* o carro B como mostrado anteriormente, a maioria dos negociadores de primeira linha insiste no desenvolvimento de algum

---

[3] Para essa citação e uma discussão completa da abordagem de Perlman, ver J. K. Sebenius and R. Fortgang, "Steve Perlman and WebTV (B)," Caso número 9-899-271 (Boston: Harvard Business School Publishing, 1999).

tipo de competição, melhorando assim as suas opções de *no-deal* na negociação inicial. Um experiente executivo da AOL falou sobre a importância de tais jogadas para mudar a configuração de maneira favorável e alterar o balanço de *deal/no-deal*: "Nunca se faz uma negociação sem falar com outras pessoas antes. Nunca".[4]

Martin Lipton, "decano" da comunidade nova-iorquina de especialistas em aquisições corporativas, comparou os efeitos da inclusão de outras partes interessadas desde o início das negociações da aquisição corporativa com os efeitos de simplesmente negociar com mais efetividade com a sua contraparte inicial no final da negociação. Lipton até mesmo forneceu um esboço quantitativo do valor de adicionar um negociador competidor ao invés de mais habilidades em negociação no início do acordo de duas partes interessadas: "A capacidade para trazer uma outra parte à negociação é muito mais importante que a capacidade para produzir um dólar extra para cada uma das partes ao final da negociação. No início, você ainda está falando em 50%. No final, você está falando de 1% ou 2%".[5]

Converter uma configuração de duas partes em praticamente um leilão pode mudar toda a psicologia da negociação, assim como as pressões competitivas inerentes ao processo. No Capítulo 5, nos referimos ao conjunto de negociações que transformaram a Millenium Pharmaceuticals de uma simples iniciante em uma firma multibilionária no fim do processo em menos de uma década. O encarregado da parte de negócios da empresa naquela época inicial era Steve Holtzman, que acredita firmemente na arte de adicionar partes à negociação:

> *Sempre que sentimos que existe a possibilidade de um acordo com alguém, imediatamente chamamos outras seis pessoas. Muitas vezes é enlouquecedor tentar atender a todos, mas certamente muda a percepção do outro lado da mesa. E esse é o objetivo principal. Em segundo lugar, isso muda a sua própria autopercepção. Se você acredita que existem outras pessoas que estão interessadas, o seu blefe não é mais um simples blefe, certamente ele é real. Ele terá um poder de convencimento muito maior.*[6]

De fato, transformar a sua negociação de duas partes em um movimentado leilão, com diferentes lances para o seu acordo pode ser uma estratégia poderosa.[7] Mesmo algumas medidas parciais nessa direção podem melhorar a aparência e a própria realidade das suas opções de *no-deal*. Porém utilize essa estratégia sabiamente. Se você

---

[4] G. Rivlin, "AOL' s Rough Riders" *The Standard*, October 20, 2000, http://www.thestandard.com/article/display/0.1151.19461.00.htm.

[5] Essa citação e uma extensa discussão das implicações relacionadas a negociações pode ser encontrada em G. Subramanian, "The Drivers of Market Efficiency in Revlon Transactions." *Journal of Corporate Law* 28 (2003): 691.

[6] Ver M. D. Watkins, "Strategic Deal-making at Millennium Pharmaceuticals," Caso número 899-242 (Boston: Harvard Business School, 1999), 12.

[7] Ver J. Bulow and P. Klemperer, "Auctions Versus Negotiations," *American Economic Review* 86, no. 1 (1996): 180-194.

anunciar publicamente um leilão e não aparecerem outras partes, isso certamente irá mostrar a fraqueza das suas opções de *no-deal* e provocará dano à sua posição nas negociações.

Algumas ações simultaneamente melhoram a sua melhor opção de *no-deal*, ao mesmo tempo em que pioram a do outro lado. Você deveria estar alerta a essas situações que envolvem o que chamamos "*opções de no-deal interdependentes*". Para identificar e tirar vantagem destas situações, você, obviamente, precisa não só de uma avaliação das suas próprias opções de *no-deal*, quanto pensar cuidadosamente nas do outro lado.

Vamos ilustrar uma jogada defensiva desse tipo. No meio de uma raivosa negociação para resolver uma disputa a respeito de propriedade intelectual, a Parte A antecipadamente deu início a um processo contra a Parte B numa jurisdição que, já se sabia, era favorável ao ponto de vista da Parte A. Essa jogada não só protegeu, mas também melhorou a posição de saída da negociação da Parte A, ao mesmo tempo em que piorou as da Parte B, que, se não houvesse acordo teria de passar por todo o processo em uma situação legal bastante desfavorável. Seguindo a mesma moeda, se a Parte B tivesse dado início ao processo primeiro numa jurisdição que fosse favorável ao seu caso, a situação de *no-deal* da Parte A seria pior.

Imagine que a BigCo (grande) e a sua maior rival, a BiggestCo (maior), coexistem em uma indústria direcionada pela escala, que está madura para a consolidação. A BigCo, sendo a segunda maior empresa do setor, deve decidir quais dos dois parceiros deve escolher para uma fusão: a SmallCo (pequena) ou a SmallerCo (menor). Com quem a BigCo deveria falar, em que momento isso deveria ser feito e quão generosa ela deveria ser para tentar estabelecer uma fusão rapidamente?

A BigCo decide agir rapidamente e oferece termos generosos inesperados à SmallCo, a maior das duas empresas em potencial para uma fusão. Por quê? Suponha que a BiggestCo, a firma dominante da indústria, agisse primeiro para amarrar a SmallCo. A BigCo seria deixada com um parceiro de negociação menos valioso (SmallerCo). E se a BiggestCo já tivesse absorvido a SmallCo, nesse caso a BigCo teria poucas opções de *no-deal* para negociar com a SmallerCo. Uma falha em produzir uma negociação com a SmallerCo significaria a não consolidação de um acordo, já que não haveriam mais parceiros em potencial viáveis para essa operação. Em outras palavras, por agir rapidamente para amarrar a SmallCo, a BigCo estava ao mesmo tempo melhorando substancialmente sua possibilidade de acordo e protegendo a sua opção de *no-deal*. Uma BigCo verdadeiramente proativa negociaria simultaneamente com a SmallCo e com a SmallerCo, para tentar concluir ambas as aquisições antes que a BiggestCo sequer tivesse a chance de entrar na negociação (presumindo que as autoridades antitruste não representassem problema e que as duas empresas menores não abrissem negociação com a BiggestCo).

Temos um outro exemplo no qual um dos lados sentiu fortemente a fraqueza da sua posição de barganha logo no início das negociações e assim tomou medidas para encontrar e explorar opções de *no-deal* interdependentes. Nas três décadas após a Segunda Guerra Mundial, os esforços em persuadir os bancos suíços a compensarem os sobreviventes do Holocausto, que afirmavam que esses bancos haviam tomado os seus valores desde a guerra, mostraram-se pouco eficazes e estavam se tornando praticamente inexistentes. Quando o ex-diretor da Seagram, Edgar Bronfman, buscou reviver essas negociações, ele sentiu que os principais executivos dos bancos em Zurique estavam bloqueando qualquer esforço seu. Evidentemente, eles acreditavam que as restituições relevantes já tinham sido feitas anos antes e que eles estavam muito bem embasados pela lei. Como resultado, Bronfman encontrou os banqueiros em uma posição nada amigável. Colocado de maneira simples, os banqueiros sentiam que possuíam uma opção de *no-deal* muito forte, ao mesmo tempo em que as de Bronfman pareciam ser pobres.

Oito meses mais tarde, ações empreendedoras fora da mesa feitas por Bronfman, bem como a Conferência Mundial dos Judeus, e outras partes, expandiram dramaticamente as negociações em detrimento dos bancos suíços. Agora os banqueiros enfrentavam uma coalizão de interesses que ameaçava a lucrativa participação suíça nos negócios de finanças públicas em estados como a Califórnia e Nova York. E que também colocava em xeque a fusão da Corporação do Banco Suíço com a UBS, pois um dos termos do contrato dizia respeito a uma licença de idoneidade que era vital para fazer negócio em Nova York. Essa coalizão potencialmente hostil também serviu para que uma grande quantidade de investimento em ações fosse retirada dos bancos suíços – pelos fundos de pensão americanos, e de todas as empresas suíças, e produziu ruído para fazer com que alguns dos mais formidáveis advogados americanos encabeçassem processos (caros) de ações com grupos (*class-action*). Finalmente, a visível falta de progresso ameaçou irritar o governo americano, que já tinha tornado-se em uma parte ativa buscando um acordo entre as partes.

Em outras palavras, a coalizão melhorou simultaneamente a sua opção de *no-deal* e diminuiu fortemente o apelo da opção de *no-deal* dos banqueiros suíços. Quer saber o resultado? Um acordo feito pelos banqueiros de que pagariam US$ 1,25 bilhão aos sobreviventes. Esse foi um resultado inimaginável no início da pequena e privada negociação, mas tornou-se possível, e até inevitável, graças a um contexto de um jogo radicalmente alterado que incluiu uma maior coalizão de partes, todas pressionando os banqueiros.[8]

Existem importantes exceções à regra de que quanto melhores forem as suas opções de *no-deal* (e piores as da sua contraparte), melhores os seus resultados. Elas surgem principalmente em circunstâncias onde a sua própria confiança em considerar seriamente as opções de *no-deal* o colocam em uma perspectiva negativa aos olhos da sua contraparte. Por exemplo, se você está negociando com um empregador que preza a lealdade, invocar o espectro de todos os empregos alternativos que você reuniu pode ser sinal para ele ou ela de que você é um mercenário. Ou talvez a sua disposição para levar a cabo um processo no tribunal para, digamos, quebrar um sindicato pode ser interpretado como uma ameaça e estimular reações contrárias do outro lado e,

---

[8] Esse exemplo foi resumido de informações em J. Authers, W. Hall, and R. Wolffe, "Banks Pay a High Price for Putting the Past Behind Them," *Financial Times* (London edition), September 9, 1998, 4.

inadvertidamente, levar a uma escalada ruim para todos. Entretanto, na maioria das circunstâncias, o desenvolvimento de opções externas atraentes e uma sinalização demonstrada com calma em escolhê-las tendem a melhorar os seus resultados.

Proteja as suas opções de *no-deal*

Uma opção de *no-deal* é como um dique: ela não pode ter vazamentos. Proteger a sua opção de *no-deal*, e evitar ações que piorem a sua condição, requer extrema atenção às opções de cada um dos lados; em parte porque essas opções podem inadvertidamente ser afetadas pelas suas movimentações de barganha. Por exemplo, para levantar uma quantia numa situação de urgência, o presidente de um fabricante de produtos químicos canadense decidiu vender uma divisão grande, porém não-estratégica, pelo melhor preço possível. O comprador "natural" seria uma firma australiana, que tinha como presidente um antigo colega de escola preparatória do presidente da companhia canadense. Durante uma conversa de presidente para presidente para preparar as negociações, o australiano disse que a sua firma estava de fato potencialmente interessada, embora estivesse ocupada com outras prioridades estratégicas. Entretanto, se a firma canadense lhe concedesse um período de nove meses de exclusividade nos direitos à negociação para confirmar a "seriedade" da venda, o australiano "deslocaria recursos administrativos" para realizar a aquisição. A sua contraparte canadense concordou com o acordo.

Agora, coloque-se na situação do executivo da empresa canadense encarregado de negociar com urgência a venda da divisão por um alto preço. Quando pegou o avião para Sydney, ele sabia que não tinha uma boa alternativa ao que os australianos oferecessem pelos próximos nove meses. Não foi surpreendente descobrir que os australianos não eram *nada* generosos independentemente dos laços de amizade. Quando você estiver decidindo as movimentações da negociação, mantenha o olho bem aberto em como essas movimentações estão afetando as suas opções de *no-deal*.

Sob circunstâncias muito especiais considere a possibilidade de piorar estrategicamente as suas opções de *no-deal*

Existem casos nos quais você pode decidir piorar conscientemente a sua opção de *no-deal*. Como pode imaginar, isto deve ser feito com muito cuidado. Na antiguidade os exércitos muitas vezes queimavam as suas pontes de tal forma que seria impossível escapar, e assim uma batalha até a morte seria a única opção. Na teoria, pelo menos, essa medida poderia deter inimigos em potencial, uma vez que os soldados lutariam enfurecidamente, dada a perda da sua única opção de *no-deal*. O risco, é claro, era as forças inimigas não serem detidas por essa medida, e assim o exército encurralado não teria nem pontes ou barcos para voltar.

As pessoas às vezes pioram as suas opções de *no-deal* para se obrigarem a ficar com um acordo específico. Esse foi o caso quando a AT&T e a British Telecom formaram a Concert, um empreendimento conjunto enorme com participação igual de cada lado para fornecer telefonia internacional e acesso à internet. A AT&T e a BT se forçaram a fazer a Concert funcionar, assegurando em parte que o empreendimento não tivesse vias de saída, nem mesmo para arbitragens de diferenças.[9] Em nome do negócio, as pontes foram queimadas e os barcos destruídos.

Não funcionou. Três anos de empreendimento conjunto e a empresa estava perdendo £150 milhões a cada trimestre, assim a AT&T e a BT resolveram jogar a toalha. Porém, a completa falta de procedimentos de saída levou a negociações complicadíssimas para separar as 21 empresas subsidiárias em 230 países, com 47.000 milhas de cabo de fibra ótica e pelo menos US$ 1 bilhão em investimentos em novas tecnologias. Assim como uma equipe de 400 pessoas na matriz do empreendimento, todas elas imersas em uma atmosfera de fracasso e com a tensão de saber que cada uma das partes iria precisar das subsidiárias internacionais para a sua estratégia pós-Concert.

Às vezes existem motivos e razões estratégicos para considerar a hipótese de piorar as suas opções de *no-deal*, mas elas devem ser consideradas com extremo cuidado e precaução. No fim, você pode acabar desejando ter uma ponte ou um barco na sua retaguarda.

Analise a melhor opção de *no-deal* de cada lado para determinar o papel potencial para a negociação

Imagine uma situação na qual um participante totalmente dominante pode atingir todas as suas metas em relação a outro participante, sem muito custo ou esforço. Por exemplo, imagine um caminhão descendo a toda por uma estrada prestes a "entrar em uma negociação" com uma kombi, para ver quem sai de lado. Em uma situação dessas, as negociações não têm nenhum papel significativo, uma vez que o participante dominante possui uma opção de *no-deal* muito boa e o outro participante possui uma opção de *no-deal* nada atraente.

Vejamos uma outra situação onde uma negociação não desempenha um papel muito significativo. Imagine um mercado competitivo sob o ponto de vista econômico, incluindo um grande número de compradores, um grande número de vendedores e uma mercadoria X. Se uma parte tentar negociar o melhor preço com outra, a opção de *no-deal* da segunda parte será simplesmente um acordo com preço de mercado. Resumindo, quanto mais próxima a situação estiver de uma dominância sem custo ou de um mercado com competição perfeita, menos importante é o papel que a negocia-

---

[9] Esse exemplo é extraído de D. Roberts and R. Waters, "AT&T Battles to Dissolve Loss-making Joint Venture: Lack of Pre-nuptial Deal Hampers Efforts to Divide Concert Assets," *Financial Times,* July 5, 2001, 1; e D. Roberts and R. Waters," Tale of a Telecoms Heartbreak, *"Financial Times,* July 5, 2001, 18.

ção vai desempenhar. Assim, o potencial da negociação aumenta em casos onde (1) uma das partes não consegue atingir completamente os seus objetivos através da ação unilateral e por um preço aceitável, ou (2) a predominância de um mercado imperfeito (significando números menores e diferentes tipos de compradores e vendedores, mais vias de diferenciação do produto e assim por diante). Seja qual for o caso, a sua avaliação do *no-deal* pode sugerir a extensão do papel desempenhado pela negociação propriamente dita em uma dada situação, que pode ir de insignificante até quase sem limites.

O poder das opções de *no-deal* – e a sua compreensão delas

Para muitas pessoas, o jogo de pôquer das percepções das opções de *no-deal* e a ZOPA como "linha de batalha" ou cabo de guerra, representam a essência da negociação, todo o propósito de sentar-se à mesa. Nos capítulos seguintes, desafiaremos essa concepção como visão geral da negociação; existem modelos mentais melhores a serem adotados antes de você sentar-se à mesa. Neste capítulo, entretanto, queríamos dar uma idéia mais concisa das funções críticas das opções de *no-deal* como parte da configuração da negociação.

As opções de *no-deal* de fato podem ser *poderosas*, em todos os estágios do processo de negociação. No início, uma análise das opções de *no-deal* pode acabar sendo um bom guia para o papel potencial da negociação e para dar uma noção geral da aparência da ZOPA. Melhorar as suas opções de *no-deal*, ou piorar as do outro lado, pode influenciar fortemente o resultado da negociação. E como veremos adiante, uma vez que o acordo esteja acertado, o incentivo de cada um dos lados de se comprometer é muito influenciado pelo contínuo balanço entre o "sim" e o "não".

Uma das maiores verdades em negociação é o fato de você continuamente enfrentar uma *escolha* a respeito da forma como quer afetar o balanço de *deal/no-deal*: concentrando-se em movimentações interpessoais que melhorarão o seu prospecto na mesa, ou gastando o seu tempo, energia e recursos limitados em melhorar as suas opções de *no-deal* (ou piorando a deles). O negociador ingênuo projeta o círculo de análise de forma muito estreita, concentrando-se principalmente nas táticas interpessoais na mesa. O negociador sofisticado, em contraste, sempre pesa o valor das jogadas na mesa contra o valor das jogadas fora da mesa para moldar a parte do *no-deal* da configuração.

- Utilize as suas melhores opções de *no-deal*, e as das outras partes da negociação, para determinar se existe uma zona de possível acordo (ZOPA) (não negligencie opções de *no-deal* internas na sua avaliação!).

- Certifique-se de que o outro lado o vê como capaz e confiante em abandonar a negociação. Quando a sua contraparte percebe o aumento da sua confiança em sair da mesa, principalmente em direção a uma opção de *no-deal* atraente, os seus resultados na mesa melhoram significativamente. Portanto, tome medidas para aprimorar a sua melhor opção de *no-deal* e considere formas de piorar a da sua contraparte.

- Cuide e proteja, e não enfraqueça inadvertidamente, as suas opções de *no-deal*.
- Considere a possibilidade de piorar a sua própria opção de *no-deal*, em circunstâncias muito específicas.
- Quando estiver diagnosticando uma negociação em potencial, utilize a sua compreensão das opções de *no-deal* para distinguir entre aquelas situações nas quais a negociação pode desempenhar um papel principal daquelas nas quais ela desempenhará um papel secundário.

CAPÍTULO 7

Faça a Seqüência e as Escolhas Básicas do Processo Adequadamente

Até aqui nos concentramos na definição do *escopo* adequado para suas negociações. Em outras palavras, nos concentramos em definir as partes, os pontos críticos, os interesses e as melhores opções de *no-deal* adequadamente. Os últimos dois itens da configuração da *Negociação 3-D* são a *seqüência* e as *escolhas básicas do processo*. Realizá-los adequadamente ajuda a configurar a mesa para negociações favoráveis.

Um exemplo da nossa própria experiência ilustra a importância desses fatores. Não muito tempo atrás, uma fabricante de autopeças nos chamou pedindo ajuda com os problemas negociais da sua *joint venture* no México. Depois de determinar que o estabelecimento de uma *joint venture* mexicana era uma prioridade estratégica, a firma americana fez uma pesquisa em relação à indústria e elaborou um *ranking* dos seus três principais parceiros em potencial para um acordo com as competências que consideravam mais desejáveis. Uma firma mexicana parecia ser o melhor parceiro em potencial, uma segunda firma parecia boa e a outra firma parecia razoável, porém era claramente a terceira opção.

A equipe americana começou as negociações com a mais atraente das empresas em potencial. Depois de chegar a um beco sem saída bem desagradável, caracterizado por tensões e longas pausas de silêncio, a equipe americana abandonou as conversas com a empresa. Os executivos americanos encarregados suspeitavam que a cultura dominante de engenharia da sua própria empresa era um fator dominante no impasse, e assim a firma americana tentou aculturar-se com as nuances da "cultura mexicana".

Logo foram relacionadas diversas orientações gerais a respeito da "cultura", e descobriu-se que os negociadores americanos haviam violado alguns pontos mais de uma vez. Por exemplo: no início das negociações mande executivos sênior, ao invés de encarregados da parte técnica. Não vá direto aos negócios. Trabalhe para construir antes uma relação com a sua contraparte. Dê tempo para que isso aconteça durante o processo de negociação. Preste atenção à história nacional do México porque significa muito para o seu povo. E assim por diante.

Parecia, para os executivos americanos, que a violação dessas normas culturais havia de fato atrapalhado a negociação (com os parceiros mais desejáveis). Então agora, depois de adotar uma abordagem cultural mais sensível, a firma americana estava em negociações aprofundadas com a segunda empresa. E mais uma vez, as coisas estavam indo de mal a pior. Foi nesse momento que fomos chamados.

Escutamos com atenção a descrição das jogadas *táticas* dos nossos clientes até aquele momento. Entretanto, rapidamente concentramos toda a energia em discussões sobre a *configuração* das negociações. Salientamos que eles haviam organizado as negociações em *série*, começando com o parceiro em potencial mais desejável, e, se necessário, passando para a próxima firma. Nós os encorajamos a analisar as implicações dessa aparentemente rotineira escolha de configuração. Suponhamos que a segunda série de negociações também desabasse. Em uma indústria onde todos os participantes ficam sabendo rapidamente de tudo o que acontece no meio, que efeito este fato teria nas *próximas* negociações com a terceira opção sendo um parceiro pouco aceitável? À medida que cada uma das negociações falhou, a melhor alternativa de *no-deal* para a empresa americana: um acordo com a outra empresa mexicana ou nenhum *joint venture* estava ficando cada vez mais difícil.

O caminho que eles haviam escolhido continua uma lógica típica da engenharia: comece a negociar com o parceiro mais promissor; se isso não funcionar, siga para o segundo parceiro mais promissor, e assim por diante. Porém, a negociação segue muitas vezes uma lógica bem diferente.

Nossos clientes revisaram a sua abordagem, abrindo discussões exploratórias com a terceira firma *paralelamente* com a segunda. Isso os ajudou a perceber qual dos parceiros em potencial fazia mais sentido dentro do negócio. Também os ajudou a evitar diminuir a quantidade de opções prematuramente, bem como a estimular a competição entre as empresas que estavam negociando com eles. Assim que essas conversas paralelas iniciaram, a primeira empresa, que já havia saído das negociações, fez investidas para voltar à mesa.

Vamos retomar do início e pensar em termos 3-D, nos concentrando na própria configuração. A empresa americana deveria ter configurado inicialmente o processo de forma que a possibilidade de um acordo com o parceiro mexicano mais desejável funcionasse como a sua melhor opção de *no-deal* nas negociações com o segundo parceiro mais desejável, e assim progressivamente, seguindo essa lógica na continuação das negociações. Essa configuração alternativa teria criado o equivalente a uma negociação simultânea de quatro partes, estruturada como uma firma americana negociando em paralelo com cada uma das três empresas mexicanas. Ao invés *de três negociações seqüenciais com duas partes*. É claro que essa configuração muito mais promissora seria baseada nos *insights* culturais aprendidos pela empresa americana nas negociações anteriores.

Aqui está uma configuração ainda mais promissora: suponha que a empresa tecnicamente competente americana espalhasse, através de fontes mexicanas influentes (ou através de informes econômicos americanos), a informação de que estava estudando a possibilidade de um empreendimento conjunto no país. Digamos que essa jogada induzisse parceiros mexicanos em potencial a abordar a firma americana. Configurar um processo paralelo no qual o outro lado *vem a você* geralmente abrange um processo serial no qual, a seguir, você vai a eles.

Este caso simples ilustra a importância das movimentações de configuração para realizar a seqüência e as escolhas básicas do processo adequadamente. Neste capítulo, abordaremos estes pontos, começando com o processo de *seqüenciamento* da negociação, a ordem correta em que as partes devem ser abordadas e as etapas mais produtivas para a negociação. A seguir nos concentraremos em realizar *escolhas básicas do processo* apropriadas, as regras de envolvimento e as expectativas a partir das quais as partes irão negociar.

Fazendo a seqüência adequada

Quer você esteja escolhendo o caminho mais provável para conduzir a um "sim" de um parceiro muito desejável para uma *joint venture* mexicana, ou construindo um suporte para uma iniciativa de um produto, ou realizando uma importante reunião de perfil elevado, ou negociando um novo padrão para a indústria *wireless*, a seqüência é muito importante. No Capítulo 2 contamos o caso da abordagem do governo americano na construção de coalizões políticas e militares quando Saddam Hussein invadiu o Kwait. Vimos que realizar a seqüência de maneira adequada pode ser uma tarefa traiçoeira. Regras como: "coloque primeiro os seus aliados na mesa", ou "negocie primeiro internamente, e depois externamente"; nem sempre funcionam. No nosso exemplo do Capítulo 3, os esforços da empresa de biotecnologia para adquirir a divisão de uma empresa de agronegócios envolveu um processo de seqüência extremamente complexo, com diferentes grupos na empresa mencionada.

Através de processos de seqüenciamento realizados fora da mesa, os negociadores agiram com o objetivo de criar uma configuração mais promissora, cujo escopo geralmente envolve melhores alternativas de *no-deal*, bem como possibilidades aprimoradas para ganhos conjuntos. Existem passos para um processo de seqüenciamento promover uma configuração melhorada:

1. Faça uma análise ampla para mapear a amplitude das partes em potencial, assim como as relações entre elas.

2. "Mapeie retrospectivamente" a partir da situação desejada (a mais promissora) até a situação atual (menos promissora).

3. Orquestre cuidadosamente os estágios para alcançar a situação desejada, o que requer:

    - Decisões a respeito de quais partes do processo devem ser separadas ou combinadas, públicas ou privadas.

    - Decisões sobre como os estágios deveriam ser estruturados e como as informações contidas em cada um devem ser administradas.

Vejamos cada um desses aspectos do seqüenciamento eficiente por meio de exemplos.

Análise ampla da situação e mapeamento retrospectivo

Se você quer "pensar fora da caixa", deve em primeiro lugar *olhar fora da caixa*, utilizando um processo que chamamos de *scanning*. Embora esse ponto seja mais uma questão de arte que de ciência, o negociador pode ser guiado por diversos princípios orientadores.

É importante pensar em termos de uma "rede de valor", que pode se estender além dos limites da negociação.[1] Quem além destes limites pode melhor avaliar e conferir valor a determinado aspecto de um acordo? Quem minimizaria os custos de produção, distribuição, riscos, finanças, etc.? Quem poderia prover a peça que está faltando no processo atual? Que benefícios para a criação de valor que essas partes estão trazendo para a negociação?

Esse processo de *scanning* também funciona na ordem reversa: Quais partes acrescentam uma complexidade desnecessária à negociação? Quanto mais simples e quanto menos problemas, mais fácil é se conseguir um acordo benéfico.

O *scanning* se estende para além da *criação* de valor e da *apropriação* de valor. Existem partes adicionais em potencial que, tanto individual quanto conjuntamente, podem aprimorar a sua melhor opção de *no-deal*? Ou piorar a da sua contraparte? Existem partes que trazem pontos críticos que podem ser complementares? Conforme as respostas a essas perguntas vão ficando mais claras, questões de seqüenciamento tendem a aumentar em importância. Por exemplo, empreendedores geralmente tentam construir a seqüência de acordos mais promissora, que os conduzirá a uma empresa auto-sustentável. Considere o caso do fundador da WebTV, Steve Perlman. Logo após ter obtido o financiamento base e desenvolvido a tecnologia para trazer a Web para aparelhos televisores convencionais, criou um protótipo e contratou os principais membros da equipe técnica e administrativa.[2] Por estar com pouco dinheiro em caixa, ele enfrentou o conjunto de possíveis parceiros de negociação, conforme mostrado na Figura 7-1. Depois de ter identificado este conjunto, a essência do problema de configuração de Perlman era como, baseado nos elementos desse conjunto, estabelecer a seqüência e fazer o *design* do negócio de forma que parecesse um conjunto complementar de acordos para estabelecer a sua empresa.

Muitas vezes a resposta à pergunta: "a quem devo perguntar primeiro?" é perfeitamente óbvia. Mas, em situações mais complexas, é importante se concentrar na situação desejada e mapear retrospectivamente até a situação atual. Vamos olhar mais uma vez o exemplo da WebTV: com o novo empreendimento de Perlman prestes a afundar, as empresas financiadoras poderiam parecer o próximo foco das negociações. Infelizmente, para a WebTV, as empresas estavam muito céticas para investir capital

---

[1] Introduzimos esse conceito no Capítulo 2, ele é de A. M. Brandenburger e B. J. Nalebuff, *Co-opetition* (New York: Doubleday, 1996).

[2] Para a história completa, veja J. K. Sebenius and R. Fortgang, "Steve Perlman and WebTV (A)," Caso número 9-899-270 (Boston: Harvard Business School, 1999); e "Steve Perlman and WebTV (B)," Caso número. 9-899-271 (Boston: Harvard Business School, 1999).

especulativo em uma empresa de produtos eletroeletrônicos. Assim, ao invés de ir direto às empresas de capital especulativo, que eram o foco final de Perlman, ele mapeou retrospectivamente a partir desta situação desejada. Ele calculou que o valor da WebTV seria aumentado se conseguisse que uma empresa de produtos eletroeletrônicos entrasse no jogo, para depois ir atrás do capital especulativo das empresas de *venture capital* (capital de risco). Em outras palavras, ele montou uma estratégia seqüencial.

Depois de uma negociação longa, a Sony, a principal escolha, recusou o acordo. Perlman continuou o processo de mapeamento retrospectivo, indo da Sony para a Philips. Finalmente ele conseguiu colocar a Philips na jogada, e assim utilizou o acordo com a Philips para reiniciar e forjar um acordo complementar com a enciumada Sony. Depois ele buscou mais capital com as empresas de capital especulativo, com uma margem de valor muito maior do que seria possível antes da Sony e da Philips terem entrado na negociação. Com esse novo capital, Perlman buscou acordos de suporte com fabricantes e com recursos de fornecimento de materiais, bem como com provedores de conteúdo, provedores de internet e parceiros internacionais.

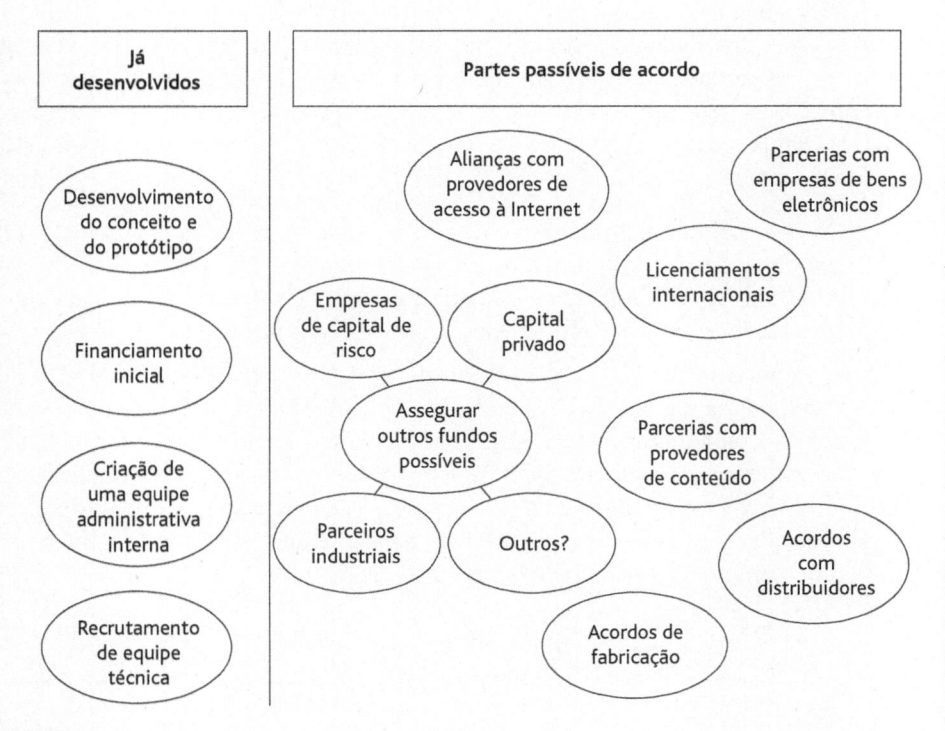

FIGURA 7-1

"Nuvem" de acordos possíveis de serem perseguidos pela WebTV.

O capítulo final dessa história veio com a venda da WebTV para a Microsot, com um grande percentual de lucro. Um bom processo de seqüência e *scanning* tem o seu valor!

Quando você estiver escaneando com o propósito de seqüenciamento, preste atenção às relações entre as partes com as quais você está lidando. Um problema comum para um seqüenciador em potencial é que a parte mais crítica pode ser a mais difícil de ser abordada. Uma forma de melhorar a possibilidade de um "sim" é descobrir quem influencia quem. Já vimos casos nos quais uma parte inicialmente negativa (como o diretor da biotecnologia no Capítulo 3) ficou motivada em apoiar uma iniciativa devido a um processo cuidadoso de seqüenciamento que garantiu que as partes "adequadas" estivessem presentes, isso aumentou a sua crença no valor da idéia e facilitou sua implementação.

De maneira geral, considere a lógica de seqüenciamento de Bill Daley, o principal estrategista do ex-presidente Clinton, para assegurar a aprovação pelo congresso do então controverso Acordo de Livre Comércio Norte-Americano. Conforme a votação se aproximava, Dailey ficava atento às posições dos membros do congresso. Assim que soube que um congressista que antes era favorável, estava se inclinando a uma resposta negativa, a resposta de Daley foi: *Faça mais ligações telefônicas*, nas direções certas. "Podemos achar a pessoa que pode nos levar a outra pessoa?", é o que ele perguntava aos seus auxiliares. Temos que ligar para a pessoa que liga para a outra que tem então o contato desta pessoa que queremos."[3]

Esses exemplos sugerem alguns elementos de um seqüenciamento efetivo nas negociações. Na verdade, se refere a um dos principais deles, ao qual nos referimos como *mapeamento retrospectivo*.[4] A lógica do mapeamento retrospectivo é similar à lógica da implantação de projetos. Quando for decidir como implantar um "projeto" de negociação complexo:

1. Comece pelo final e trabalhe retrospectivamente da situação desejada até a situação atual. Com uma boa noção das partes e das suas relações, você pode estimar a dificuldade e o custo de conseguir um acordo com cada parte, assim como o valor da presença destes acordos na mesa.

2. A seguir, concentre-se na parte mais difícil de ser persuadida. Que é tanto a escolha ideal ou o mais complicado de lidar. Você pode se perguntar: "Que acordos ou conjunto de acordos com quais partes maximizariam as chances desta empresa dizer sim?". Colocado de uma outra forma, quem você gostaria de ter na mesa quando começasse as negociações com a empresa desejada? Conforme a resposta a essa pergunta for ficando mais clara, você tem o seu próximo ponto definido.

---

[3] S. Blumenthal, "The Making of a Machine," *The New Yorker*, November 29, 1993, 93.

[4] Para uma discussão muito mais rica sobre a importância da seqüência na negociação, veja D. A. Lax and J. K. Sebenius, "Thinking Coalitionally: Party Arithmetic, Process Opportunism, and Strategic Sequencing," in *Negotiation Analysis*, ed. H. P. Young (Ann Arbor, MI: University of Michigan Press, 1991), 153–193; e J. K. Sebenius, "Sequencing to Build Coalitions:With Whom Should I Talk First?" in*Wise Decisions*, ed. R. J. Zeckhauser, R. Keeney, and J. K. Sebenius (Boston:Harvard Business School Press, 1996), 324–348.

3. Agora que você identificou o próximo ponto retrospectivo, faça a mesma pergunta. Como você vai colocar esta parte na mesa? O que facilitaria para ele ou ela dizer sim? Quem você gostaria de ter na mesa que facilitaria as chances desta parte dizer "sim"?

4. Finalmente, continue mapeando retrospectivamente até que tenha encontrado o caminho mais promissor através da nuvem de possibilidades.

Orquestrando efetivamente os estágios do processo para a configuração desejada: Separado? Junto? Público? Privado? Estruturado de que forma? Revelando quais informações?

Algumas negociações podem ser mais bem abordadas através da reunião de todas as partes afetadas, compartilhando todas as informações e buscando uma solução conjunta ao problema comum. Em outros casos, pode ser mais promissor, para os propósitos de pelo menos uma das partes, separar cuidadosamente e planejar uma seqüência para as etapas do processo, enquanto o fluxo de informações é cuidadosamente estruturado e administrado. Alguns estágios podem ser *privados*, ou seja, as negociações ou os seus resultados só são conhecidos pelos participantes diretos. Outros estágios podem ser *públicos*, ou seja, as negociações e os seus resultados são amplamente conhecidos por um conjunto mais amplo de partes.

Alocar cuidadosamente estas escolhas pode ajudar a construir uma rede de apoio para um acordo final e para neutralizar oponentes em potencial. Considere, por exemplo, como Percy Barnevik conseguiu a fusão da Asea e da Brown Bovery, antecessoras sueca e suíça da gigante mundial em engenharia ABB. Segundo Barnevik:

Não tínhamos escolha, a não ser realizar a operação em segredo e fazê-lo o mais rápido possível... Não havia advogados, auditores, nenhuma investigação ambiental e nenhuma due diligence. Certo, tentamos avaliar os ativos do melhor modo que pudemos. Estávamos completamente convencidos dos méritos estratégicos... Por que todo o segredo então? Pense na Suécia. A sua jóia industrial, a Asea, uma empresa de 100 anos que construiu grande parte da infra-estrutura do país, estava mudando-se para fora da Suécia... Lembro-me quando promovemos uma entrevista coletiva em Estocolmo, no dia 10 de agosto. A notícia veio como uma grande surpresa... E a seguir veio o choque, o fato consumado. Tivemos que convencer os acionistas, o público, os governos e os sindicatos.[5]

A partir da escolha por uma negociação com um pequeno grupo de executivos de cada um dos lados, Barnevik gerou um compromisso irreversível com o acordo desejado. Essa seqüência de alto risco foi desenvolvida para prevenir que facções, como

---

[5] W. Taylor, "The Logic of Global Business: An Interview with ABB's Percy Barnevik," *Harvard Business Review*, March–April 1991, 91–105.

os sindicatos e o governo sueco, bloqueassem a negociação. Nos casos de dois níveis como este, uma facção interna pode muitas vezes bloquear a iniciativa preferida pelo protagonista.[6] Tente o seguinte exercício mental envolvendo uma seqüência pública diferente: se Barnevik tivesse tentado primeiro fazer acordos abertamente com os sindicatos, com o governo ou com os acionistas, o processo teria sido bloqueado e a ABB não existiria.

Além de ser uma boa ilustração da seqüência de movimentos necessários para configurar ou mudar o jogo, o caso da ABB mostra a importância de manter os estágios do processo públicos ou privados. Também ilustra como a informação desenvolvida em um estágio transborda ou é estruturada para outros estágios.

Tomemos um outro caso como exemplo: Certa vez ouvimos a história de um estadista do século 19 que decidiu ajudar um competente jovem de uma família do leste europeu com poucas condições financeiras.[7] Abordou o gerente do banco estatal daquele país e contou-lhe que um jovem muito talentoso, que brevemente seria o genro do Barão de Rothschild, estava buscando uma boa posição no banco. Pouco tempo depois, em uma conversa com o barão, que estava buscando um bom partido para a sua filha, o estadista descreveu o mesmo jovem que estava no banco estatal. A filha do barão achou que ele era charmoso. Quando ela e o seu pai disseram "sim", o acordo de três vias foi concretizado, para a satisfação de todas as partes.

Perceba como as ações do estadista configuraram a negociação mais promissora para o seu próprio benefício. Por meio da separação e do seqüenciamento das etapas do processo, assim como a estruturação de mensagens interdependentes, o estadista acabou criando uma configuração que assegurava a realização da sua meta. Se o diretor, o barão e a filha e o jovem fossem colocados em uma reunião cara a cara, em uma configuração alternativa, nenhuma diplomacia seria capaz de fechar o acordo.

Os negócios e as negociações financeiras freqüentemente incluem uma versão deste processo, inclusive a manipulação da informação. Por exemplo, quando uma empresa de *private equity* (fundo privado de investimento) aborda um investidor institucional, esse investidor potencial pode fazer o seu comprometimento de capital a partir dos comprometimentos de outras empresas que possuem boa reputação e são bem informadas. Algumas firmas de fundos de investimento inescrupulosas usam de má-fé para levantar dinheiro: elas fazem com que o investidor A comprometa fundos condicionais ao suposto compromisso do investidor B. Quando, na verdade, o investidor B se comprometeu somente com um entendimento informal (e incorreto) de que o investidor A havia concordado incondicionalmente. Pelo fato dos dois acordos serem mantidos separados, ambos os investidores seguem com a transação.

A maioria dos pais conhece a versão adolescente dessa artimanha: fazer com que o pai diga sim ("já que a mãe disse que estava ok" [mentira]) e assim escapando para

---

[6] Para referências em relação ao uso desta metáfora, veja R. D. Putnam, "Diplomacy and Domestic Politics: The Logic of Two-Level Games," *International Organization* 42 (1988): 427–460.

[7] Mike Moldoveanu nos relatou essa divertida história.

falar com a mãe no outro quarto pedindo a sua permissão ("já que está tudo bem com o seu pai" [também mentira: o OK do pai dependia do OK da mãe]). Até o momento em que os pais sentam e comparam as histórias, o filho já levou o carro.

Influenciar se uma negociação relacionada vai acontecer antes ou depois da sua própria negociação – ou se os seus resultados vão se tornar públicos – pode afetar significativamente os resultados. Por exemplo, enquanto os Estados Unidos estavam em conversas separadas com o Japão, Hong Kong e a Coréia a respeito de têxteis (os "acordos multifibras"), um negociador coreano anunciou que a Coréia esperaria que os outros negociadores asiáticos fossem primeiro. "Depois de esperar que o Japão e Hong Kong fossem primeiro", um repórter escreveu, "Seul pediu os termos que os dois países tinham obtido e depois ainda esperou por um pouco mais."[8]

Antes de seguir para as escolhas do processo, vamos resumir nossos principais conselhos sobre seqüenciamento para conseguir coalizões vencedoras ou negociar com coalizões bloqueadoras. Até esse ponto, deve estar óbvio que algumas regras muito gerais como: "coloque os seus aliados na mesa primeiro", "negocie primeiro internamente e depois externamente" necessitam de um maior escrutínio para decidir se elas são de fato a melhor orientação.

- Para uma seqüência efetiva, comece escaneando as partes internas, externas, presentes e potenciais que você mapeou.

- Certifique-se de que o seu mapa inclui as relações principais entre as partes, principalmente quem influencia quem, tanto positiva quanto negativamente. Estime os custos e os benefícios de conseguir com que cada uma das partes participe do acordo.

- Concentre-se na parte mais difícil de ser persuadida, que é ou o alvo mais desejado ou o ponto crítico do acordo. A respeito do alvo mais desejado, e utilizando as suas avaliações de relações de interesses, pergunte quais acordos anteriores dentre as outras partes poderia persuadir o alvo a dizer "sim". Faça o mesmo com a segunda opção mais desejada. Continue trabalhando retrospectivamente até que tenha descoberto o caminho mais promissor no meio da nuvem de possibilidades.

- Refine as suas decisões sobre o seqüenciamento perguntando se as partes deveriam se encontrar todas juntas ou se deveriam passar pelos estágios da negociação separadamente. Da mesma maneira, decida se seria mais produtivo que os estágios da negociação fossem públicos ou privados.

- Administre o fluxo de informações cuidadosamente e pense nas melhores formas de moldá-lo em cada um dos estágios da negociação.

---

[8] J. S. Odell, "The Outcomes of International Trade Conflicts: The U.S. and South Korea, 1960–1981," *International Studies Quarterly* 29 (1985): 281–282.

Faça as escolhas básicas do processo adequadamente

Além do escopo e das decisões relacionadas com o seqüenciamento existe uma série de *escolhas básicas do processo*. Ou seja, as regras de envolvimento e negociação em geral características, a partir das quais cada uma das partes irá negociar. Escolhas do processo sábias podem ajudar a configurar negociações produtivas em qualquer lugar do espectro de complexidade.[9]

Os negociadores freqüentemente seguem determinado grupo de escolhas do processo sem pensar muito nas suas implicações. Não apresentaremos uma lista exaustiva dessas possibilidades aqui. Nos limitaremos a destacar alguns pontos importantes, começando com algumas das formas mais familiares de escolhas relativas ao design, e mostrar como o Negociador 3-D pode utilizá-las da melhor maneira.

Alguns elementos básicos do processo: terceiras partes, procedimentos especiais e sistemas de negociação

Como vimos, negociações face a face muitas vezes batem de frente com determinadas barreiras: problemas de comunicação, atritos interpessoais, escalada emocional, choque de egos... Estar muito perto do problema pode cegar as partes quanto às possíveis soluções. Uma parte pode agir de forma otimista e superestimar a sua melhor alternativa de *no-deal* (por exemplo, chance no julgamento, ou se sair bem em uma greve) e acabar esperando por mais tempo do que seria possível no caso. A situação também pode ser de que o acordo adequado esteja evidente, mas os dois lados podem ter se colocado em um impasse de posições, sem maneiras de fazer as concessões necessárias para concretizá-lo.

Uma resposta padrão à mesa é redobrar os esforços com técnicas de negociação mais efetivas e melhorar os processos interpessoais. Entretanto, muitas vezes, a mudança de escolhas básicas do processo, como por exemplo, a inserção de um habilidoso mediador, pode oferecer uma alternativa para a criação de valor. Por exemplo, negociações paralisadas entre a Microsoft e o Departamento de Justiça americano finalmente destravaram com a ajuda de dois mediadores externos.[10] Os mediadores

---

[9] Na discussão a seguir, análises dessas questões de *design*, bem como mais informações sobre assuntos relevantes a este caso, podem ser encontrados em J. K. Sebenius, *Negotiating the Law of the Sea: Lessons in the Art and Science of Reaching Agreement* (Cambridge, MA: Harvard University Press, 1984); J. K. Sebenius, "Designing Negotiations Toward a New Regime—the Case of Global Warming," *International Security* 15, no. 4 (1991): 110–148; J. K. Sebenius, "Dealing with Blocking Coalitions and Related Barriers to Agreement: Lessons from Negotiations on the Oceans, the Ozone, and the Climate," in *Barriers to Conflict Resolution*, ed. K. Arrow et al. (New York: W.W. Norton, 1995): 150–182; and J. K. Sebenius, "Overcoming Obstacles to a Successful Climate Convention," *Shaping National Responses to Global Climate Change: A Post-Rio Guide*, ed. H. Lee. (Washington, DC: Island Press, 1995), 41–79. Para um olhar mais cuidadoso em relação às escolhas de *design* de Mitchell nas conversas sobre o Norte Irlandês, veja D. Curran and J. K. Sebenius, "The Mediator as Coalition-Builder: George Mitchell in Northern Ireland," *Journal of International Negotiation* 8, no.1 (2003): 111–147.

[10] Existem várias referências para o papel especial desempenhado pela mediação nessas negociações; veja K. Auletta, *World War 3.0: Microsoft and Its Enemies* (New York: Random House, 2001); E. D. Green and J. B. Marks,"How We Mediated the Microsoft Case," *Boston Globe*, November 15, 2001, A23; J. Heilemann, *Pride Before the Fall: The Trials of Bill Gates and the End of the Microsoft Era* (New York: HarperCollins, 2001).

podem ajudar os negociadores de várias maneiras: esfriando a temperatura emocional das discussões, explorando formas de comunicação mais produtivas, ajudando a descobrir interesses menos aparentes, oferecendo novas oportunidades para uma movimentação que salve as aparências, sugerindo soluções que as partes podem ter deixado de tentar, estruturando o processo mais eficientemente, reduzindo o risco do compartilhamento de informações e propondo princípios éticos e justos.[11]

Embora as partes possam não conseguir chegar a um acordo na substância da disputa, elas podem concordar em realizar um tipo diferente de mudança de jogo, como um processo de mediação mais rigoroso, para forçar a decisão se as partes chegarem a um impasse. Essa arbitragem tem muitas variantes. Por exemplo, em casos mais complexos, cada um dos lados pode escolher um árbitro, e os próprios árbitros podem chegar a um consenso e escolher um terceiro árbitro.[12] À luz de uma arbitragem, as percepções das alternativas de *no-deal* mudam, e as negociações podem ser transformadas radicalmente.

Além dos processos de mediação e arbitragem, existem várias alternativas de resoluções de disputas mais especializadas, procedimentos que podem oferecer vantagens nos litígios tradicionais, tanto de custo quanto de tempo. As especificidades dessas opções não são o propósito deste livro, porém existem vários procedimentos que podem ser encaixados produtivamente em diversos tipos de negociações.[13]

Mesmo sem o envolvimento de uma terceira parte, impasses podem ser resolvidos por meio de vários mecanismos. Por exemplo, dois lados que buscam encerrar uma parceria podem não conseguir chegar a um consenso a respeito de quem fica com o quê. Eles podem, no entanto, concordar em dar um preço à sua parte ou à segunda parte do tipo "compra a sua parte ou vendo a minha parte por este valor" e o outro lado tem que decidir.[14]

Intimamente relacionado com os mecanismos desenvolvidos para disputas individuais está o problema do *design* da influência de um *fluxo* de resultados, quando a negociação *ad hoc* parece não oferecer resultados. Exemplos disto incluem o *design*

---

[11] Para mais informações sobre mediação em disputas pessoais ou em negociações, veja J. Folberg and A. Taylor, *Mediation: A Comprehensive Guide to Resolving Conflicts Without Litigation* (San Francisco: Jossey-Bass, 1984); S. B. Goldberg, F. E. A. Sander, and N. Rogers, *Dispute Resolution: Negotiation, Mediation, and Other Processes* (New York: Aspen Publishers, 1999); J. Rubin, *The Dynamics of Third Party Intervention* (New York: Praeger, 1981); D. Kolb, *The Mediators* (Cambridge, MA: MIT Press, 1983); e J. Bercovitch and J. Z. Rubin, eds., *Mediation in International Relations: Multilateral Approaches to Conflict Management* (London:Macmillan, 1992).

[12] Para uma boa descrição de diferentes processos de arbitragem, veja "The ABCs of ADR: Private ADR Processes," CPR Institute for Dispute Resolution, 2004, http://www.cpradr.org/.

[13] Para orientações sobre mecanismos de ADR, veja F. A. E. Sander and S. Goldberg, "Fitting the Forum to the Fuss," *Negotiation Journal* 10, no. 1(1994): 49–67.

[14] Para uma discussão analítica a respeito deste caso e de outros, veja H. Raiffa, J. Richardson, and D. Metcalfe, *Negotiation Analysis: The Science and Art of Collaborative Decision Making* (Cambridge, MA: Belknap Press of Harvard University Press, 2002). Maiores orientações técnicas podem ser encontradas em S. J. Brams and A. D. Taylor, *Fair Division: From Cake-Cutting to Dispute Resolution* (Cambridge, UK: Cambridge University Press, 1996); and R. P. McAfee, "Amicable Divorce: Dissolving a Partnership with Simple Mechanisms," *Journal of Economic Theory* 56 (1992): 266–293.

de sistemas de resolução de disputas organizacionais.[15] Da mesma forma, os contextos institucional e regulatório podem ser conscientemente moldados para influenciar a freqüência e a qualidade das negociações feitas naquele ambiente. Por exemplo, nosso colega, Mike Wheeler, ofereceu orientações a respeito das melhores políticas de estímulo a negociações produtivas em Massachusetts sobre estações de tratamento de lixo, assim como um sistema em New Jersey desenvolvido com o objetivo de estimular o comércio intermunicipal de obrigações para habitações socialmente acessíveis.[16] As escolhas de configuração para as negociações mais produtivas possíveis também possuem um nível global. Contribuímos ativamente para o debate sobre as melhores escolhas de *design* do processo de negociações internacionais como por exemplo o aquecimento global.[17]

Duas abordagens amplas de *design*

Existem duas modalidades bem distintas para o *design* de negociações com entidades complexas como minas, campos de petróleo, usinas de energia ou represas. Elas podem ser resumidas em "decida-anuncie-defenda" (DAD) ou "consenso geral" (CG).[18] No contraste destes dois casos utilizando essas alternativas polarizadas na negociação de grandes projetos, podemos destacar as escolhas de *design* subjacentes que possuem uma aplicação muito mais ampla em acordos.

Decida-anuncie-defenda (DAD). A abordagem DAD trata um grande projeto como um contrato feito entre as partes que irão assinar os documentos relevantes. É tomada uma decisão sobre o projeto e as suas características e então os termos privados são negociados com aqueles que irão aprovar formalmente o acordo. A seguir é anunciada a decisão. Se surgir oposição, as partes contratantes defendem o que acordaram entre si.

Por exemplo, a Stone Container Corporation, na época uma das maiores produtoras de papelão, utilizou uma abordagem DAD em um florestamento na região de La

---

[15] Veja W. Ury, J. Brett, and S. Goldberg, *Getting Disputes Resolved: Defining Systems to Cut the Costs of Conflict* (San Francisco: Jossey-Bass, 1988); e C. A. Costantino and C. S.Merchant, *Designing Conflict Management Systems* (San Francisco: Jossey-Bass, 1996).

[16] Veja M. A. Wheeler, "Negotiating NIMBYs: Learning from the Failure of the Massachusetts Siting Law," *Yale Journal on Regulation* 11 (1994): 241–291; M. A. Wheeler, J. Gilbert, and P. Field, "Trading the Poor: Intermunicipal Affordable Housing Negotiation in New Jersey," *Harvard Journal of Law and Negotiation* 2 (1997): 1–33.

[17] Apesar de estar fora do foco deste livro, os princípios de *design* 3-D para negociações globais são uma extensa área de pesquisa e aplicações práticas. Por exemplo, veja J. K. Sebenius, "*Designing* Negotiations toward a New Regime—the Case of Global Warming," *International Security* 15, no. 4 (1991): 110–148; e J. K. Sebenius, "Dealing with Blocking Coalitions and Related Barriers to Agreement: Lessons from Negotiations on the Oceans, the Ozone, and the Climate," in *Barriers to Conflict Resolution*, ed. K.Arrow et al. (New York:W.W.Norton, 1995), 150–182.

[18] Larry Susskind é um mestre na análise e orientação de disputas públicas. Junto com vários de seus colegas, ele refinou abordagens como DAD. Veja L. Susskind and J. Cruikshank, *Breaking the Impasse: Consensual Approaches to Resolving Public Disputes* (New York: Basic Books, 1987); e L. Susskind and P. Field, *Dealing with an Angry Public: The Mutual Gains Approach to Resolving Disputes* (New York: Free Press, 1996).

Mosquitia, em Honduras.[19] La Mosquitia era uma área muito pobre do país que sofria os efeitos do corte de madeira ilegal e do desmatamento acelerado. Depois de anos de governo militar e de famílias ricas de elite, Honduras havia sido recentemente democratizada. Os executivos da Stone negociaram em segredo com o novo presidente e os seus ministros, chegando a um acordo que, a pedido do presidente, foi mantido oculto até que a regulamentação fosse feita.

Nesse ínterim, entretanto, o Congresso de Honduras ficou alarmado. Várias versões vagaram sobre o suporte que garantia acesso à Stone uma área grande para extração de madeira (por um longo período de tempo). Ativistas internacionais da Rainforest Action Network (RAN), junto com outros ambientalistas e representantes de indígenas fizeram um protesto. Uma grande coalizão dos trabalhadores, empresas e políticos logo se juntou à força da oposição. Sob pressão de grandes protestos na capital, o presidente inesperadamente retirou o seu apoio. Depois de um processo de reformulação de três meses, a Stone abandonou a idéia de conseguir a aprovação para o projeto.

A ironia do abandono da Stone é que o seu plano provavelmente teria beneficiado os maiores grupos de interesse de Honduras, e certamente teria sido muitíssimo melhor para o país do que a alternativa de nenhum acordo frente ao grande desemprego na região corte de madeira ilegal, desmatamento acelerado e desertificação. Porém, o processo DAD provocou uma coalizão adversa de interesses domésticos e internacionais que acabaram derrubando a idéia. Existem muitos exemplos de processos DAD. Em geral, assim como no exemplo de Honduras, é uma estratégia de alto risco quando *stakeholders* influentes começam a se interessar.

Consenso geral (CG). Em contraste com o DAD está o CG, que busca acordos entre o grupo inteiro de *stakeholders*. Mesmo assim, uma abordagem de puro CG também está vulnerável ao fracasso. Vejamos, como exemplo, os esforços da Conoco para construir um consenso para o seu plano de planejamento ambiental (PPA) para extração de óleo no bloco 16 da região oriental do Equador.[20] A Conoco, na época uma subsidiária da DuPont Corporation que adotara uma estratégia ambiental "além do que estava regulado", percebeu a oportunidade de se tornar uma empresa de extração de petróleo de escolha prioritária em áreas sensíveis a questões ambientais. Acreditando que as maiores jazidas de petróleo no futuro estariam localizados em áreas social e ecologicamente frágeis, a Conoco buscou reunir um vasto conjunto de *stakeholders* e construir um consenso sobre o seu PPA para o projeto do Equador, chamado "Bloco 16".

No entanto, essa foi uma tarefa complicada, uma vez que os recursos de petróleo, representando 20% das reservas conhecidas do Equador, estavam localizados na

---

[19] Veja J. K. Sebenius and H. Riley, "Stone Container in Honduras (A)," Caso número 9-897-172 (Boston: Harvard Business School, 1997); idem, "Stone Container in Honduras (B)," Caso número 9- 897-173 (Boston:Harvard Business School, 1997); e idem,"Stone Container in Honduras (C)," Caso número 9-897-174 (Boston: Harvard Business School, 1997).

[20] Veja o caso desde o começo a partir de M. S. Salter and S. E. A. Hall, "Block 16: Conoco's 'Green' Oil Strategy (A)," Caso número 394001 (Boston: Harvard Business School, 1993).

floresta amazônica e, além disso, em terras de populações indígenas ameaçadas de extinção, em parte de um parque nacional. Escritórios de advocacia nacionais e internacionais ficaram de prontidão. Enquanto isso, facções dentro do governo equatoriano brigavam umas com as outras, adotando argumentos inconsistentes: potencial de receita bruta, proteção ambiental e imperativos de segurança nacional.

A Conoco buscou um consenso para o seu PPA com os grupos envolvidos durante uma reunião de quatro dias em um hotel flutuante no Rio Napo. Esses grupos estavam céticos quanto aos verdadeiros motivos da Conoco, e esse esforço de construir um consenso rapidamente se transformou em receios e discriminação. Assim, a Conoco tentou negociar com o Conselho de Defesa dos Recursos Naturais e outros grupos ambientais "moderados". Informações que vagaram acerca dessas negociações geraram ainda mais controvérsia entre os *stakeholders*.

O resultado disso? A Conoco acabou vendendo as suas ações à Maxus Energy Corporation e a uma empresa do Taiwan. O desenvolvimento do bloco 16 foi mais tarde efetivado pela YPF, uma petroleira argentina, de uma forma que, de acordo com muitas pessoas, foi mais destrutiva às culturas nativas e ao meio-ambiente do que teria sido o plano da Conoco.

Objetivos típicos: DAD *versus* CG. Os casos da Stone e da Conoco apontam para um grande número de escolhas básicas do processo:

- Na abordagem DAD, o processo de negociação geralmente está concentrado em "completar o acordo." Em contraste, o objetivo da abordagem CG é alcançar um consenso dentro do grupo de *stakeholders*. Realizar o acordo é parte dos objetivos, porém somente no contexto de construir relacionamentos.

- Tipicamente, a abordagem DAD busca gerar um acordo abrangente, detalhado juridicamente seguro e permanente. Esse acordo, com recurso à vias legais ou a arbitragens, governa os detalhes da relação que será estabelecida. A abordagem CG busca estruturação documentada que oriente a partir dos elementos mais importantes do processo, mas muitas vezes com expectativas que podem ser construídas em um contínuo processo de adaptação e possível renegociação diante de eventos específicos ou não-antecipados.

- A abordagem DAD orientada por contrato enfatiza o apoio de partes legalmente responsáveis que devem assinar o documento. A abordagem CG, orientada pelo consenso, enfatiza um grupo de *stakeholders* mais amplo, com as partes contratantes como um elemento central, porém busca o apoio explícito ou implícito de um grupo mais amplo.

É claro que essas escolhas são aplicáveis a muitas situações que vão além da preocupação florestal ou com projetos de oleodutos, descrita anteriormente, nem estão sempre condenados ao fracasso, como nesses exemplos. Entretanto, os negociadores devem fazer as suas escolhas cuidadosamente ou, melhor ainda, criar um híbrido dos dois adequado. O *design* escolhido deveria depender do contexto, do alcance e do perfil dos possíveis *stakeholders*, assim como dos resultados a curto e a longo prazo que o seu lado quer obter.

Além do DAD e do CG. É abundante a quantidade de variantes do DAD e do CG, elas podem ser localizadas em um espectro das possíveis escolhas do processo. Os maiores participantes mantêm mais de um grupo de escolhas do processo quando operam em diferentes contextos. Por exemplo, a Stone Container fez outro projeto de florestamento na Costa Rica utilizando um processo com *stakeholders*. Dessa vez, porém, o processo foi organizado pelo próprio governo.[21] Diferente da odisséia de Honduras, as reuniões na Costa Rica incluíram grupos de *stakeholders*, mas somente como conselheiros aos encarregados da tomada de decisão no governo. Embora esse projeto também enfrentasse protestos, o próprio processo gerou apoio suficiente para permitir que a Stone seguisse em frente com uma versão do projeto.

Em outro exemplo, a Exxon Mobil liderava um consórcio para a construção de um oleoduto no Chad e em Camarões que gerou uma imensa controvérsia.[22] A empresa tinha pedido apoio do Banco Mundial para a construção de um mecanismo inovador, fora do controle dos dois governos extremamente corruptos, para a canalização da renda do projeto para projetos sociais sólidos dentro dos dois países. Sob esse arranjo favorável, o oleoduto foi aprovado, apesar de que a fiscalização do acordo não era certa.

Escolhas básicas do processo: uma lista de verificação

Vamos dar uma olhada em algumas implicações da escolha do processo ilustradas por estes estudos de caso.[23] Começaremos com dois pontos a serem considerados: (1) se as questões de escolha do processo devem ser negociadas explicitamente ou (2) se você deve buscar impô-las, ou tratá-las como pontos críticos a serem negociados.

- Primeiro, você pode tanto ser explícito sobre a amplitude das escolhas básicas do processo para uma negociação, ou pode considerar essas escolhas de forma mais implícita, *ad hoc*. Em geral, a transparência é preferível, para promover a eficiência e o comprometimento com o processo, bem como para evitar desentendimentos e conflitos custosos, *mas nem sempre* ela é a escolha adequada. Em situações contenciosas, muitas vezes são discutidos pontos desnecessários

---

[21] J. K. Sebenius and H. Riley, "Stone Container in Costa Rica (A)," Caso número 9-897-140 (Boston: Harvard Business School, 1997); e idem, "Stone Container in Costa Rica (B)," Caso número 9-897-141 (Boston: Harvard Business School, 1997).

[22] B. C. Esty and C. Ferman, "The Chad-Cameroon Petroleum Development and Pipeline Project (A)," Caso número 9-202-010 (Boston: Harvard Business School, 2001); idem, "The Chad-Cameroon Petroleum Development and Pipeline Project (B)," Caso número 9-202-012 (Boston: Harvard Business School, 2001).

[23] Essa e outras questões de *design* são discutidas em profundidade em L. Susskind, S.McKearnan, and J. Thomas-Larmer, eds., *The Consensus Building Handbook: A Comprehensive Guide to Reaching Agreement* (Thousand Oaks, CA: Sage, 1999).

durante horas, como por exemplo o próprio "formato físico da mesa". Escolhas do processo podem virar desculpas para outros pontos críticos e assim consumir um tempo muito importante. Assim, antes de começar uma "negociação sobre a negociação", você deveria possuir uma boa noção sobre com quem você está negociando, e o quão razoável eles podem ser ou não.

- Em segundo lugar, considere a forma como as decisões sobre as escolhas do processo são feitas. Uma parte decide, ou as escolhas de negociação estão abertas ao grupo? Estipular essas escolhas unilateralmente apresenta vantagens de controle, assim como uma maior eficiência, porém também pode gerar ressentimento das outras partes e uma disposição para subverter ou renegociar as escolhas.

Listamos algumas das mais importantes escolhas do *design* a seguir. Você deveria pensar nas categorias das escolhas do processo a seguir como um *checklist* para importantes mudanças e movimentações da configuração.

Promoção. Sem pensar muito, a Conoco decidiu que as negociações nas reuniões sobre o Rio Napo iriam acontecer com a sua própria promoção. Essa foi uma decisão desastrosa, já que para alguns dos participantes mais céticos, essa situação se assemelhava a uma tomada de poder unilateral. Em outros casos, por exemplo o da Stone Container, na Costa Rica, teria sido melhor se entidades do governo sediassem o fórum. Quando as partes principais estão em desvantagem, é importante buscar uma terceira parte neutra para promover a negociação.

Mandato. Transparência a respeito dos resultados do fórum é importante. Existe algum comprometimento, implícito ou explícito, de que qualquer acordo originário do fórum irá criar obrigações para o grupo de participantes e para as instituições que representam? Ou esses acordos devem passar por um outro grupo, como por exemplo uma agência governamental, que irá então tornar a decisão formal? A Stone na Costa Rica, por exemplo, utilizou um processo que foi mediado pelo governo e cujo resultado, no que cabia às partes que iriam tomar a decisão final, era somente consultivo; porém fora entendido como tendo peso considerável na escolha. Ambigüidade de mandato é fatal.

Participação. A escolha sobre quem emite os convites e quem participa do processo é extremamente importante. O status da participação pode variar desde um participante completo do processo até um observador sem direito à votação. As escolhas de participação podem ser negociadas diretamente, ou os grupos podem ser convidados a selecionar representantes que podem ou não ter o poder de assumir compromissos em nome do grupo representado. A amplitude e a base da participação têm a ver com o grau de transparência do relacionamento em relação à visão do processo, ou seja, um processo DAD, um processo CG, ou outro tipo de combinação.

Regras de decisão e procedimentos. Uma característica importante do processo é a forma como o grupo fará as escolhas. Em um dos extremos, pode haver deliberação *ad hoc* sem uma decisão formal através de um conjunto de procedimentos inespecíficos. No outro extremo, as decisões podem ser tomadas pelo voto da maioria, por procedimentos majoritários específicos (como, por exemplo, "consenso adequado") ou por consenso total. Os procedimentos pelos quais o fórum vai operar podem incluir os seguintes: os poderes de uma direção, que deve ser reconhecida, se o grupo vai funcionar na forma de subgrupos ou de grupos ou se irá funcionar como um plenário, como os documentos serão utilizados e como serão revisados e aceitos.

Agenda. Existem muitas questões relativas à agenda além da questão dela ser combinada com antecedência ou negociada no ato. Por exemplo, uma vez tendo fechado as agendas, elas ainda ficarão abertas à discussão ou estão fechadas? No caso de precisar ser modificada, como isso irá acontecer? As questões são focais, relacionadas especificamente com um contrato, ou são mais amplas e relacionadas com um grupo maior de *stakeholders*? Uma vez que a agenda esteja decidida, deve ser definido quem lidará com quais pontos críticos. Por exemplo, os participantes podem ser separados em grupos especializados para trabalhar com questões específicas, ou todos os participantes podem lidar com todas as questões durante o processo.

Preparando as etapas do processo. Além do seqüenciamento puro, a evolução das deliberações e das negociações pode ser tanto *ad hoc* quanto elaboradas conscientemente. A elaboração das etapas pode começar com esforços para uma definição conjunta do problema, e podem continuar através da operação de fatos, da negociação de pontos críticos acordados e uma fase de decisão e comprometimento. Esses estágios também podem ser misturados, ou deixados à escolha do grupo.

Comunicação externa. Grupos de negociação muitas vezes possuem visões conflituosas sobre que tipo de informação pode ser compartilhada de forma legítima com aqueles que estão fora da negociação, incluindo imprensa, bem como os seus constituintes. O grupo pode decidir não ter nenhuma regra a esse respeito, pode concordar com termos extremamente restritivos ou pode achar um meio termo para essas questões.

Suporte ao processo. Para negociações mais elaboradas, as partes podem buscar apoio de um "secretariado" que pode ser informal ou mais elaborado. Terceiras partes, tanto especialistas ou mediadores e facilitadores, podem ser incluídas. Em alguns casos, principalmente quando as partes possuem especialidades técnicas divergentes e recursos limitados, você pode considerar a possibilidade de incluir recursos técnicos de fora.

Arranjos de pós-acordo. O fórum pode ou não continuar após o acordo. Um processo pode ser detalhado com antecedência quanto à sua implementação, adaptação ou renegociação.

Boas escolhas básicas do processo fazem boas negociações

Como tentamos mostrar nas páginas anteriores, escolhas básicas do processo podem afetar significativamente a negociação e os seus resultados. Essas escolhas podem conduzir a negociação tanto a um esforço cooperativo, em uma abordagem de resolução de problemas, quanto negociações distributivas com tons de agressividade. Elas podem estreitar interesses, torná-los tangíveis ou amplos, abstratos e ideológicos. Essas escolhas podem deixar a alternativa de nenhum acordo vaga, ou podem iluminar uma alternativa pior que está tentando se infiltrar no acordo.

E, mais importante ainda, essas escolhas do *design* do processo podem contribuir para a qualidade do resultado, gerando (ou não) opções, aumentando ou danificando relações importantes.[24]

- Para realizar uma seqüência adequada:
  - Examine de modo amplo e mapeie a amplitude das partes em potencial, assim como as relações entre elas, incluindo os custos e benefícios de conseguir a concordância de cada uma delas.
  - Mapeie retrospectivamente, começando com as partes principais que são críticas ao acordo. Em relação à parte mais desejada, pergunte-se quais acordos poderiam ser realizados com os outros envolvidos que favoreceriam a persuasão da parte em questão a dizer "sim". Faça o mesmo com a próxima parte mais desejada. Continue trabalhando retrospectivamente dessa maneira até que você tenha encontrado o caminho mais promissor.
  - Pergunte-se se as partes deveriam permanecer juntas ou separadas em cada um dos estágios do processo. Decida da mesma forma se seria mais produtivo que os estágios da negociação fossem públicos ou privados.
  - Administre o fluxo de informações cuidadosamente e pense em como moldar cada estágio.
- Além das movimentações da configuração, os negociadores devem fazer as escolhas básicas do processo que incluem:

---

[24] Um índice popular a esse respeito pode ser encontrado em W. C. Kim and R. Mauborgne, "Fair Process: Managing in the Knowledge Economy," *Harvard Business Review*, July–August, 1997, 65–75.

► Escolhas clássicas do processo que incluem questões como o envolvimento de mediadores e árbitros, ou outros mecanismos de resolução de disputas e procedimentos especiais.

► Apesar de haver uma ampla variedade de opções disponível, dois grupos polarizados de escolhas básicas do processo podem ser capturados em diferentes abordagens ao processo de negociação: um método decida/anuncie/defenda orientado por contrato (DAD), e uma opção centrada no consenso geral (CG) dos *stakeholders*.

► Um *checklist* das características básicas do processo inclui a mediação do processo, a autoridade de referência, expectativas de decisão e procedimento, considerações da pauta, estágios, normas de comunicação externa, suporte ao processo (desde orientação técnica a terceiras partes como mediadores e facilitadores) e implementações pós-acordo.

► Quando estiver considerando os elementos do processo nessa *checklist*, pense muito em qual a melhor possibilidade, se é melhor lidar com esses tópicos explicitamente ou deixá-los em uma base *ad hoc*, mais implícita. Você também deve decidir se esses elementos devem ser abertos à negociação ou se você deve tentar estipular ou impor as suas escolhas básicas do processo.

PARTE III

Desenvolva Acordos para a Criação de Valor
"No *Flip Chart*"

CAPÍTULO 8

Vá para "Nordeste"

Vamos revisar rapidamente onde estamos na paisagem mais ampla da Negociação 3-D.

Na Parte 1, oferecemos uma visão geral das nossas três dimensões e explicamos como elas devem ser trabalhadas para informar e orientar negociações mais efetivas. Na Parte 2, olhamos em profundidade para o que chamamos de *configuração*, ou a terceira dimensão, que abrange a maior parte do trabalho que você realiza fora da mesa para conseguir organizar as partes, interesses, opções de *no-deal*, seqüência e escolhas básicas do processo adequadamente. Na Parte 3, iniciando neste capítulo, iremos um pouco mais fundo na nossa segunda dimensão: o *design* do negócio. Uma parte importante do trabalho acontece no "*flip chart*", que pode ser um quadro negro ou aqueles quadros brancos convencionais para escrever com canetas apropriadas. Esse processo envolve uma ou mais partes na tentativa de *criar valor*, não só para elas, mas para as outras partes também.

No nosso trabalho, freqüentemente encontramos negociadores experientes que ainda mantêm uma atitude de ceticismo a respeito da idéia de criar valor para outras partes que não àquelas que eles estão representando. *A questão toda é exigir valor que já está na mesa*, eles continuamente nos dizem. *É tudo uma questão de tática de barganha*. Como já explicamos anteriormente, existem algumas negociações que realmente são discussões de soma-zero, ou seja, discussões que irão produzir um vencedor e um perdedor: o meu ganho é a sua perda e vice-versa. (Na verdade, desenvolveremos no decorrer de todo o Capítulo 12 táticas de exigência de valor para estes casos.) Mas também ressaltamos que em muitos casos, os negociadores são rápidos em perceber uma torta fixa. Eles desistem rapidamente da possibilidade de colocar um fermento na torta para o benefício de todos que estão participando do processo.

Assim, precisamos dar um passo além dos processos de soma-zero e de tortas fixas e desenvolver uma imagem fundamental diferenciada, uma outra metáfora, que possa servir como um guia para um melhor desenvolvimento e *design* do negócio e para negociações mais produtivas. No nosso trabalho, falamos em *ir para nordeste*, um tipo de estratégia cartográfica, que é baseada na idéia de terrenos e paisagens e que repercute intensamente uma vez que fica clara. Se o norte é a direção que eu quero ir e o leste é a direção que você quer ir, ir na direção nordeste pode ser uma opção relativamente atrativa. De fato, pode ser a melhor opção para todas as partes, melhor opção do que qualquer parte conseguiria ter sozinha.

"Indo para Nordeste" para criar valor

Às vezes as negociações não vão a lugar algum. Lembre-se das discussões sobre as zonas de possíveis acordos, ou as ZOPAs, no Capítulo 6. Se não existe uma ZOPA, não existe espaço para um acordo. Às vezes as negociações não chegam a decisões maravilhosas, apenas soluções razoáveis para todos os participantes. E às vezes as negociações chegam a uma solução que é o equivalente, em barganha, à troca entre duas franquias de esportes ou dois colecionadores de selos: *é o acordo que é melhor do que qualquer outro acordo que qualquer um dos lados poderia imaginar*. É o acordo que deixa todo mundo melhor do que estaria sem ele, ou do que estariam no caso de haverem se concentrado exclusivamente na apropriação de valor à mesa.

Um bom começo

Para explorar a idéia de ir para o nordeste, vamos examinar um caso de uma estação de rádio em dificuldades. Vamos chamá-la de "WORN".[1] Digamos que ela transmita da cidade de Worntown, Massachusetts (o estado em que moramos).

A WORN está com pouco dinheiro em caixa e vem enfrentando dificuldades técnicas, e a maior parte das vezes não consegue vender o seu tempo dedicado a comerciais. O seu equipamento de transmissão tem pouca manutenção, tem uma qualidade de sinal pobre que acaba perturbando os ouvintes e por vezes acaba deslizando para outras freqüências (o que pode acarretar seu fechamento pelo órgão regulador). A estação de rádio investiu há pouco tempo em um novo sistema computadorizado, mas está com problemas em conseguir o dinheiro necessário para configurar esse sistema para maximizar o valor da estação. Em resumo, o destino futuro da WORN é bem negro.

Worntown também possui um outro recurso subutilizado: a recém-inaugurada Worntown Engineering Services, Inc. (WESI), que está com poucos clientes. Os parceiros da WESI discutiram formas de obter mais publicidade para a sua empresa, incluindo um aumento em propagandas e comerciais. Porém, em recente conversa com o gerente de vendas da WORN, descobriram que a sua empresa simplesmente não possui orçamento para uma campanha de rádio.

Uma transação em dinheiro não é viável. Mas você pode facilmente identificar um acordo potencial entre as duas empresas, certo? A WORN não poderia disponibi-

---

[1] Não existe nenhuma "WORN" nos Estados Unidos. A Nossa "WORN" é imaginária, mas baseada em situações reais com as quais estamos familiarizados.

lizar tempo de comercial para a WESI em troca de suporte técnico? Adotando uma tática assim, os dois lados melhorariam dramaticamente as suas situações em relação às suas melhores alternativas de *no-deal*.

Mas e se os dois pudessem se sair ainda melhor?

Digamos que os representantes da WORN e da WESI continuassem a conversar e desenvolvessem um entendimento mais sofisticado da situação de cada um dos lados. No curso destas conversas, os engenheiros ficam sabendo que a estação de rádio possui alguns equipamentos sobrando em seu depósito de uma atualização técnica recente. Para a maior parte das empresas estes equipamentos não teriam o menor valor. Entretanto, acontece que a WESI tem um cliente que precisa de partes de instalação difíceis de obter que são idênticas às que estão acumulando poeira no depósito da WORN. Os engenheiros fazem uma proposta informal: *o que vocês achariam de ter suporte técnico nosso na instalação de seus novos sistemas em troca do equipamento que está no depósito*?

Uma digressão: pense em uma negociação preço puro por um carro novo, onde o melhor para um lado é necessariamente o pior para o outro. Lembre-se do cabo de guerra do Capítulo 6, onde os dois lados devem lutar para ganhar vantagem. A questão é o preço, simplesmente. Agora pense na situação recém-narrada. Onde está o cabo de guerra? Ele não existe. Se eles jogarem certo com as suas cartas, os dois lados podem se sair bem, sem nenhum custo para nenhum deles. Essa idéia é ilustrada na Figura 8-1. O ponto onde os dois eixos se encontram, o ponto mais a "sudoeste" (ou (0, 0) na terminologia do gráfico) representa a situação inicial sem nenhuma troca entre a WORN e a WESI. Quanto mais

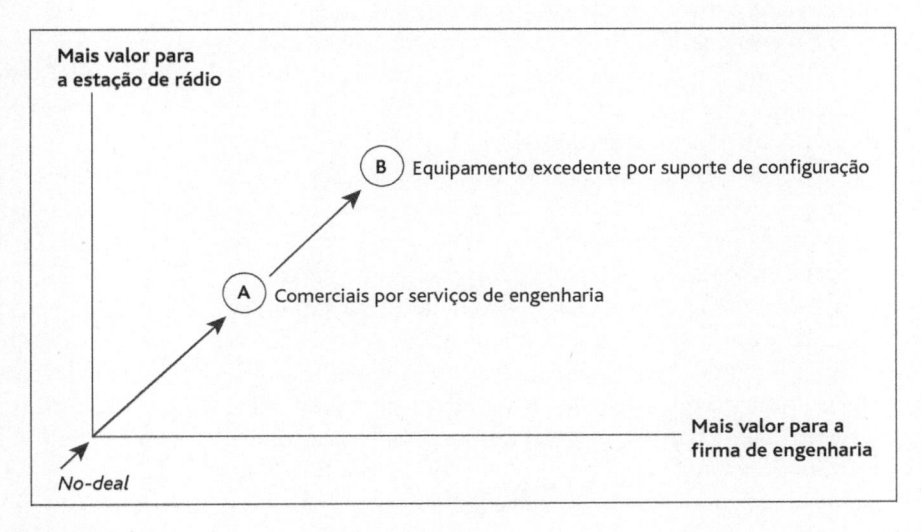

FIGURA 8-1
Duas táticas conjuntas para criação de valor a "nordeste".

para a direita, ou "leste", movimentando ao longo do eixo horizontal, mais valor o acordo carrega na percepção da firma de engenharia. Quanto mais para cima, movimentando ao longo do eixo vertical (ou norte), maior valor tem o resultado para a estação de rádio.

Se os dois lados concordarem em trocar serviços de engenharia por tempo de comercial no ar, você consegue um movimento simultâneo para norte *e* para leste. Chamaremos este de Ponto Nordeste A. Claramente o Ponto Nordeste A é melhor que o ponto inicial a sudoeste. E como continuaremos a salientar, ao contrário das concessões relacionadas com preço, essa tática, *sai sem custo algum para os dois lados*.

O Ponto Nordeste B, ainda mais a nordeste, combina a troca "equipamento excedente por suporte de configuração" com "comerciais por serviços de engenharia". O que está ocorrendo? O acordo está melhorando. Ninguém está fazendo concessões e ninguém está se machucando. É uma negociação "ganha-ganha" para utilizar uma terminologia de negociação.

Obviamente, este é um exemplo simplificado. Táticas de apropriação de valor ainda podem ocorrer com táticas conjuntas de criação de valor recém-descritas. Por exemplo, os engenheiros certamente exigirão maior tempo de comerciais por menos auxílio técnico; e a estação de rádio, por sua vez, barganhará pelo oposto. Logo abordaremos mais este ponto, mas queríamos abrir a discussão com um exemplo acessível, pois, de acordo com a nossa experiência, muitas pessoas estão usando a terminologia de negociação de forma errônea. Eles falam em negociações "ganha-ganha". Porém, a imagem mental que estão criando é a do ponto mediano do cabo de guerra: um preço que ficaria suportável para os dois lados e que, ao mesmo tempo, fosse melhor do que a alternativa de não fechar acordo algum.

Pelo fato de estarem concentrados em pontos de fricção potenciais, eles *não* estão olhando alternativas para um *design* de negócio criativo. É como se você colocasse uma estaca no vértice do gráfico, amarrasse um cordão e colocasse cada lado preso ao cordão. Eles iriam tentar arrastar um ao outro em ângulo reto até que um, ou os dois, ficasse amarrado. Eles nunca iriam se aventurar no vasto e desconhecido território dos ganhos mútuos: a área entre os dois eixos.

O ponto, claro, é sair da estaca e começar a explorar o território desconhecido. Considere, por exemplo, a história de duas irmãs brigando pela divisão de uma laranja. As posições delas eram incompatíveis: cada uma exigia pelo menos dois terços da laranja, mas havia apenas uma laranja para ser dividida. Impasse com tensão. Entretanto, assim que a sua batalha posicional deu margem à exploração dos interesses mais profundos, descobriu-se que uma das irmãs estava com fome enquanto a outra queria um aroma cítrico para uma receita *gourmet*. A tática de ir a nordeste ficou óbvia: dar a casca da fruta à irmã que necessita do aroma e o gomo para a irmã que está com fome. Ou pense no debate barragem *versus* ausência de barragem descrita no Capítulo 3. A barganha foi deslocada para nordeste, em relação a uma batalha legal inconclusiva e demorada, depois que os negociadores começaram a falar em uma barragem menor, com fluxo de água garantido para os agricultores e um fundo ambiental para preservar espécies de peixe.

Muitas vezes, principalmente em disputas legais públicas, os negociadores acabam indo a posições extremas. Pelos seus fortes sentimentos, ou dos seus clientes, eles *não* têm a tendência de pensar da maneira "ganha-ganha". Eles costumam pensar que se comprometer até a metade ou aceitar um encontro no meio do caminho é uma forma de se render. "A única coisa no meio da rodovia é uma faixa amarela e um lagarto morto" disse o comentarista progressista texano Jim Hightower.

Nossa experiência nos diz que, na maioria dos casos, existem muitas, mas muitas escolhas além de ficar somente no meio da estrada. Dois princípios centrais do *design* de negócios, que serão descritos nos próximos tópicos, apontam o caminho em direção ao nordeste.

Princípio de *design* do negócio 1: trabalhe as diferenças para criar valor

Este é o primeiro princípio: para configurar o contexto rumo a nordeste, todas as partes precisam testar os interesses que sejam relativamente fáceis para eles cederem, e com valor para o outro lado. Em resumo, o máximo benefício com o mínimo de custo.

Já deixamos bem claro que, para ser bem-sucedido nas negociações, é preciso estar focado em aprender sobre os interesses que estão atrás das posições que estão sendo articuladas na mesa. O que isso quer dizer? E por que é tão importante? A sabedoria popular diz que negociamos para superar as diferenças entre nós, assim somos aconselhados a moldar acordos ganha-ganha procurando pontos em comum. E de fato, achar pontos em comum é geralmente positivo, no caso de construir a confiança e fortalecer relações. Também é positivo no caso relativamente incomum de haverem interesses muito similares entre as partes. Mas a questão é que a maior parte das fontes de valor geralmente resultam de *diferenças*, ou complementaridades, de interesse entre as partes.

Geralmente não é de muita ajuda fazer a pergunta: "O que as nossas empresas valorizam muito?" Geralmente é de mais ajuda a seguinte pergunta: "O que eles precisam muito e que eu não valorizo tanto assim?" Onde estão as possibilidades de baixo custo e elevado benefício?

Pense de novo na história da WORN e da Worntown Engineering Services. As duas partes poderiam ter se fixado nas suas posições iniciais: *O nosso tempo no ar custa US$ X* (WORN). *Nós não podemos e não iremos pagar US$ X por estes comerciais* (WESI). E os interesses que estão por trás dessas posições antagônicas? Para a estação de rádio, tempo no ar disponível e equipamento sobrando não eram de grande valor, mas especialistas em engenharia de fato eram necessários. Para os engenheiros não "tão ocupados", o custo de oferecer suporte técnico à estação era relativamente baixo, enquanto o valor de conseguir propaganda de baixo custo e adquirir o equipamento em questão para um importante cliente era desejado. Foram as diferenças complementares que resultaram no potencial para um acordo de criação de valor.

No Capítulo 2, narramos a história do investidor imobiliário londrino, cuja construção do centro médico estava sendo bloqueada por uma única moradora proprietária. Foi somente após o investidor descobrir os *interesses* por trás da *posição* dela, os sentimentos da senhora de que o seu falecido cachorro precisava de um lugar apropriado para descansar, que a negociação pôde acontecer, com a criação de valor para as duas partes.

Abordamos anteriormente as negociações entre os egípcios e os israelenses a respeito do Sinai durante a guerra de 1973. Conforme iniciaram as negociações, as posições dos dois países referentes à demarcação da linha de fronteira eram incompatíveis. Apesar de uma grande engenhosidade diplomática e de um mapeamento criativo, nenhuma idéia funcionou para ambos os lados. Cada tentativa de traçar o mapa acabava fornecendo vantagens ou para os egípcios (aos olhos dos israelenses) ou para os israelenses (aos olhos dos egípcios). E nos piores casos ambos saíam prejudicados. Este parecia ser um impasse do qual não conseguiriam sair.

Porém, quando os negociadores examinaram o território mais de perto eles descobriram uma diferença vital de interesses subjacentes. Os israelenses se preocupavam muito mais com a segurança, e os egípcios com a soberania. Ao invés de ficar em conversas intermináveis, tentando definir onde a linha deveria ser demarcada na areia, as partes olharam para os interesses por trás das posições, desencadeando uma solução de criação de valor baseada na criação de uma zona desmilitarizada (segurança) sob a bandeira egípcia (soberania). Esta é simplesmente uma versão politizada da história das duas irmãs e da sua laranja. Recolocando o nosso primeiro princípio em uma linguagem um pouco diferente: diferenças de interesse ou de prioridades podem abrir a porta a um conjunto de interesses ocultos que podem oferecer a cada uma das partes o que mais valorizam a um preço relativamente baixo para o outro lado.

Mesmo quando uma questão parece puramente econômica, encontrar as diferenças pode destravar acordos que não estão chegando a lugar algum. Por exemplo, uma pequena empresa de tecnologia, com a qual trabalhamos, estava imobilizada em uma negociação difícil com uma grande empresa adquirente estratégica. Os investidores da empresa de tecnologia estavam exigindo um alto preço. A empresa compradora estava determinada a pagar um preço muito mais baixo.

Depois de uma investigação mais detalhada, descobriu-se que a compradora estava disposta a pagar o preço sugerido, mas estava profundamente preocupada com as expectativas de aumento de preço num setor instável, no qual pretendia fazer outras aquisições. A solução encontrada pelos dois lados possui dois principais componentes: (1) um preço de compra em dinheiro inicial modesto e amplamente divulgado e (2) um conjunto de contingências menos divulgadas (mais obscuras e ocultas) que virtualmente garantiam maiores lucros substanciais no decorrer do tempo para a empresa de tecnologia, porém evitava abrir um precedente visível que seria custoso para a empresa compradora em acordos futuros.

Em outras palavras, o interesse da empresa vendedora em um maior preço de venda se encaixava com o interesse da empresa compradora em evitar precedentes adversos. Utilizamos o termo trabalhar as diferenças. Aprofundaremos essa temática em capítulos subseqüentes, trabalhar as diferenças vai muito além de simples interesses e prioridades. Também abrange diferenças de previsão a respeito do futuro, diferenças nas atitudes frente a riscos e a prazos, bem como uma ampla variedade de outras diferenças que podem ser trabalhadas para o benefício mútuo.

Princípio de *design* do negócio 2: maximize o total líquido da torta

Trabalhar as diferenças pode ser considerada uma subparte crítica de um princípio mais amplo: a maximização do total líquido da "torta" disponível para os negociadores.[2]

Por *líquido* queremos dizer o valor após os custos. Em outras palavras, você compara o valor que estiver no sistema após as suas movimentações a nordeste com o valor disponível antes, ou o valor que estaria disponível se você realizasse os compromissos que o levam até "o meio do caminho" dos seus interesses. Em ambos os casos você deveria ter um valor mais alto em relação a esses compromissos e às alternativas de *no-deal*.

Para chegar a esse resultado, você e suas contrapartes devem fazer sessões de criatividade (*brainstorm*) juntos (e separadamente) buscando alternativas para conseguir boas respostas às seguintes questões:

- O que podemos fazer, talvez além dos confins desta transação específica, para criar o máximo valor juntos, pensando criativamente?

- Que passos específicos devemos dar para maximizar o valor líquido da torta?

Analise cada um desses pontos críticos na mesa e, baseado no que conseguiu aprender a respeito de interesses, custos e valores, pergunte-se onde o ganho é maior. Onde está o maior valor líquido? Onde está o menor custo líquido? Se um dos lados for fraco na criação de valor, ambas as partes precisam ajustar o balanço de valor. O objetivo é encontrar pontos relevantes e conexões possíveis que não destruam o valor, mas que o transfiram eficientemente para a concretização da transação com o maior valor possível.

Lembre-se que com um maior valor conjunto, a participação de cada uma das partes pode ser maior do que seria se simplesmente houvesse uma divisão de uma torta fixa (e menor). Por exemplo, digamos que numa negociação de exigência de valor, você barganhou bastante e conseguiu US$ 600.000 do valor em uma transação envolvendo US$ 1 milhão, enquanto que o outro lado levou US$ 400.000 para casa. Mas se vocês tivessem se concentrado em aumentar a torta em 50%, para US$ 1,5 milhão, e dividissem os ganhos, os

---

[2] O termo "total líquido da torta" possui algumas limitações inerentes. Até o momento falamos em valor em todos os sentidos: não-econômico, assim como econômico, subjetivo e objetivo, relacionado ao processo e relacionado ao acordo, e assim por diante. O termo "total líquido da torta" implica que você pode ir meramente adicionando tipos diferentes de valor até chegar a um total aritmético, o que tanto matemáticos quanto filósofos diriam ser impossível. Mesmo assim ficaremos com o termo, pois ele mantém os negociadores concentrados nos ganhos conjuntos, tanto passados quanto futuros.

resultados para ambos teriam sido muito melhores. Certamente seriam US$ 850.000 para você e US$ 650.000 para eles. *Não estamos falando em ir para o nordeste por motivos altruístas; estamos falando em criar valor e conseguir melhores resultados para todas as partes.*

Talvez esse exemplo possa ter soado um tanto abstrato. Se for o caso, considere uma história real que captura uma mudança de ênfase da "minha fatia" para uma visão mais abrangente da "torta". A Stone Container (que já encontramos nos Capítulos 4 e 7) possuía uma relação fornecedor-cliente bem estabelecida com a Baxter Healthcare na Carolina do Norte. Em outras palavras, possuía essa relação estável baseado em um fluxo constante de negociações de pedidos de embalagens de papelão ondulado para a Baxter. Durante anos, os caminhões da Stone iam lotados dos seus depósitos para as instalações da Baxter em Charlotte, na Carolina do Norte, e retornavam completamente vazios.

Um dia, um administrador do departamento de entregas da Stone percebeu que a Baxter também possuía uma filial em Charlotte, não muito longe do depósito da Stone. Os negociadores da Stone perceberam que esse era um ponto crítico que deveria estar na mesa durante as próximas negociações: por que os caminhões da Stone não poderiam voltar trazendo produtos da Baxter e entregá-los na sua filial? Esse não seria um acordo mais promissor tanto para a Stone quanto para a Baxter? A torta não ficaria maior? A resposta foi um "sim", e o acordo negociado para uma viagem de ida e volta foi o primeiro acordo de redução de custos de outros 200 acordos de criação de valor entre as empresas.[3]

Não presuma que estas atividades para o crescimento do valor só podem surgir em um ambiente de relações relativamente cooperativas, como o que existia entre a Stone e a Baxter. Elas também podem ser originadas de configurações competitivas mais tradicionais. Por exemplo, a Sweetheart Cup Company vendia copos padrão para o McDonald's, que em determinado momento mandou um comunicado para todos os seus fornecedores dizendo: *baixe os preços em 10%, do contrário...*[4] Em outras palavras, uma exigência de valor padrão de um cliente importante. Em uma tentativa de lidar com a exigência do McDonald's, a Sweetheart se voltou ao seu principal fornecedor de papel, a Georgia-Pacific, pedindo ajuda. Infelizmente, entretanto, a Georgia-Pacific estava prestes a fechar um aumento nos preços do papel, devido ao aumento do custo da matéria-prima utilizada.

Tipicamente, quando se negocia em duas frentes hostis de uma vez só, uma empresa tenta manter o preço o mais baixo possível para não danificar a relação. Porém, quando a poeira baixa, a empresa na posição da Sweetheart acaba pegando uma fatia menor de uma torta fixa. A tal "vitória" neste caso, quer dizer tentar evitar que o pedaço fique ainda *menor*.

No entanto, ao invés de estabelecer uma defesa de exigência de valor padrão, a Sweetheart pediu e acabou conseguindo a chance de negociar intensivamente, e expandir o escopo dessas discussões paralelas, tanto com a Georgia-Pacific quanto com o McDonald's. Nessas discussões específicas, porém conectadas, a Sweetheart buscou

---

[3] Este exemplo é tirado de um livro muito útil, *Getting Partnering Right* (N. Rackham, L. Friedman, and R. Ruff [New York: McGraw-Hill, 1995]), 47.

[4] Ibid., 39–40.

formas de expandir a torta de três fatias. A resposta que surgiu ao final da negociação veio de uma integração mais ampla entre as operações das três empresas, caracterizando uma maior troca de informações por via eletrônica. A integração permitiu um corte significativo nos custos administrativos e no custo com depósitos e estocagem. Os resultados acabaram refletindo em um produto final mais consistente e em maiores volumes para as três empresas envolvidas.

De forma nada acidental, a Sweetheart fortaleceu a sua posição frente ao McDonald's em relação às outras empresas de fornecimento. A coordenação operacional integrada entre o gigante de *fast-food* e a Sweetheart ajudou a estreitar as relações da Sweetheart com o McDonald's, levando-a a ser o fornecedor de escolha oficial do McDonald's.

Uma lição que pode ser tirada dessas histórias reais é que o primeiro passo no crescimento da torta e em ir na direção nordeste é *acreditar que de fato é possível*. Afinal de contas, você (e as suas contrapartes do outro lado) deve segurar o seu impulso natural de procurar a melhor forma de lucro individual em cada um dos pontos e se concentrar em aumentar a torta. Imagine, pelo menos durante esse momento, que ao invés de estarem "face-a-face" um contra o outro, vocês estão "lado-a-lado" contra o problema.[5] Ao invés do vencedor levar tudo, imagine (nesse momento) que vocês estão trabalhando para a mesma empresa tentando aumentar o valor total da firma como um todo.

Pegue o exemplo das indústrias G&F, um dos maiores fornecedores de plásticos da Bose Corporation, que já percebera há bastante tempo a importância de ir rumo ao "nordeste" nas suas negociações e em outras interações com a Bose, abandonando o cabo de guerra tradicional, a linha de batalha, buscando maiores tortas. Conforme disse um dos executivos da G&F: Quando busca oportunidades e soluções, você não joga de acordo com as regras, você começa a fazer as próprias regras. Você começa a inventar novas formas de construir valor conjunto. Você vê as coisas sob um outro prisma".[6] Em negociações entre duas empresas, freqüentemente perguntamos aos nossos clientes (para o seu espanto) o que eles podem fazer para que as outras partes tenham maior lucro. A seguir, perguntamos o que os *outros* poderiam fazer para que eles próprios tivessem maior lucro. Conforme pensam sobre isso, as possibilidades para a criação de valor começam a emergir.

Em resumo, ir em direção ao nordeste implica em três atividades simultâneas, que juntas acrescentam à criação de valor na negociação:

- Ir além de posições de barganha e entender os interesses por trás dessas posições, descobrindo as diferenças
- Trabalhar essas diferenças e transformá-las em ganhos conjuntos
- Concentrar-se no que você e suas contrapartes poderiam fazer para maximizar o valor total

---

[5] Devemos essas frases e conceitos a Roger Fisher, Bill Ury e Bruce Patton; veja R. Fisher, W. Ury, and B. Patton, *Getting to Yes: Negotiating Agreement Without Giving In* (New York: Penguin, 1991).

[6] Rackham, Friedman, and Ruff, *Getting Partnering Right*, 118–119.

Algumas palavras para os céticos

Na abertura deste capítulo, fizemos referência às pessoas que são céticas a respeito da nossa ênfase na criação de valor e em rumar em direção ao nordeste. No nosso trabalho, tanto em programas educativos para executivos quanto em consultoria, esse ceticismo muitas vezes vem na forma de perguntas: *Essa coisa de fazer a torta crescer é mesmo realístico? As pessoas sabem sobre isso? Qual a significância do seu potencial? E se o outro lado não estiver interessado em criar valor, somente em exigir? Quando começamos a exigir valor?*

Esses são questionamentos relevantes. Não somos ingênuos. Alguns indivíduos se sentem mal com a idéia de ir para o nordeste, mesmo quando tudo indica que deveriam tentar. Algumas situações dizem respeito principalmente à exigência de valor, e não à criação. (Teremos mais a dizer sobre essas situações na próxima parte do livro.) Assim, nas próximas páginas deste capítulo, olharemos mais de perto dois tópicos que se referem às preocupações dos céticos: (1) os motivos psicológicos que às vezes intervêm na criação de valor nas negociações, e (2) o momento e o local apropriados para *exigência* de valor, assim como para a criação também.

Reconhecendo a nossa herança psicológica

Se você sentar e conversar com um biólogo evolucionista, ouvirá muitas coisas sobre as vidas brutais de nossos antepassados peludos. Você ouvirá que o nosso legado genético proveniente desses caçadores nos condicionou a ver o mundo vermelho onde se exige valor[7] com agressividade a todo momento. A ZOPA da linha de batalha, outro nome para o cabo de guerra, que já referimos anteriormente é, portanto, um resultado inevitável das nossas predisposições psicológicas. (E se ela não existisse, certamente teríamos que inventá-la.) Frases como *olho por olho, dente por dente* e *só os fortes sobrevivem* capturam a essência dessa forma de pensar. A forte ênfase nos esportes na nossa cultura reforça a mentalidade de linha de batalha: você não busca exemplos em competições atléticas para o pensamento ganha-ganha. Seja para melhor ou pior, em muitos aspectos da nossa vida, habitamos uma mentalidade competitiva.

Conforme citado nos capítulos anteriores, os psicólogos experimentais que estudaram o comportamento na negociação confirmaram a tese de que a competitividade é uma tendência humana profundamente arraigada. E embora tanto o mundo real quanto as experiências de laboratório ofereçam exemplos intermináveis de maneiras de "expandir a torta" e de "ir em direção ao nordeste", os nossos preconceitos instintivos ainda nos conduzem à crença, em algum nível, de que *o seu ganho é a minha perda*. Na verdade, em uma pesquisa realizada com mais de 5 mil pessoas em 32 estudos de casos de negociações, a maioria dos quais oferecendo recompensa em dinheiro aos participantes que condu-

---

[7] Esta frase memorável, popularizada em Richard Dawkins, *The Selfish Gene* (Oxford: Oxford University Press, 1996), era originalmente de Alfred, Lord Tennyson, cantos "In Memorium A.H.H."

ziram as negociações bem-sucedidas, os participantes falharam em detectar e tirar vantagens de situações de criação de valor por volta de 50% das vezes.[8] Na maioria das vezes, foi deixado dinheiro na mesa, por ambas as partes. Essa era a regra, não a exceção. E, como o mundo real sugere, através dos acordos mal aproveitados que vemos, bem como os desgastes nas relações e os impasses existentes nas negociações, esses estudos de laboratório (infelizmente) estão corretos.

Assim, devemos tirar três lições desse aspecto psicológico. Uma delas é que aprender a negociar efetivamente leva tempo e exige esforço. A segunda é a certeza de que *isso pode ser feito*. Metade das pessoas nesses estudos conseguiram encontrar pontos críticos para a criação de valor. Os exemplos citados anteriormente apontam para essa praticidade a respeito do crescimento da torta. E o terceiro ponto é que devemos reconhecer os nossos vieses psicológicos para que eles não obscureçam o processo de negociação.

Nós, seres humanos, podemos fazemos muitas coisas, desde a monogamia até saltar de pára-quedas, que vão contra os nossos instintos básicos. Somente alguns de nós saltam da porta do avião satisfeitos, pois alguém nos convenceu de que (1) é seguro e (2) vale a pena. Ir em direção ao nordeste nas negociações, de fato é muito mais seguro e vale muito mais a pena.

A exigência de valor tem o seu lugar

Expandir a torta das maneiras como discutimos neste capítulo não significa que depois você não tenha que dividi-la. Na verdade, uma torta grande exige muito mais concentração na hora da divisão. O desafio está em manter esses dois processos aparentemente contraditórios em equilíbrio.

Pense nas negociações entre a estação de rádio e a firma de engenharia. A primeira jogada de criação de valor envolveu uma troca de comerciais por serviços de engenharia (ponto A na Figura 8-2). É claro, como estabelecido anteriormente, que essa troca poderia ser feita em uma ampla variedade de termos, alguns favorecendo a estação de rádio (ponto C) e outros favorecendo a firma de engenharia (ponto D). Perceba que todos os pontos do segmento CAD eram melhores do que não fechar acordo algum. Entretanto, havia claramente o esboço de uma linha de batalha sendo feito. Naquele momento, ambos os lados poderiam ter se concentrado menos na criação de valor e muito mais na exigência de valor.

Porém, ao invés disso, como você pode lembrar, eles foram ainda mais longe e encontraram uma outra forma de deixar as duas partes em uma situação melhor: trocando equipamento em excesso por suporte de configuração. Isso os levou a nordeste para o ponto B, onde os dois lados estavam melhor do que no ponto A. Mais uma vez, entretanto, uma nova linha de batalha surgiu: o segmento EBF. O novo acordo poderia

---

[8] Este e outros estudos relacionados podem ser encontrados em L. L. Thompson, *The Mind and Heart of the Negotiator*, 2nd ed. (Upper Saddle River, NJ: Prentice Hall, 2001).

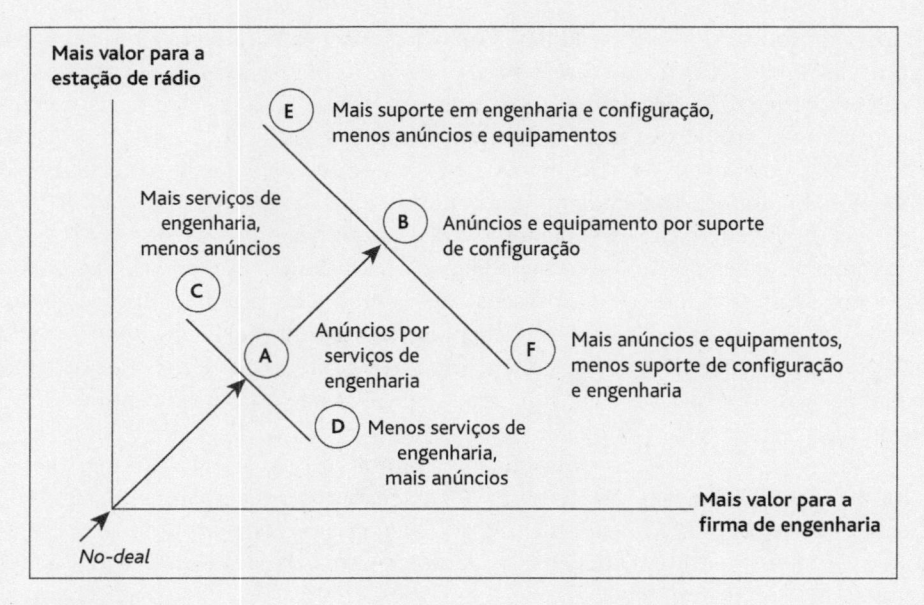

FIGURA 8-2
Criando e exigindo valor.

ter ido em direção ao ponto E, preferido pela estação de rádio, ou em direção ao ponto F, preferido pelos engenheiros. Em outras palavras, mesmo quando a torta foi ficando maior, o problema de alocação permaneceu, e até se intensificou: o valor adicional ainda tinha que ser exigido.

Achamos que esse exemplo ilustra o por quê é errado, tanto conceitualmente quanto praticamente, colocar as abordagens ganha-ganha e ganha-perde como alternativas auto-excludentes. A linha de batalha não vai embora quando as partes criam valor; ela simplesmente se move em direção ao nordeste.

O "Dilema do Negociador": administrando produtivamente a tensão criação/exigência

Infelizmente, as implicações desta análise não se resumem a simplesmente "expandir, e então reduzir", embora este conselho já seria um avanço em relação a percepções puramente ganha-ganha ou ganha-perde. Acontece que a maneira pela qual você expande a torta normalmente afeta a maneira *como* ela é divida. E a batalha sobre as participações muitas vezes se prolonga e se estende da mesma maneira. Como veremos mais tarde em mais profundidade, jogadas competitivas com o objetivo de exigir valor individualmente, ou com o objetivo de proteger-se da exploração, muitas vezes afastam movimentos cooperativos necessários para a criação de valor conjunto. Este "Dilema do Negociador" pode trabalhar poderosamente contra realizar o potencial de criação de valor.[9]

Por exemplo, quando cada lado estiver se preparando para um resultado melhor, é possível que haja atitudes agressivas. Cada lado pode resistir tenazmente a qualquer movimento da sua posição, com a expectativa de que o *outro* lado vai acabar fazendo a maior parte das concessões. Embora na realidade, uma ZOPA possa existir, essas posições e atitude agressivas podem impedir que os dois lados cheguem a algum acordo. Nesse caso, seria deixado dinheiro na mesa e o valor não seria criado. Mesmo que algum tipo de compromisso efetivamente aconteça, esses esforços individuais com o objetivo de exigir valor podem bloquear os dois lados de perceber o potencial adicional cooperativo para criar valor.

Tais esforços incompatíveis na exigência de valor são uma das versões do Dilema do Negociador, mas existe uma versão mais sutil e difundida. Cada lado pode temer ser explorado. Por exemplo, se eu sei o seu limite, posso pressioná-lo até chegar a ele, de forma que haja pouco valor restante para você. Este risco pode levá-lo a ficar receoso quanto a idéia de colocar mais cartas na mesa. Enfrentando riscos semelhantes, eu também posso refrear alguns movimentos. Qual o resultado dessas ações? Poucas informações são compartilhadas e acabamos não sabendo que tipo de valor pode ser criado. Na negociação da estação de rádio com a firma de engenharia, mesmo com potencial substancial subjacente para a criação de valor, essa dinâmica competitiva pode ser um obstáculo ao acordo ou reduzi-lo à linha CAD (Figura 8-2), ao passo que, se a verdade fosse conhecida, ambos os lados certamente prefeririam o acordo EBF.

Na nossa ênfase em ações conjuntas para a criação de valor, não queremos perder de vista a importância dos esforços individuais na hora de exigir valor. Mesmo assim, de acordo com a nossa experiência, sabemos que o mundo não sofre de uma superabundância de criação de valor na negociação. Achamos que o risco mais comum provém de um foco excessivo na exigência da "minha parte" da torta. Muitos outros negociadores experientes esquecem que podem alcançar os seus interesses de três formas: exigir uma parte maior de uma torta pequena, uma parte menor de uma torta muito maior, ou, a melhor de todas, uma parte completa de uma torta muito grande.

Queremos que este capítulo o deixe com a convicção de que a criação de valor é um ponto importante no contra-balanço de incentivos de exigência de valor. Conforme você negocia, busque fazê-lo de forma a facilitar movimentações a nordeste, deixando para trás formas mais tradicionais da linha de batalha (veja Figura 8-3).

Assim, quando estiver avaliando o potencial de um acordo, ao invés de pensar em uma linha de batalha, como ilustrado na Figura 8-3, suas ações devem ser guiadas por uma concepção de "nordeste" similar à mostrada na Figura 8-4.

---

[9] A administração produtiva do que chamamos de *dilema do negociador*, ou seja, a tensão inerente entre as ações cooperativas necessárias para a criação de valor conjunto e as ações competitivas para a exigência de valor individual, é o principal foco do nosso livro anterior, *The Manager as Negotiator: Bargaining for Cooperation and Competitive Gain* (New York: Free Press, 1986).

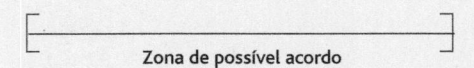

Zona de possível acordo

FIGURA 8-3
Exigindo valor na linha de batalha.

A Figura 8-4 nos lembra que o processo inventivo é profundamente afetado pelo processo de exigência e vice-versa. As duas partes trabalham rumo a um destino, através de uma série de decisões que estão ligadas com todo o processo de negociação. A negociação não é um processo onde você passa do idealismo para o realismo, simplesmente. Na verdade, você é *sempre* um realista. Você deve ter *sempre* a sua melhor alternativa de *no-deal* em mente, além do papel apropriado desempenhado pela exigência de valor, como ocorre com a outra parte na mesa.

Vamos concluir enfatizando que é de grande valor para ambas as partes a tentativa de buscar encontrar maneiras de criar valor e de ir no rumo nordeste. Isso nem sempre é possível, é claro. Você não saberá se é de fato verdade até ter tentado. Mas e se o outro lado não estiver interessado em criar valor, somente em exigir? E se ele ficar desinteressado quando você começar a falar dessa história de aumentar a torta e criar valor? E se ele se chamar Igor, tiver muitos músculos e olhos vermelhos bem pequenos, carregar uma clava e gostar de comer criadores de valor no almoço?

É o bastante. Nós não somos defensores de uma versão ingênua do potencial da criação de valor. Iremos muito mais longe no processo de visualizar acordos de criação de valor no próximo capítulo deste livro quando discutiremos de forma mais sistematizada a arte e a ciência do *design* de negócios. Iremos descrever um grande número de situações reais nas quais as partes estavam profundamente convencidas

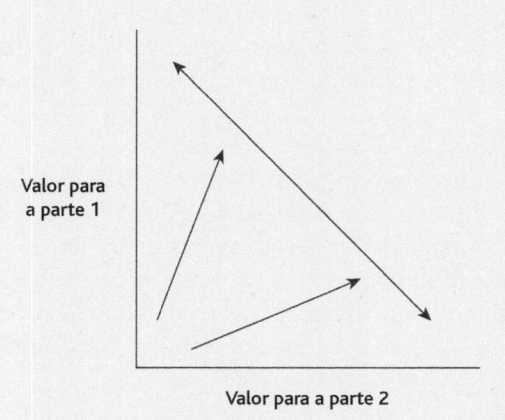

Valor para a parte 1

Valor para a parte 2

FIGURA 8-4
Vá na direção "nordeste" para criar (e exigir) valor.

que estavam imobilizadas em uma torta fixa, em acordos de pura exigência de valor. Mesmo assim, essas negociações conseguiram reconceitualizar as situações para abrir novas possibilidades de criação de valor. Elas conseguiram isso, consciente ou inconscientemente, alinhadas com os poderosos princípios do *design* do negócio que apresentaremos. E daremos orientações consideráveis a respeito da maneira de lidar com barganhas difíceis.

- Muitas pessoas vêem a zona de possível acordo como uma linha de batalha, na qual o ganho de um lado significa a perda do outro.
- As negociações envolvem movimentos de criação de valor "a nordeste" que beneficiam simultaneamente todos os lados, sem custo para nenhum deles. Tais movimentos são bem diferentes dos compromissos mútuos da linha de batalha.
- Mesmo que os interesses compartilhados e pontos em comum sejam importantes, o valor é criado muitas vezes trabalhando os interesses e as prioridades.
- Busque interesses diferentes que sejam relativamente fáceis de serem providos por um dos lados e desejados pelo outro. Essas diferenças podem ser trabalhadas de forma lucrativa e podem formar a base para trocas mutuamente benéficas. Procure movimentações de alto benefício e baixo custo.
- Pense de forma criativa, bem além desse acordo em particular, e pergunte o que os dois lados poderiam fazer conjuntamente para criar o maior valor? Que passos específicos poderiam ser dados a fim de maximizar o valor líquido total da torta?
- Se você se deparar com uma atitude de ceticismo, tanto sua quanto da outra parte, lembre-se que existem bons motivos psicológicos explicando por que as pessoas acham que a criação de valor não é real. Ao mesmo tempo, lembre-se que esses pontos cegos psicológicos impedem muitas vezes que os negociadores descubram um imenso potencial cooperativo.
- Não se esqueça que a criação de valor é apenas metade da história; esse valor também deve ser exigido. Esse movimento acontece quase que simultaneamente, ao invés de sequencialmente. O verdadeiro desafio nas negociações está em administrar de forma produtiva o Dilema do Negociador: a tensão entre os movimentos cooperativos que são necessários para a criação de valor com os movimentos competitivos necessários para a exigência de valor.

CAPÍTULO 9

Trabalhe as Diferenças

Sugerimos três maneiras de fazer o *design* de negócios para a criação de valor: (1) olhar por trás de *posições* de barganha aparentemente incompatíveis para entender o conjunto completo de *interesses* em jogo nos dois lados, (2) *trabalhar as diferenças*, e (3) pensar de forma criativa, talvez além do acordo em questão, como você e a sua contraparte poderiam maximizar o *valor líquido total da torta*. Descobrir novos valores pode ser uma forma de resolver impasses, táticas pesadas ou recusas a negociar. Pense novamente no entrave que estava bloqueando a construção do hospital (o problema "Fluffy") e no impasse entre fazendeiro – ambientalista – empresa de energia a respeito de uma represa (ambos no Capítulo 3), ou na batalha de preço entre Sweetheart – McDonald's – Georgia Pacific a respeito dos copos de papel e dos preços da matéria-prima (Capítulo 8).

Neste capítulo, aprofundaremos o segundo destes princípios, trabalhando as diferenças, que descrevemos como uma forma de tirar vantagem dos interesses complementares, das prioridades e capacitações das partes. Às vezes as diferenças podem conduzir a uma troca, lembre-se do acordo entre a rádio que estava com pouco dinheiro e da empresa de serviços de engenharia que precisava de publicidade.

Às vezes "separar" diferentes interesses subjacentes conduz a uma oportunidade para trabalhar estes interesses. Lembre-se da discussão do último capítulo sobre a divisão da laranja e das negociações Egito-Israel. Na configuração de uma iniciativa nova, uma das partes pode querer o controle enquanto a outra está mais interessada no retorno. Em vez de meramente alocar partes de ações, o que geralmente acontece por meio de votos com exigências em cima dos ganhos, pode ser importante separar a votação da divisão dos lucros e outorgar esses direitos separadamente. Em todos esses casos, um dos lados valoriza muito alguma coisa que o outro lado pode prover a um custo relativamente baixo, e vice-versa. Tais diferenças complementares – pares de alto benefício/baixo custo, se encaixam de formas que auxiliam e até definem o *design* do negócio.

Além das possibilidades de trocas e separação de interesses, agora veremos como as diferenças em outras categorias, como previsões do futuro, atitudes frente ao risco e a prazos, situação fiscal e assim por diante, podem produzir ganhos conjuntos. Olharemos casos tendo em vistas três questões primordiais:

- Quais são as principais categorias de diferenças?
- Que tipo de *design* do negócio pode tirar vantagem dessa diferença?
- Qual o princípio principal de *design* que surge a partir dessas ilustrações?

Estes exemplos são úteis em si mesmos, nas negociações o diabo está sempre nos detalhes. Estas histórias estão todas cheias de detalhes. Esses exemplos também terão um impacto cumulativo, colocando-o no caminho certo para um *design* do negócio bem-sucedido. Eles servirão para ajudá-lo a desenvolver um inventário de todas as maneiras pelas quais você difere das suas contrapartes na negociação, e assim usar essas diferenças como ingredientes para ganhos conjuntos.

Trabalhando as diferenças em previsões (ou crenças sobre o futuro)

Mark Twain fez uma observação dizendo que são as diferenças de opinião que fazem as corridas de cavalos. O comentário de Twain tem extrema relevância no contexto das negociações. Diferenças de crenças sobre o futuro podem ser a base de acordos *contingentes* mutuamente benéficos, nos quais uma coisa só acontece se outra aconteceu antes. Por exemplo, qual será o preço em uma data futura, se uma tecnologia vai funcionar realmente, se uma autorização vai ser dada ou se uma demanda judicial vai acabar bem.

Quando um empreendedor busca vender sua empresa, existe sempre uma lacuna entre o maior preço que o comprador irá pagar e o menor preço que o vendedor vai aceitar. O empreendedor muitas vezes percebe o futuro da empresa de forma muito mais brilhante, pensando que o que separa a empresa da glória é a escala e mais capital investido. O comprador, por sua vez, embora mais cético que o vendedor, está claramente interessado na empresa.

Em outras palavras, temos uma diferença de previsões sobre o futuro. Em muitos casos como esse (que já mencionamos no Capítulo 1), a solução pode estar em um acordo com contingências no qual o vendedor paga um valor fixo hoje e depois vai pagando somas adicionais subseqüentes baseadas no desempenho futuro da empresa. Muitas vezes, o componente de contingência do acordo é muito maior que o componente não-contingente.[1] O vendedor otimista assina porque ele ou ela *sabe* que a empresa vai atingir os resultados previstos. O comprador cético consegue um bom acordo hoje e somente deverá pagar mais no futuro se a propriedade adquirida atingir

---

[1] Numerosos exemplos podem ser encontrados na versão *online* do "Daily Deal", por exemplo, veja http://www.thedailydeal.com/topstories/A21955-2000May3.html.

as metas de desempenho. As suas visões diferentes podem ser trabalhadas de forma bem-sucedida.

Assim, ganhos em cima da performanece, ou *earn-outs*, tornaram-se bastante comuns em negociações de aquisição de empresas. Mas eles também possuem os seus problemas inerentes. Por exemplo, eles podem gerar incentivo a comportamentos perversos. Para citar um cenário óbvio, caso o empreendedor continue na posição de diretor da empresa por algum período específico, e se ele receber pagamentos substanciais baseados (por exemplo) nos lucros da empresa gerados durante aquele período, pode haver um conflito de interesses entre o novo dono e o empreendedor. O empreendedor pode muito bem otimizar qualquer medida de performance usada para aferir o *earn-out*. Isso poderia significar uma ênfase das medidas que geram lucro a curto prazo, mesmo que essas mesmas medidas signifiquem um enfraquecimento da empresa no longo prazo.

Acordos de contingência podem ser estruturados para servir como um "soro da verdade". Imagine uma transação em que uma empresa adquirida somente irá manter o seu alto valor no caso dos principais clientes continuarem na empresa. A empresa que está adquirindo deveria considerar propor um acordo em que o pagamento é feito *somente* se esses clientes continuarem com a empresa. Confrontado com tal acordo, o vendedor vai aceitar de cara (um bom sinal) ou rejeitar de cara (um mau sinal), ou revelará interessantes fatos sobre o futuro e as perspectivas da base de clientes. Ou mesmo oferecer um motivo "criativo" pelo qual os clientes continuarão e mostrar o por quê não é uma boa idéia incluir essa cláusula no contrato (provavelmente um mau sinal).

Antes de fazer o *design* de um negócio de contingência baseado em diferenças de previsões, você deve buscar *ver através* dessas diferenças de previsões, colocá-las à prova. Você tem crenças diferentes pelo fato do outro lado estar mais bem informado sobre alguma coisa? Se este for o caso, elaborar um acordo de contingência baseado nesse tipo de "assimetria de informações" pode não ser uma boa idéia. Participantes mal-informados não deveriam normalmente apontar contra especialistas bem-informados e *insiders*. Mas em muitos casos, diferenças de previsões estão baseadas em diferentes visões de mundo.[2] Neste caso, acordos de contingência podem surtir efeito, permitindo que acordos desejados, e emperrados, possam acontecer.

Vamos examinar um caso em particular. Nos anos 1980, uma firma de engenharia queria construir uma série de usinas que usariam lixo sólido como combustível para a produção de eletricidade. A firma receberia tanto por dar fim ao lixo quando por fornecer eletricidade para os seus clientes, de uma forma ou de outra. No seu primeiro acordo, a firma encontrou uma cidade que estava disposta a fornecer o lixo em troca de utilizar a energia originada pela queima para aumentar as suas fontes de força. Po-

---

[2] Todo o tipo de questões analíticas complexas podem ser feitas a partir dessa discussão, essas questões são consideradas em J. K. Sebenius and J. Geanakoplos, "Don't Bet on It: Contingent Agreements with Asymmetric Information," *Journal of the American Statistical Association* 78, no. 382 (1983): 424–426; as questões técnicas são abordadas com mais profundidade em J. K. Sebenius, *Negotiating the Law of the Sea: Lessons in the Art and Science of Reaching Agreement* (Cambridge, MA: Harvard University Press, 1984).

rém os dois lados não conseguiam chegar a um acordo em relação a um preço fixo para a energia. Sim, a cidade precisava de novas fontes de força, mas somente a um preço razoável. Nesse meio tempo, a empresa de co-geração planejou financiar os custos de construção da usina, baseada nesse contrato com a cidade, incluindo o seu preço de compra da energia. Porém, não conseguiu levantar fundos suficientes com o preço tão baixo.

Felizmente, as duas partes concordaram em olhar os seus interesses por trás das suas posições incompatíveis de preço. O que descobriram não foi uma diferença tão significativa nos interesses, mas nas *previsões*. O departamento de planejamento da cidade estava com a expectativa de que haveria maior oferta de petróleo e que assim os preços da energia e eletricidade iriam cair; enquanto que a empresa de co-geração tinha a expectativa de que o preço do petróleo iria aumentar. Qual a solução? As duas partes estruturaram um acordo de contingência no qual o preço da energia estaria subordinada à variação do preço do petróleo.

Acordos de contingência devem ser estruturados de forma que possam ser *sustentáveis*. No exemplo citado, seria uma atitude leviana tanto (1) deixar que o preço da energia caísse abaixo do nível necessário para a realização do serviço da empresa e da sua manutenção, ou (2) deixar que o preço da energia aumentasse a níveis que seriam politicamente desastrosos. Isso pode ser evitado através da indexação parcial da energia do vapor ao preço do petróleo ou através do estabelecimento de piso e teto para o preço da energia. É também possível recorrer a uma mudança na configuração, envolvendo partes externas. As duas partes podem fazer um *hedge* sobre os preços futuros do óleo com datas suficientemente longas, ou opções feitas por terceiras partes ou mercados com diferentes expectativas de futuro e atitudes frente ao risco.

Trabalhando as diferenças nas atitudes frente ao risco

A próxima extensão do nosso princípio envolve diferenças nas atitudes das partes frente a situações de risco, e principalmente diferenças na tolerância, influência e avaliação de riscos específicos. Vejamos quatro exemplos.

Vendendo um restaurante

Primeiramente, vamos olhar um caso no qual o dono de um restaurante estava colocando à venda o seu excelente estabelecimento ao seu principal *chef*, em uma transação amigável. Ambos concordaram que o preço de venda de mais ou menos US$ 2 milhões era justo, tirando possíveis fatores complicadores. Mas *existia* um fator complicador muito sério: o dono e o *chef* tinham que considerar como refletiria no contrato que eles estavam fazendo uma recente disputa jurídica com uma empresa contratada que havia feito grandes renovações no restaurante. A resolução dessa disputa ainda estava pendente, e a outra parte ainda estava buscando uma indenização de US$ 1 milhão e estava determinada a consegui-la. Essa disputa ainda não tinha sido concluída e estava sendo conduzida em um processo de arbitragem, processo que estava para ser concluído brevemente. Tanto o dono quanto o *chef* concordaram que não havia como saber que resultado sairia dessa arbitragem. E que no mínimo a empresa contratada receberia US$ 500.000.

Assim, não haviam diferenças significativas no resultado futuro do processo. Porém, o *chef*, que estava apostando alto no restaurante, estava muito preocupado com o risco de ter que pagar um adicional à empresa contratada em algum momento no futuro. Como resultado, o *chef* avaliou o restaurante em US$ 2 milhões se ele não tivesse que passar por esse risco e em US$ 1,3 milhão se ele tivesse que enfrentar o risco de pagar à empresa contratante o valor a ser definido. Em outras palavras, a aversão do *chef* ao risco fez com que a sua avaliação do restaurante caísse em US$ 700.000, embora o custo esperado da disputa fosse de apenas US$ 500.000.

O dono do restaurante, por sua vez, já tinha um bom patrimônio e essa venda iria apenas somar à sua fortuna. Ele tinha muito menos aversão ao risco da arbitragem e não queria pagar valores adicionais em função disso. Com muito menos receio dos riscos envolvidos na arbitragem, ele avaliou os possíveis valores e não pretendia pagar mais que US$ 500.000 para evitar riscos.

O que as duas partes da negociação fizeram? Elas decidiram que o *chef* deveria pagar US$ 1,6 milhão ao dono pelo restaurante, e deixar a resolução da disputa e o seu pagamento a cargo do dono. Com essa configuração, ambas as partes se beneficiariam. Em relação à sua avaliação de US$ 2 milhões pelo restaurante, o *chef* estaria disposto a pagar até US$ 700.000 a mais para evitar o risco da arbitragem. A oferta de US$ 1,6 milhão mudou o foco do risco para o vendedor, ou seja, o *chef* pagaria somente US$ 400.000 para evitar o risco, e assim não precisaria arcar com os outros US$ 300.000 que havia calculado. O dono do restaurante estava disposto a enfrentar o risco de desembolsar US$ 500.000 ou menos, implicando um valor de venda mínimo aceitável de US$ 1,5 milhão para ele. Entretanto, ele receberia US$ 1,6 milhão (com a obrigação de aceitar o risco), e assim estaria com US$ 100.000 a mais do que havia calculado. Ambas as partes acabaram ganhando dessa forma, mudando o foco de risco do que tinha maior aversão para o que tinha menos aversão ao risco, com a compensação da parte com menos aversão ao risco para que o ganho fosse compartilhado.

Uma *joint venture* de opostos

No nosso segundo exemplo, uma indústria de aço com poucos lucros e aversão ao risco, estava discutindo uma *joint venture* com uma empresa privada de sucata, com alta lucratividade. A proposta era construir conjuntamente uma unidade de processamento e distribuição de aço, a ser operada pela indústria de aço, utilizando a sucata como material a ser processado. O acordo proposto dividia os custos de investimentos, custos de operação, obrigações futuras de aporte de capital e de retorno, igualmente entre as duas partes. Embora isso parecesse "justo" para ambos os lados, e os dois lados tivessem as mesmas previsões a respeito do futuro, essa proposta de acordo não demorou a chegar a um impasse. Qual foi o problema? A empresa de aço era altamente avessa do risco de perder o seu lucro, bem como de reduzir o preço da sua ação, ou de aumentar o seu custo de capital, e assim estava bastante relutante em seguir em frente com o acordo. A empresa de sucata, por sua vez, era muito mais agressiva em relação à sua atitude frente a situações de risco.

Como essas duas empresas trabalharam as suas diferenças e converteram essa situação de impasse em um acordo benéfico para todos os envolvidos? Estruturando um acordo onde a empresa de sucata aceitava fazer mais que uma divisão *"pro-rata"* das perdas em troca de uma maior fatia dos lucros. Ambas as partes, no fim, preferiram limitar a possibilidade de perda, da companhia de aço, em troca de uma maior parte dos ganhos destinados à companhia de sucata. Neste caso, o valor foi criado alocando um risco maior à parte com menor aversão a situações de risco; compensando esta parte com um maior retorno prospectivo.

Um acordo público-privado de imóveis

O nosso terceiro exemplo diz respeito a negociações de desenvolvimento de bens imobiliários. Uma cidade com um centro metropolitano necessitando de reformas estava buscando uma empresa imobiliária para um projeto com componentes de escritório, varejo e residência. A cidade estava disposta a alocar recursos significativos para auxiliar no desenvolvimento deste projeto público-privado, porém o prefeito deixou bem claro que conseguir a aprovação da junta responsável pelo zoneamento da cidade seria bem complicado. Embora os seus membros tivessem sido nomeados pelo prefeito e seus predecessores, a junta foi estruturada, e agia, como um corpo quase independente.

Além da junta responsável pelo zoneamento desta parte da cidade, outro também entrou na jogada: o risco de mercado. O projeto iria gerar uma taxa de ocupação e aluguéis aceitáveis em um período de tempo razoável? O investimento foi aumentando de preço pelos custos necessários para a preparação de uma proposta para a junta. Custos ainda maiores seriam necessários quando o processo entrasse na sua fase de construção.

No início das negociações, o advogado indicado pela cidade propôs que os custos deveriam ser divididos entre a cidade e o desenvolvedor, mesmo que a proposta fosse recusada pela junta. A empresa desenvolvedora rejeitou este balão de ensaio. Os executivos da empresa acreditava que o prefeito tinha condições e deveria exercer mais influência no processo de avaliação da junta e que, portanto, deveria arcar com a maior parte dos custos decorrentes do fracasso nessa área. Seguindo a mesma lógica, entretanto, ele fez uma contraproposta. Uma vez que o projeto poderia tanto falhar quanto ser bem-sucedido no mercado, baseado na sua experiência, *ele* arcaria com o risco na fase mais avançada do projeto.

O acordo final refletiu este conceito central: a parte que tinha a maior influência nos resultados de uma situação de risco específica deveria se encarregar pela maior parcela de risco envolvida naquela situação. E, de forma significativa, o acordo também incluía incentivos apropriados para a minimização dos riscos respectivos. *Ambas* as partes preferiram este acordo à alternativa do advogado da cidade de dividir os custos "igualmente".

Ambigüidades de avaliação

Até aqui vimos casos nos quais a habilidade de *suportar* situações de risco (restaurante, empresa de aço) era crítica. Olhamos um caso no qual a habilidade de *influenciar* situações de risco (desenvolvimento público-privado) era a variável mais importante. Como último exemplo neste capítulo, veremos um caso em que a habilidade de *avaliar* situações de risco acabou sendo a mais importante. Um executivo de uma empresa de coleta de lixo estava em um impasse em sua negociação na venda dos alvarás ambientais que ele havia conseguido para um certo local, para uma grande empresa de administração de lixo. O problema veio com a ambigüidade de interpretação de uma lei estadual. De acordo com as regulamentações, os alvarás iriam ser automaticamente transferidos para o comprador no caso de já existir um depósito, porém não estava claro se os alvarás seriam (ou *poderiam* ser) transferidos no caso do depósito ainda não estar construído.

O advogado do comprador exigiu uma representação de que de fato os alvarás pudessem ser transferidos. O vendedor, por sua vez, estava relutante em fazer uma tal representação. Essa era uma indicação de que ele sabia mais do que dizia?

Nesse caso a resposta é um "não". O vendedor era um empresário que havia começado, anos antes, dirigindo caminhões de lixo. Através da sua experiência e treinamento, ele tinha muito menos capacidade para avaliar o risco da transferência do que a empresa de administração de lixo, que tinha funcionários de tempo integral devotados a questões legais. Qual foi a solução? Um acordo cuja última formulação incluía provisões nas quais (1) o vendedor dividia o ágio que estava disposto a pagar para evitar o risco de uma redução no preço de venda, e (2) o risco era transferido ao comprador, que possuía agora um alto incentivo para se basear nas suas capacitações de avaliação antes de completar o acordo.

Trabalhando as diferenças nas atitudes relativas aos prazos

Além das diferenças de previsões e das atitudes frente a situações de risco, as diferenças nas atitudes em relação a prazos também podem ser trabalhadas com o objetivo de produzir ganhos conjuntos. A versão mais simples desse processo envolve uma parte extremamente paciente negociando com uma contraparte extremamente impaciente.

Suponha que essas duas partes querem investir igualmente em um negócio seguro e previsível que oferece um fluxo de receitas estável. Uma divisão natural dos lucros seria 50/50 do início até o fim do processo. Mas é possível que, ao se depararem com essa proposta, nenhuma das partes ousaria seguir em frente. A parte impaciente poderia valorizar muito mais retornos a curto prazo, enquanto que a parte mais paciente preferiria dinheiro a longo prazo. A resposta de criação de valor está em pesar os retornos com o objetivo de refletir essa diferença nas preferências de prazo: mais, a curto prazo, à parte impaciente; e a mesma imagem a longo prazo para a parte mais paciente. Colocando essa mesma situação em termos mais técnicos: *paciência ou impaciência podem ser capturadas pelo que os economistas chamam de taxa de desconto*. Uma taxa de desconto mais elevada significa que os custos e benefícios futuros contam menos nas avaliações atuais do que retornos a curto prazo. Um taxa de desconto mais baixa significa o oposto.

Vamos olhar um exemplo prático de um impasse que foi superado pela harmonização trabalhando as diferenças de prazo. Um grupo de capitalistas de risco havia fornecido financiamento antecipado a uma promissora firma de biotecnologia, que estava buscando financiamento adicional. A firma de biotecnologia havia contatado uma empresa farmacêutica européia que estava interessada na sua tecnologia e demonstrou interesse em fazer um investimento posterior.

A empresa européia valorizou muito esse investimento, considerando-o uma oportunidade em uma nova área da biotecnologia. Utilizando a sua "taxa mínima de desconto" para avaliar esse tipo de investimentos, ela quis negociar os termos de um investimento que forneceria uma taxa de retorno de 10%. Porém, a empresa farmacêutica européia queria a garantia de ver outras empresas também investindo na firma de biotecnologia simultaneamente, e solicitou que os capitalistas de risco originais também entrassem nessa próxima etapa igualmente. Para a surpresa das duas empresas, os capitalistas de risco se recusaram a participar. O que havia de errado? Os investidores originais haviam perdido a fé nesse empreendimento?

Finalmente, depois de longas discussões, ficou claro que a taxa de desconto dos capitalistas de risco para um investimento nessa etapa de desenvolvimento da empresa era de 35% de taxa de retorno. Assim, uma grande lacuna, entre um retorno de 10% e um de 35%, havia se aberto. Essa lacuna estava impedindo que o acordo fosse a nordeste. Para quebrar este impasse, os administradores da firma de biotecnologia saíram de um formato de ganhos iguais rumo a uma estrutura que fornecia uma fatia maior dos lucros iniciais aos capitalistas de risco; e à empresa farmacêutica uma maior fatia dos lucros posteriores. Embora os dois grupos obviamente valorizassem os retornos a curto prazo, essa era uma prioridade ainda maior para os capitalistas de risco. Esta harmonização de prazos do acordo criou um valor maior para as duas partes.

Pense nas formas como a atitude de uma das partes em relação aos prazos pode variar em relação a outra. Tais diferenças também podem conduzir à harmonização efetiva. Executivos de agências fornecedoras de fundos (tanto do governo quanto do setor filantrópico) podem ter um forte interesse em alocar fundos antes do fim do ano fiscal. Ao contrário, empresas que operam com base orçamentária anual para consultorias ou fornecedores, podem estar mais disponíveis a efetivar um grande acordo no início do ciclo orçamentário, quando os fundos necessários estão disponíveis. Pessoas que trabalham com organizações de vendas com metas trimestrais sabem que é mais fácil conseguir preços e termos melhores no final do trimestre, quando os representantes de venda estão tentando atingir as suas metas, do que no início. Um administrador que está assumindo um novo cargo no exterior no final do ano pode estar muito mais interessado nos efeitos a curto prazo de uma negociação do que nos seus efeitos potenciais a longo prazo.

Cada uma dessas diferenças nas atitudes em relação a prazos oferece o potencial para ganhos conjuntos entre as partes da negociação. Uma vez que tenha entendido que a sua atitude em relação aos prazos difere da atitude da outra parte, você consegue trabalhar essas diferenças e criar um acordo que é mais atrativo para ambas as partes.

Resumindo o item principal desta seção: *Combine os pagamentos e benefícios com as preferências relativas de prazo.* A parte relativamente mais impaciente deveria conseguir retorno maior mais cedo, e a parte mais paciente deveria ser compensada generosamente mais tarde. Considere as etapas de compartilhamento de custos da mesma maneira e, como citado, mantenha um olho bem aberto nos resultados a longo prazo.

Trabalhando as diferenças em outras arenas

Existem outras formas de diferenças que são passíveis de serem trabalhadas. Uma vez que você tenha o hábito de procurar, elas aparecerão seguidamente, e de maneira bastante inesperada.

Pegue como exemplo, uma diferença de *situação fiscal*. Um indivíduo nos Estados Unidos não pode deduzir crédito de um empréstimo feito para a compra de um carro. Porém, se uma empresa faz um empréstimo para a compra do mesmo carro, ela pode deduzir o valor e a seguir pode fazer um *leasing* do carro ao mesmo indivíduo, resultando em um ganho conjunto. Como? Compare o custo pós-tarifa do empréstimo da empresa para comprar o carro com o custo ao indivíduo que pede um empréstimo para a compra do mesmo carro. Uma vez que o custo da compra para a empresa é muito menor que o custo individual, pelos descontos de impostos advindos da dedução de juros, os termos do *leasing* podem ser negociados provendo uma situação melhor para ambas as partes. De fato, essa configuração "compartilha" a dedução de juros resultando em diferenças na situação tributária entre as duas partes.

Diferenças negociáveis também podem ser encontradas na *liquidez*. Se uma firma possui dinheiro em mãos e outra firma está extremamente necessitada de capital para a exploração de uma nova tecnologia, a firma líquida pode fornecer o capital em troca de uma boa porcentagem dos lucros gerados pela nova tecnologia.

Você também pode encontrar diferenças de valor *nas atitudes frentes às relações e antecedentes.* Uma parte pode depositar muito valor no acordo em questão, enquanto que uma outra pode se concentrar primariamente na relação. Em algumas organizações, executivos que tomam as decisões estão muito preocupados com os precedentes (ou a imagem dos precedentes) que podem resultar de acordos específicos, enquanto que outros executivos se preocupam muito menos com os precedentes (e as relações que podem afetar) e acham mais importante a substância do acordo em questão.

Juntando tudo: O exemplo de acertos estruturados

Muitos acordos criam valor pelo trabalho de múltiplas diferenças ao mesmo tempo. Como ilustração (nossa última neste capítulo!), vamos dar uma olhada em *acertos estruturados*.

Na tentativa de fazer um acerto de reparação de dano litigioso, as seguradoras e a parte demandante podem se encontrar em uma situação de exigência de valor em uma linha de batalha. Porém, em alguns casos, esses negociadores podem melhorar dramaticamente o valor de um acordo para cada um dos lados, em relação a uma resolução meramente financeira, oferecendo acertos direcionados às circunstâncias específicas da parte afetada e as habilidades e experiência da seguradora. Esses assim chamados acertos estruturados criam valor através do trabalho das diferenças recém-descritas, incluindo:

- **Atitudes em relação a prazo**. Partes afetadas muitas vezes oferecem taxas de desconto mais baixas que as das seguradoras. Pode haver um ganho simbólico para a parte afetada. Assim essas partes muitas vezes se focam em maximizar a soma para uma quantia em questão, enquanto que as seguradoras avaliam o fluxo de pagamentos através do cálculo do fluxo de caixa descontado o que dá um valor presente muito menor. Como resultado, as partes constituintes podem sair ganhando com valores maiores espalhados em prazos mais longos.

- **Situação tributária**. O dinheiro ganho por uma parte afetada gerado por um acerto em dinheiro é tributável a essa mesma parte. Em contraste os pagamentos de anuidades não são tributáveis à parte afetada, contanto que essa parte não detenha o controle da soma principal. Trabalhando essa diferença na situação tributária, a seguradora e a parte interessada podem sair ganhando estruturando o acordo como uma anuidade, dividindo implicitamente os ganhos, que podem ser consideráveis.

- **Conhecimento de investimentos, oportunidades e custos**. Em litígios que envolvem seguros, existe geralmente uma assimetria nas capacitações de investimento: a companhia de seguros geralmente possui muito mais habilidade e mais recursos que o segurado. Fazer com que a seguradora invista a quantia em nome do segurado, pode ser vantajoso para o próprio investimento pessoal do segurado. Além do mais, conseguir (e identificar) melhores oportunidades de investimento significa pagar menos comissões e outras taxas. Ou seja, em qualquer grau de benefício, custa menos para a seguradora fornecer os benefícios do que custaria para o segurado. Eles podem de fato dividir esse menor custo e compartilhar os resultados.

- **Previsões**. Seguradoras e segurados geralmente possuem previsões diferentes acerca da expectativa de vida do segurado. Segurados, de forma excepcionalmente otimista, acreditam que a sua expectativa de vida é equivalente à expectativa de vida de uma pessoa não acidentada da mesma idade. A verdade é que muitas vezes os danos do acidente diminuem a expectativa de vida. Como resultado dessa dinâmica, os segurados podem valorizar o fluxo de pagamento baseados em uma previsão de expectativa de vida mais longa que a prevista pelas tabelas das seguradoras. Essa situação pode conduzir à percepção de um benefício maior (para o segurado) e menos custos (pela seguradora).

- **Diferenças na atitude frente a situações de risco.** Alguns segurados estão preocupados que os seus recursos não durem para o resto de suas vidas. Como resultado, eles podem valorizar a tranqüilidade de saber que possuem uma renda assegurada na forma de uma anuidade. Novamente, pelas tabelas, as seguradoras sabem que podem fornecer essa tranqüilidade a um custo relativamente baixo.

Para reiterar as principais lições deste exemplo: um certo estruturado fornece a oportunidade para agregar grupos com diferenças a serem trabalhadas. Quando um segurado e uma seguradora fazem um acerto sobre uma demanda litigiosa concordando com uma anuidade, eles reúnem ganhos conjuntos baseados em diferentes previsões, perfis de preferências de prazos e situações de risco, bem como situação tributária, opções de investimento e assim por diante. Esse ponto nos leva a uma lição ainda maior que está presente neste capítulo: quando existe uma variedade de diferenças entre as partes de uma negociação, valor substancial pode ser criado com a elaboração de acordos que trabalhem as diferenças, de forma a tirar vantagem de todas as possibilidades existentes no acordo.

Imagine um mundo...

Imagine um mundo no qual todos são iguais, um mundo habitado por gêmeos idênticos multiplicados por milhões ou bilhões. Nesse mundo de clones, todos possuem os mesmos interesses e capacitações. As atitudes frente a prazos e situações de risco são as mesmas. Eles enxergam o futuro da mesma forma. Possuem todos a mesma quantidade de dinheiro no banco. Todos são bons investidores.

Para o negociador que busca criar valor, esse mundo é infernal. Por quê? Pelo fato dessa extrema igualdade, não existe possibilidade de desenvolver acordos que sejam de benefício mútuo. Não existem diferenças a serem trabalhadas.

Felizmente, o nosso mundo, o mundo real, é repleto de diferenças, esperando para serem descobertas. E é nas formas que nos diferenciamos uns dos outros, não nas maneiras pelas quais nos assemelhamos, que fazemos com que a torta fique ainda maior, desencadeando ganhos conjuntos e rumando a nordeste.

- Uma abordagem que leva em conta o *design* do negócio complementa uma perspectiva do processo interpessoal com uma compreensão dos princípios por detrás da criação de valor. Saber o que você está procurando pode agir como um antídoto aos vieses psicológicos poderosos que fazem com que se perceba o mundo na forma de uma torta fixa, com divisões preestabelecidas.
- Em vez de procurar semelhanças e interesses comuns, os *designers* de negócios buscam diferenças para a criação de valor.
- O princípio das "diferenças" básicas estabelece uma busca por itens de baixo custo e alto benefício, ou itens que são fáceis e baratos de serem cedidos por um dos lados, e que são valiosos para o lado que recebe.
- Elabore um inventário de diferenças, com claro conhecimento de como *designs* de negócio característicos podem desencadear ganhos conjuntos a partir de distintas classes de diferenças:
  - Diferenças de interesse ou prioridade podem conduzir a trocas mutuamente benéficas ou a soluções criativas que ajudam a explicitar interesses subjacentes.
  - Diferenças no custo e nas estruturas de receita bruta sugerem articulações de alto valor líquido.
  - Diferenças complementares de capacitação podem ser combinadas de forma a gerar lucro.
  - Diferenças de crenças sobre o futuro podem conduzir a ganhos conjuntos a partir de acordos de contingências, elaborados cuidadosamente, com atenção redobrada nos incentivos e na complementação de informações complementares.
  - Diferenças na atitude em relação ao risco, desde a avaliação, tolerância até a influência, podem conduzir a mecanismos mais atrativos.
  - Diferenças nas atitudes em relação aos prazos, tanto diferenças simples de taxa de descontos até manifestações mais compelxas, podem gerar benefícios e custos cambiantes de acordo com as preferências em relação aos prazos.
  - Muitas outras diferenças, na situação tributária, contábil e de regulamentações, etc., podem ser arbitradas de modo isolado ou em combinação, por um *designer* de negócios sofisticado, para criar valor em uma base sustentável.
- Enxergando além das partes e das questões envolvidas diretamente, uma abordagem baseada nas diferenças pode sugerir movimentos de mudança da configuração para todos os lados. Através da adição ou da subtração de partes e de pontos críticos que manifestam diferenças complementares.

CAPÍTULO **10**

Faça Acordos Duradouros

Vamos pensar por um momento nas origens da expressão: "contrato é contrato" ou, em contextos mais formais: "precisamos insistir na perenidade dos contratos". Essas expressões são geralmente ouvidas quando uma das partes num acordo ficou infeliz com a situação na qual se encontra, e está agora tentando sair dela, ou conseguir condições melhores.

Uma vez que as partes, muitas vezes, vão tentar sair de contratos que assinaram, a questão que se coloca é a seguinte: *o que você pode fazer para que o seu contrato dê certo?* Ou melhor ainda: *você consegue elaborar contratos que sejam bem adaptáveis às circunstâncias cambiantes, principalmente as que são razoavelmente previsíveis?* Felizmente, a resposta a essas perguntas é freqüentemente um "sim".

Nos capítulos anteriores, oferecemos a você muitas orientações de bom senso a respeito de como fazer com que os acordos sejam mais sustentáveis, Por exemplo:

- Enfatize um *processo* positivo e produtivo como parte da própria negociação.

- Não negligencie a importância das percepções do que é *"justo"* para cada um dos lados; acordos em desequilíbrio podem exercer pressões para a renegociação ou falhar nos comprometimentos combinados.

- Preste atenção e busque construir uma *relação* positiva durante e após o processo de negociação, tentando expandir a relação de trabalho para transformá-la em um *contrato social* construtivo durante o período de validade do acordo (no próximo capítulo nos concentraremos nas negociações de um contrato social positivo).

Neste capítulo veremos em detalhes maneiras de manter o acordo sustentável principalmente frente a mudanças externas e internas. Alguns negociadores elaboram acordos com o objetivo de tirar o máximo de vantagem da realidade de possíveis mudanças, outros se mantêm cegos a essa possibilidade. Obviamente, queremos que os seus acordos estejam no primeiro grupo.

Mudanças acontecem e isso geralmente é bom

Quando vende dois ingressos para um jogo ou negocia a venda da sua casa, através de uma transação irreversível em dinheiro, você quer que o acordo seja feito e pronto. Em circunstâncias normais, você não quer maiores interações com a outra parte. Em outros tipos de acordos, entretanto, pode desejar um outro tipo de interação. Pode querer manter algumas opções abertas com a outra parte, para permitir que o acordo cresça de um modo novo e melhor. Dois acordos bem distintos, um entre a Ford e a Mazda, e o outro entre a Timberland e a City Year, ilustram como um "acordo fechado", cuidadosamente estruturado, pode realmente evoluir para melhor.

Em 1969, a Ford, a Mazda e a Nissan assinaram um contrato 50-25-25 para a fabricação de câmbio automático e para oferecer acesso ao mercado para os parceiros japoneses.[1] Conforme a experiência e a confiança conjunta foi crescendo, como resultado de reuniões regulares entre as equipes da aliança, japonesa e americana, esse acordo se tornou a plataforma para o desenvolvimento de uma série de oportunidades globais subseqüentes. Por exemplo, a Ford comprou 15% da Kia Motors, igualando-se à participação da Mazda na firma coreana. Ambas utilizaram essa empresa como base para a produção de carros menores e economicamente mais acessíveis. A Mazda forneceu o *design* e competência em manufatura para uma nova fábrica da Ford no México. Os altos executivos da Ford e da Mazda encontravam-se regularmente. Além de discutirem questões relativas à situação de seus investimentos conjuntos, eles passavam um dia inteiro discutindo a situação das suas relações e como resolver outras questões críticas que surgiam no decorrer da parceria. Em resumo, eles estavam fazendo um investimento considerável e explícito em um contrato social positivo. Por volta de 1992, essa parceria ficou ainda mais próxima quando a Ford adquiriu 50% da empresa, bem como o controle de gestão da fábrica americana da Mazda. Nessa época, as duas empresas haviam trabalhado juntas em dez modelos, 25% dos modelos da Ford vendidos nos Estados Unidos possuíam componentes da Mazda, e 40% de todos os modelos da Mazda que possuíam componentes da Ford.[2]

Quando a Mazda entrou em crise no meio da década de 1990, o contrato social positivo construído em duas décadas permitiu um desenvolvimento notável. Incentivada pelo Banco Sumitomo, o principal credor da Mazda, a Ford acabou assumindo o controle da Mazda, através da compra de ações. Um executivo da Ford, Henry Wallace, foi nomeado presidente da empresa japonesa de US$ 19 bilhões. Contratado especificamente para executar uma virada na empresa, Wallace foi o primeiro estrangeiro a administrar uma grande empresa japonesa, situação que seria impensável, não fosse o contrato social construído ao longo dos anos.[3] E em 1999, Mark Fields, também estran-

---

[1] Para saber mais sobre este exemplo, veja M. Y. Yoshino and U. S. Rangan, *Strategic Alliances: An Entrepreneurial Approach to Globalization* (Boston: Harvard Business School Press, 1995), 30–32 e 48–58.

[2] Veja "The Partners," *BusinessWeek*, February 10, 1992, citado em Yoshino and Rangan, *Strategic Alliances*, 30.

[3] Ibid., 32, 48–58, e 108; e em comunicação estabelecida com nosso colega da Harvard Business School, Ashish Nanda.

geiro, com 38 anos de idade, extremamente jovem para um posto de direção no Japão, assumiu a direção para continuar com o trabalho de *turnaround*.[4]

As mudanças na relação entre o fabricante de calçados Timberland e a iniciativa jovem urbana da City Year também ilustra as vantagens potenciais do desenvolvimento de contratos econômicos e sociais. O relacionamento entre essas duas organizações começou com uma proposta meramente filantrópica: uma doação de 50 pares de botas Timberland para a City Year. Como disse Jeff Schwartz o responsável pelo setor de operações (COO) da empresa: "A nossa expectativa era de um bilhetinho dizendo muito obrigado, nada mais".

O nosso colega da Harvard Business School, Jim Austin, descreve como essa pequena colaboração cresceu e acabou se tornando uma relação pautada por outras transações, envolvendo expectativas compartilhadas para acordos mutuamente benéficos como *marketing* relacionado a causas, patrocínio de eventos e projetos comunitários organizados pela City Year para os funcionários da Timberland.[5]

Finalmente, o relacionamento tornou-se o que Austin denomina "integrativo", com a expectativa de uma crescente expansão de conexões pessoais e organizacionais, bem como um compartilhamento de missões e valores organizacionais. Os executivos da Timberland começaram a fazer parte do quadro de diretoria da City Year, enquanto a City Year ofereceu diversidade e treinamento para constituição de equipes à empresa. O serviço comunitário se tornou parte da estratégia e da cultura da Timberland, com incentivos para os funcionários praticarem ações comunitárias de até 40 horas por ano, pagas pela empresa.

Enquanto isso, a Timberland auxiliou a City Year no financiamento, operações e recrutamento de outras empresas para permitir a expansão de suas operações nacionalmente. Assim como com a Ford e com a Mazda, a abertura da possibilidade de uma maior evolução no acordo criou grande valor para ambos os lados.

O ponto principal: enquanto muitos acordos negociados são limitados por prazos e tarefas, outros tipos não devem ser considerados tão fechados ou estáticos. Você deve estar aberto ao monitoramento do sucesso de um acordo e à reavaliação dos seus termos no decorrer do tempo. Este capítulo mostra como isso pode ser feito.

Faça o *design* de seus negócios de forma a acomodar mudanças previsíveis

Às vezes você pode ver a mudança vindo e pode trabalhá-la dentro das estruturas dos seus acordos. Para ilustrar esse ponto, gostamos de contar a história da Benetton, a empresa italiana de roupas, que conseguiu entrar em novos mercados no decorrer dos anos. Ela fez isso seguindo uma seqüência de passos previsível:

---

[4] Veja G. Witzenburg, "Mazda Man: Mark Fields Hopes to Work His Mazda Magic on Ford's Premier Automotive Group," *Automotive Industries*, November 2000, http://www.ai-online.com/issues/article_detail.asp?id=614.

[5] Este exemplo, as citações e os três estágios (filantrópico, transacional e integrativo) são tirados de James E. Austin, *The Collaboration Challenge: How Nonprofits and Businesses Succeed Through Strategic Alliances* (San Francisco, Jossey-Bass, 2000), 19-39.

N. de T.: COO-chief operations officer.

1. Estabelecer um agente local para desenvolver licenciados para os produtos da Itália.
2. Desenvolver uma capacitação* de produção local.
3. Parceria com uma firma local para um maior desenvolvimento do mercado.
4. A compra do parceiro local, o qual tipicamente continua tendo um papel significante.
5. Integrar essa subsidiária estrangeira na rede global da Benneton.[6]

Se você *sabe* que provavelmente seguirá um processo de cinco passos em uma abordagem por etapas, faz muito mais sentido desenvolver contratos sociais e econômicos com parceiros locais que possuem expectativas claras a respeito dessa trajetória planejada e que incluem mecanismos formais para alcançar esses resultados. Esses mecanismos podem incluir: critérios de aquisição de controle e cronogramas, métodos de avaliação, expectativas mútuas escritas e papéis pós-aquisição do controle da empresa.

Antecipe a aquisição do controle da empresa ou a saída

Construir cláusulas para aquisição do controle da empresa ou para saída podem soar como senso comum. Mesmo assim, não é incomum ver empreendimentos conjuntos entre multinacionais e locais saírem dos trilhos justamente nestes pontos críticos. Em muitos casos, o parceiro local se sente chocado e traído quando, após alguns anos de operações conjuntas bem-sucedidas, o seu parceiro multinacional lança mão de uma iniciativa "inesperada" de aquisição de controle. O parceiro local pode se sentir merecedor de um papel importante no empreendimento agora bem-sucedido. Entretanto, nesse ponto, a empresa multinacional já desenvolveu uma compreensão do mercado local, forjando as suas próprias relações com o cliente e com outros canais. A partir da sua perspectiva restrita, o parceiro local é um aliado muito menos útil, e pode até mesmo se constituir em um obstáculo.

O ponto é *antecipar* e *articular* o que você sabe que está por vir. Nenhuma empresa privada de investimento (*equity*) ou empresa de capital de risco (*venture capital*) investiria sem negociar claras expectativas de saída quando pontos acordados são obtidos ou quando as circunstâncias assim exigem, porque esta é a maneira que a empresa faz negócio. Em geral, parcerias e acordos de empreendimentos conjuntos devem incluir cláusulas de término e de saída cuidadosamente elaboradas e que vão ao encontro das contribuições e do valor adicionado pelas partes e pelas mudanças no decorrer do tempo.

É fácil incorporar cláusulas "tudo-ou-nada", do tipo uma parte diz um preço e a outra parte pode comprar e vender de acordo com o valor estabelecido. Entretanto, dependendo da situação, essas cláusulas podem não funcionar (casos envolvendo pro-

---

[6] Somos gratos a Ashish Nanda por esse exemplo.
* N. de R. T.: Em inglês, *capability*.

priedade intelectual, clientes em comum, etc.). Na verdade, esse tipo de mecanismo pode muitas vezes encorajar um comportamento oportunístico, por exemplo, quando uma parte está sem liquidez e a outra parte usa esse fato para pressionar. Contratos padrão de compra e venda, ou a cláusula da arbitragem em um contrato, muitas vezes são inadequados às reais necessidades de uma separação. Existem cláusulas de saída mais sofisticadas que fornecem procedimentos e cronogramas para compensar cada uma das partes pelas contribuições de ativos e para alocar ativos compartilhados, como relação com os clientes e propriedade intelectual. Elas podem ir além de processos e fórmulas de avaliação e abrangem questões como mediações estruturadas, arbitragem e outros mecanismos de resolução de disputas.

Tais mecanismos devem ser cuidadosamente trabalhados frente aos objetivos das partes em cada caso específico. Por exemplo, alguns empreendimentos conjuntos com opções explícitas para uma parte adquirir partes de outra no decorrer do tempo são na verdade entendidos como processos de venda em etapas, acontecendo de fato depois que as partes se tornaram mais familiarizadas umas com as outras, alcançando as metas estipuladas. Sem cláusulas bem desenvolvidas, e expectativas mútuas claras, essas configurações podem conduzir a situações de impasse, em que cada uma das partes pode fazer manobras para melhorar a sua posição. Em casos onde o empreendimento foi bem-sucedido, por exemplo, o parceiro de produção pode ser forçado a assumir o controle do outro parceiro de *marketing* a um preço muito mais alto do que seria necessário se as cláusulas de saída tivessem sido negociadas previamente.

Como o seu parceiro em potencial avaliará essa situação? Não existe melhor momento que o início de uma relação, quando tanto o otimismo e a boa vontade estão em alta, para discutir o fim da relação. É extremamente útil ter pessoas negociando as cláusulas de saída que sejam diferentes das que estão trabalhando nas metas de curto prazo do novo empreendimento.

Antecipe mudanças de atitude

Enquanto negociadores precavidos geralmente constroem mecanismos de saída e de aquisição do controle da empresa nos seus acordos, eles podem não prestar muita atenção a mudanças prováveis nas *atitudes* de uma ou mais das partes no decorrer do tempo, atitudes que podem não estar ajustadas com o contrato econômico, podendo até potencialmente diminuir o valor do acordo.

Por exemplo, os fundadores e financiadores de novos empreendimentos tipicamente antecipam um período de cooperação, durante o qual eles terão um interesse comum em fazer com que a empresa cresça e desenvolva mais valor. Ambas as partes podem encontrar pontos em comum na negociação de investimentos iniciais de capital ou em estratégias de *marketing* com resultados a longo prazo. Entretanto, no decorrer do tempo, os investidores começam a esperar por uma venda de ações (IPO – *initial public offering*) e se tornam menos entusiasmados com os investimentos que não têm retorno imediato de baixo risco. Nesse meio tempo, os fundadores podem permanecer com uma atitude de entusiasmo e comprometimento com o crescimento e investimentos de longo prazo.

Investidores experientes (e mesmo alguns empreendedores que montaram empresa) antecipam essa provável divergência de interesses e buscam incorporar, desde o início, essa visão mais abrangente no contrato social, antecipando possíveis mudanças de atitude. Eles lembram uns aos outros desde o início como mudam os interesses no decorrer do tempo, principalmente os econômicos, em casos com esse e a importância de entender essas diferenças como estruturais, ao invés de pessoais. Em outras palavras, mesmo que existam boas cláusulas contratuais para governar investimento e saída, uma negociação consciente do contrato social pode ser extremamente benéfica.[7] Para melhor explorar esse ponto, examinaremos dois casos, negociados por diferentes investidores durante o mesmo ano, nos quais atitudes subseqüentes frente ao acordo desempenharam papéis centrais.

O primeiro caso envolve um grupo de proeminentes pediatras que estavam procurando financiamento e outros auxílios para produzir uma série de CDs inovadores sobre questões de criação dos filhos. Um investidor de capital de risco forneceu o capital em troca de participação elevada na nova empresa, que concentraria todos os esforços dos médicos nessa área de negócios. O investidor ajudou os médicos a criarem um CD de demonstração, escreveu um plano de negócio e desenvolveu o material de *marketing*, levando o CD *demo* e o plano à atenção das pessoas interessadas de grandes empresas produtoras de *software*.

Pouco tempo depois um grande número de produtores demonstrou bastante entusiasmo, os médicos, por sua vez, surpreenderam o investidor argumentando que ele "possuía uma participação elevada da empresa", e que as "suas idéias e reputação *eram* a própria companhia", e que ele deveria voluntariamente reduzir a sua participação. Devido ao trabalho duro de tirar a iniciativa do chão e da sua vontade de investir dinheiro quando o conceito do negócio estava somente no papel, ele ficou arrasado. Quando os esforços para a resolução dessa questão chegaram a um impasse, a nova empresa perdeu força e os médicos não conseguiram desenvolver as suas idéias em nenhum outro lugar.

Qual foi a raiz do problema? Os dois lados não tinham uma visão clara de como iriam agir se os seus esforços fossem bem-sucedidos. Eles negligenciaram trabalhar diferentes cenários para testar o que seria justo para cada parte após a comprovação tentativa inicial do conceito ter sido atingida. E, de fato, parecia relativamente provável que depois que o risco do investimento estava feito e a companhia começasse a atingir as suas metas, os médicos perceberiam o investidor como menos crítico ao processo. O investidor deveria ter investido tempo antes de firmar um contrato social, esclarecendo as expectativas das duas partes sobre o que aconteceria caso o empreendimento desse certo, e alterando os dados econômicos, caso isso se fizesse necessário.

Em contraste com esse impasse destruidor de valor, o nosso segundo exemplo envolve um investidor em potencial abordado por um banqueiro comercial que financiava diretores de cinema independentes, normalmente um negócio de alto risco. Esse banqueiro, entretanto, havia conseguido lucrar ou, pelo menos, ressarcir os custos de

---

[7] Esse exemplo foi sugerido pela nossa colega da Harvard Business School, Myra Hart.

produção, em todos os seus 41 projetos realizados. Este sucesso se dera devido à sua rede de contatos mundiais, a quem ele vendia antecipadamente os direitos dos filmes, assegurando outras fontes de lucro.

Agora, insatisfeito com a sua renda como funcionário do banco, estava planejando seguir por sua própria conta, buscando um investimento de US$ 18 milhões em uma nova empresa de financiamento de filmes para complementar os US$ 2 milhões que ele próprio investiria. Ele ofereceu ao investidor em potencial 90% da nova empresa. A análise feita pelo investidor projetava uma taxa de retorno anual de *100%* sobre o investimento. Que ótimo negócio!

Porém, o investidor em potencial recusou essa oferta. Ao invés, ele fez uma contra-proposta, que era ainda *mais* lucrativa para o banqueiro e *menos* para ele. O que estava acontecendo aqui? O investidor fez os cálculos e percebeu que, dentro de dois ou três anos, ele poderia "ficar no lugar do banco", fornecendo pouco mais que "fundos tipo *commodity*". Assim, o banqueiro-que se tornou-empresário buscaria novas fontes de capital mais baratas. Portanto, a contra-proposta do investidor continha uma série de opções pautadas por resultados. Por exemplo, o banqueiro recebeu o direito de recompra de parte do patrimônio líquido a um custo relativamente baixo após o investidor receber os primeiros US$ 5 milhões. Após, outra opção de recomprar de mais patrimônio líquido após o investidor ter recebido os próximos US$ 5 milhões, e assim por diante. Em cada um desses pontos, de acordo com essa estrutura de acordo, seria de interesse do banqueiro *ficar no relacionamento*, ao invés de começar por conta própria novamente.

A projeção da taxa de retorno anual do investidor nessa ofera estava agora próxima dos 30%. Porém, ele preferia um retorno de 30% que ele *realmente* recebesse do que um acordo de longo prazo de 100% de retorno contendo as sementes da sua própria destruição.

O primeiro acordo descrito, sobre os CDs a respeito de criação dos filhos, não levou em conta a provável reação psicológica dos médicos em relação ao sucesso do empreendimento. O segundo caso, acomodava mudanças razoavelmente previsíveis nas circunstâncias e atitudes prováveis. Quando o capital humano é um ponto-chave para o sucesso, a combinação do contrato econômico com as mudanças previsíveis de poder no decorrer do tempo é um fator vital no processo. Assim como também é vital uma discussão explícita a respeito da natureza e da duração da relação, com o objetivo de estabelecer um forte contrato social.

Antecipe choques externos e seus efeitos nas atitudes

Agora veremos alguns casos nos quais as atitudes foram afetadas por circunstâncias externas, colocando o acordo em risco.

No início dos anos 1970, quando os preços do cobre subiram de modo global, o valor da produção das minas de cobre Bougainville da Rio Tinto Zinc (RTZ) em Papúa, na Nova Guiné, também acompanhou o aumento do preço do cobre. Porém, em vez de aumentar o preço das ações da RTZ, esses eventos acabaram causando uma *baixa* no preço das ações.[8]

Por que o preço das ações *caiu* em resposta a essas boas notícias? Porque os investidores imaginaram o que provavelmente iria acontecer a seguir. O contrato entre a RTZ e o país no qual estavam as minas era relativamente inflexível e não incluía provisões relativas a ganhos inesperados. Isso queria dizer que a RTZ estava tendo maiores lucros do que o esperado quando as duas partes negociaram o contrato. Conforme a previsão do mercado, uma Nova Guiné insatisfeita logo forçou uma dura renegociação com a RTZ, o primeiro passo de um processo de expropriação. Um arranjo de compartilhamento de ganhos mais flexível, estruturado de forma a prever que lucros inesperados fossem compartilhados com o governo, teria com certeza sido uma escolha muito melhor para a RTZ.

Um conjunto de contratos de eletricidade igualmente insustentáveis foram assinados no pico da crise elétrica em 2001 na Califórnia, quando os preços da energia elétrica estavam nas nuvens e o estado estava desesperado. A Calpine e outras empresas de energia elétrica negociaram acordos com preços elevados com o estado, avaliados em US$ 15 bilhões.[9] Quando o mercado esfriou, esses contratos relativamente inflexíveis se tornaram uma grande questão política. A pressão para uma renegociação se intensificou conforme várias figuras políticas buscavam maneiras de invalidar esses acordos e pressionar as empresas. Como anunciou o diretor de questões legais do governo da Califórnia: "Nós vamos atrás dessas pessoas, de uma maneira ou de outra".

Como parte da renegociação do contrato, a Comissão de Utilidades Públicas do estado teve uma votação de 5-0 para a retirada da sua petição aos reguladores federais para declarar estes contratos como sendo considerados ilegais com a alegação de que essas empresas haviam manipulado o mercado da energia elétrica. O procurador do estado negociou um acordo multimilionário para retirar a investigação quanto às práticas de preço das empresas. Quando a poeira baixou, os contratos da Calpine tinham sido reduzidos de 20 para dez anos, e o valor estimado de todos os contratos de todas as companhias de energia foi reduzido em US$ 3,5 bilhões. Certamente uma série mais flexível de contratos teria evitado todo esse penoso exercício legal e regulatório de intensa publicidade, e gerado melhores resultados econômicos para as empresas.

Você poderia argumentar que esses são casos extremos. Mas de fato, *todos* os tipos de contratos podem deixar de funcionar da maneira esperada dependendo das circunstâncias externas. Ao invés de permitir que tais eventos forcem uma reconsideração emergencial, é bom considerar cuidadosamente a sustentação do acordo em uma ampla

---

[8] Veja J. S. Hammond and G. B. Allan, "Bougainville Copper Ltd. (B)," Caso número 174104 (Boston: Harvard Business School, 1974); idem, "Bougainville Copper Ltd. (C)," Caso número 175071 (Boston: Harvard Business School, 1974); idem, "Bougainville Copper Ltd. (D)," Caso número 175072 (Boston: Harvard Business School, 1975); e idem,"Bougainville Copper Ltd. (E)," Caso número 175204 (Boston: Harvard Business School, 1975).

[9] Informações sobre essa situação e as fontes das citações a seguir podem ser encontradas em T. Reiterman and V. Ellis, "State Reworks Deals With 5 Power Firms," *Los Angeles Times*, April 23, 2002, http://www.caltax.org/LATimes4-23-02.pdf; e B. C. Esty and M. Kane, "Calpine Corp.:The Evolution from Project to Corporate Finance", Caso número 9-201-098 (Boston: Harvard Business School, 2003).

variedade de possibilidades. Em outras palavras, é útil estruturar os contratos sociais e econômicos para antecipar os resultados que podem ser insustentáveis.

Dito isso, ofereceremos uma advertência: não incorpore características de *design* que terminem por acionar os próprios eventos que você está buscando evitar. Por exemplo, algumas empresas que trabalham com mineração, muito preocupadas com o risco de renegociação ou expropriação, exigem maiores retornos a curto prazo para contrabalancear esses riscos. Essa pode ser uma abordagem errônea. Em alguns casos, um retorno mais alto chama a atenção do próprio governo, conduzido à pressão para a renegociação.

Acordos "multiplex" para a proteção contra possíveis vulnerabilidades

Elaborar um acordo com uma única parte sobre uma única questão configura-se como o que chamamos de um arranjo *simplex*. Esse tipo de acordo se mostra por vezes extremamente vulnerável. Por exemplo, a implementação do acordo de Camp David com o objetivo de normalizar completamente as relações Egito-Israel dependia do comprometimento contínuo de dois indivíduos em particular: Anwar Sadat e Menachem Begin. Quando Sadat foi assassinado, o espírito do acordo foi perdido, permanecendo somente o que estava no papel e sobrou uma "paz congelada".

Embora em um âmbito diferente, o mesmo aconteceu quando Ben Cohen e Jerry Greenfield negociaram a venda da sua empresa de sorvetes, focada em ação social responsável, Ben & Jerry's, para a Unilever. Eles se sentiram confiantes com a venda devido à simpatia que o representante da Unilever, demonstrou pela sua estratégia nada convencional. Porém, quando aquele executivo saiu da empresa, após a aquisição, os vendedores sentiram que a sua firma era agora refém dos valores bem diferentes de uma multinacional.[10]

Para reduzir a sua vulnerabilidade aos caprichos (e saúde) de partes individuais, considere uma estratégia de negociação que aprofunde e amplie o comprometimento com o acordo. Fazer um processo *multiplex* significa adicionar mais partes, mais questões, ou as duas coisas. Por exemplo, altos executivos em empresas de consultoria muitas vezes dependem primariamente das suas relações com os diretores das empresas clientes. Essas relações acabam conferindo grande poder para os consultores *top*. Porém se o diretor deixar a empresa, a firma de consultoria corre o risco de perder o seu madato. É mais sábio (embora muitas vezes menos eficiente) para os consultores negociar uma crescente teia de envolvimentos e dependências dentro da corporação que estão atendendo.

Obviamente isso é verdadeiro para todos os tipos de empresas. Um cliente nosso, executivo da indústria manufatureira, sai para jantar com diversas pessoas de uma

---

[10] Veja, e.g., D. Gram, "Ben of Ben & Jerry's Bemoans Betting on Big-Business Benevolence," *South Coast Today-Standard Times*, December 3, 2000, http://www.s-t.com/daily/12-00/12-03-00/d01bu111.htm; e JKM, "Icy Goodbye from Ben and Jerry," MotherJones.com, January 4, 2001, http://www.motherjones.com/news/mustreads/2001/01/010401.html.

organização que é sua cliente, mas também procura ampliar outros tipos de relacionamentos. Ele faz o elo entre a empresa desse cliente com outras empresas qe pertencem ao grupo no qual ele trabalha, investe dinheiro em uma série de projetos conjuntos e promove encontros com outros clientes importantes – tudo com o objetivo de desenvolver múltiplos pontos de contato.

Estratégia semelhante pode ajudar em negócios que são quase *commodities* e, por isso, estão sujeitos a serem derrotados por um melhor preço oferecido por um terceiro. Ao estreitar os laços com a operação do cliente e oferecer um leque de serviços customizados, como fez a Sweetheart com o McDonald's e a Geórgia-Pacific, o negócio gera alto valor para os dois lados e é muito mais sustentável diante de um ataque da concorrência baseado apenas em preço. Será mais difícil para o concorrente bater as vantagens oferecidas, e o cliente terá um custo mais alto de mudança.

Faça com que "contratos inseguros" sejam seguros

No Capítulo 3, discutimos a importância de continuar o monitoramento do balanço de *deal/no deal* após a assinatura do acordo. Agora, veremos uma ampla classe de acordos nos quais o monitoramento e medidas preventivas são particularmente importantes: nós os chamamos de *contratos inseguros*.[11]

Essa categoria de acordos envolve movimentos irrevogáveis ou difíceis de reverter de um dos lados que oferecem ao outro lado a oportunidade, e até o incentivo, de terminar ou renegociar o acordo favoravelmente. O acordo é negociado desde o início em um conjunto de termos, mas uma vez que o projeto esteja acabado e os custos efetivados, esses termos se tornam vulneráveis. Essa situação se torna um problema quando os sistemas legais não podem servir como referência para assegurar o compromisso assumido a longo prazo.

Para um exemplo mais familiar de um contrato inseguro, digamos que a sua família concorda em pegar o cachorrinho que a sua filha de 14 anos vinha insistindo em adotar. Porém, somente *com a condição* de que ela vai se responsabilizar completamente pela sua alimentação e pelas caminhadas com ele. O que acontece caso ela falhe em cumprir com a sua parte do contrato? Você fica num beco sem saída.

Digamos que a sua firma gaste tempo e dinheiro no treinamento de alguns funcionários importantes em habilidades de alto valor no mercado, sem contratos de longo prazo ou acordos de não competição. O que acontece se eles foram embora?

Quando você se depara com um contrato potencialmente inseguro, precisa tomar medidas para assegurá-lo. As negociações da Bougainville descritas anteriormente, assim como outros acordos de mineração, sugerem alguns passos que devem ser dados para assegurar contratos potencialmente inseguros. Estes podem incluir:

---

[11] Escrevemos sobre os contratos inseguros em mais detalhe, veja D. A. Lax and J. K. Sebenius, "Insecure Contracts and Resource Development," *Public Policy* 29, no. 4 (1981): 417–436. Para maior ênfase na questão da sustentabilidade, veja D. A. Lax and J. K. Sebenius, *The Manager as Negotiator: Bargaining for Cooperation and Competitive Gain* (New York: Free Press, 1986), 276–289.

- **Prevenção**. Faça contratos mais flexíveis (com contingências de compartilhamento dos lucros que sejam menos prováveis de ativar pressões políticas de renegociação).
- **Garantias de desempenho (*Performance bonds*)**. Insista na inclusão de uma garantia ou título a ser cumprido caso haja uma expropriação ou renegociação forçada.
- **Conexões**. Faça acordos multiplex envolvendo outros participantes com conexões valiosas com a outra parte (ONGs, seguradoras, governos, empresas globais, partes externas industriais e financeiras, parceiros locais influentes).
- **Detectar e evitar**. Se o problema parece insustentável desde o início, não invista em primeiro lugar, ou pelo menos invista com expectativas de retorno realisticamente reduzidas.

Vamos ver um outro tipo de contrato potencialmente inseguro. Suponha que a sua firma empregue funcionários de alto nível que têm como tarefa o desenvolvimento de contatos externos. Essas relações podem incluir administradores, banqueiros, advogados, vendedores e consultores. Conforme esses indivíduos cultivam assiduamente clientes importantes, a sua firma pode estar em maior risco de "depender (*holdup*)" desses indivíduos, que podem ameaçar sair e levar os principais clientes com eles.[12]

O que fazer? Se a ameaça já está na mesa, pode ser tarde demais para consertar o problema. Aqui estão algumas medidas importantes:

- *Reconheça a característica estrutural da situação que tende a deixar esses contratos inseguros* (ex: o crescimento de "ativos" específicos por parte dos funcionários e de relacionamento, competidores vorazes, etc.). Monitore ativamente tanto a desafeição do funcionário quanto a atividade competitiva. Fique particularmente alerta em momentos de transições, promoções e grandes mudanças organizacionais.
- *Faça movimentos antecipatórios para configurar uma situação mais favorável*, movimentos que tornem a deserção e a dependência menos prováveis. Por exemplo, dê mais importância à lealdade demonstrada na contratação de profissionais. Utilize equipes ao invés de indivíduos, quando estiver trabalhando com clientes importantes. Faça uma rotação dos cargos e desenvolva processos para a captura de conhecimento.
- Com uma configuração mais promissora, *desenhe acordos que diminuam as chances dessas dependências acontecerem*. Por exemplo, negocie acordos de não-concorrência em determinadas situações. A justiça norte-americana não costuma aceitar acordos pré-concebidos; ela prefere contratos cuidadosamente negociados que incluem uma compensação explícita adicional em troca da concordância do empregado.
- *Dê um peso maior a acordos de longo prazo*, com benefícios significativos no decorrer do tempo e até mesmo "algemas douradas". Esses elementos podem influenciar o balanço de *deal/no-deal* de um funcionário-chave na direção da continuidade de um acordo.

---

[12] Somos gratos a Ashish Nanda por ter levantado essa questão e sugerir uma resposta criativa.

Em resumo, a melhor maneira de evitar contratos inseguros é moldando favoravelmente tanto a configuração quanto o *design* do negócio. Após feito isso, o truque está em monitorar o balanço de *deal/no-deal* continuamente para assegurar que ele permanece inclinado para o cumprimento do acordo. Dessa maneira, você está prevenindo as dependências e outras formas de deserção, e ao mesmo tempo estará em uma posição de negociação muito mais forte caso qualquer uma dessas perturbações ocorram.

- Muitos dos movimentos descritos nos capítulos anteriores fazem muito mais do que criar um processo positivo, construir bons relacionamentos de trabalho e preparar o terreno para bons resultados. Esses movimentos podem aumentar a sustentabilidade dos acordos, face a mudanças significativas, tanto internas quanto externas.
- Embora muitos acordos tenham um prazo e propósitos limitados, pode ser um equívoco tratar contratos econômicos e sociais como algo fixo e estático. Muitas vezes, a probabilidade de novos desafios e oportunidades exige uma abertura para mudanças – o que, por sua vez, pede acordos concebidos para uma evolução lucrativa.
- Pense na provável evolução dos acordos e nas atitudes que os acompanham. Faça o *design* de negócios econômicos e negocie expectativas de forma a antecipar produtivamente mudanças previsíveis nas circunstâncias.
- Se possível, evite negociações e acordos simplex, pois tendem a ser excepcionalmente frágeis. Considere a possibilidade de fazer acordos multiplex com as partes e as questões de um acordo potencialmente vulnerável, ampliando e aprofundando as suas coalizões de suporte, tecendo uma teia de interesses que seja difícil de desalojar.
- Após o acordo ter sido feito, mantenha um olho em possíveis mudanças adversas no contínuo balanço de *deal/no-deal*.
- Em especial, tome cuidado com os contratos potencialmente inseguros, acordos que, quando uma das partes faz um movimento irrevogável ou custoso para reverter, então a outra parte tem um incentivo para sair do acordo.
- Para fazer com que contratos inseguros fiquem mais seguros, considere:
  - Movimentos na configuração para fazer com que a situação fique mais sustentável.
  - Movimentos de *design* do negócio centrados na prevenção; por exemplo, contratos contingentes ou mais flexíveis, garantias de desempenho *(performance bonds)*, conexões e contratos multiplex, bem como diversos mecanismos de compromisso *(compliance)*.
- Em alguns casos, a melhor prevenção é simplesmente ficar de fora do negócio.

CAPÍTULO 11

Negocie o Espírito do Acordo

Os negociadores mais experientes se sentem confortáveis ao negociar os termos de um contrato econômico – barganhando o melhor preço, discutindo a divisão do patrimônio ou decidindo cláusulas de saída. Em outras palavras, quando chega a hora de colocar o acordo no papel, eles são especialistas. Nossa experiência revela, no entanto, que esses mesmos profissionais dão pouca importância ao *espírito* do acordo, ou ao que chamamos de *contrato social*. Um dos resultados dessa falta de atenção é que, mesmo que as duas partes concordem com os termos do contrato, elas podem possuir diferentes expectativas a respeito do cumprimento das cláusulas. Ao deixar de fazer um verdadeiro "encontro de expectativas" entre as partes, os negociadores podem promover o fim do negócio.[1] Fazer o *design* apropriado do negócio significa ter no papel um contrato que capte o seu espírito.

Veja o que aconteceu com uma *joint venture* lançada por uma organização nacional de hospitais e uma rede regional de assistência à saúde. Executivos das duas organizações concordaram que, em dois de seus hospitais, geograficamente muito próximos um do outro, ambos estavam construindo instalações redundantes e competindo tanto por médicos como por pacientes. Em um esforço para resolver o problema, negociaram uma *joint venture* para administrar os dois hospitais e comprar ou construir estabelecimentos naquele mercado. Os parceiros criaram um sistema de governança, indicaram gestores e ofereceram incentivos para maximizar os lucros do empreendimento, que seriam então compartilhados entre as duas partes.

Apesar do apelo econômico, o acordo não foi adiante. Principalmente pelas diferenças não reveladas em relação ao propósito do empreendimento conjunto. O con-

---

[1] Somos especialmente gratos ao nosso colega, Ron Fortgang, com o qual publicamos algumas idéias conjuntas a esse repeito; veja R. S. Fortgang, D. A. Lax, and J. K. Sebenius, "Negotiating the Spirit of the Deal," *Harvard Business Review*, February 2003, 66–75. Com permissão, esse capítulo é baseado naquele artigo. Ashish Nanda ajudou muito no desenvolvimento dessas idéias.

trato que haviam negociado e assinado com tanto entusiasmo não refletia os objetivos fundamentais das duas partes.

Como é possível que isso aconteça? Vejamos este fracasso a partir de duas perspectivas. Como a rede nacional tinha somente um hospital naquela área, ela insistia que a *joint venture* operasse os dois estabelecimentos – não que fosse proprietária de ambos. A rede não queria adotar medidas de economia como a eliminação de departamentos redundantes, mesmo que estivessem previstas no contrato entre as partes, porque receava que a *joint venture* pudesse acabar algum dia. E, nesse caso, seu hospital, com uma oferta reduzida de serviços, perderia competitividade.

Executivos da rede regional, em comparação, viam o empreendimento conjunto como uma forma de ampliar o seu alcance. Eles buscavam otimizar a eficiência da rede como um todo (incluindo o hospital da rede nacional), porém o contrato formal e os incentivos administrativos – de maximização dos lucros da *joint venture* – conflitavam com esses objetivos.

Se as partes tivessem entendido melhor os objetivos de cada um com o empreendimento, poderiam ter elaborado um acordo mais limitado e mais eficaz. Tal acordo ignoraria possíveis eficiências operacionais e estaria concentrado nos ganhos decorrentes de compras conjuntas e da construção de melhores instalações no seu mercado de atuação. Da forma como foi feito, todo um conjunto de expectativas subjacentes e um contrato inconsistente com essas expectativas transformaram o entusiasmo e os lucros potenciais em um monte de queixas.

Baseados na nossa participação e no estudo de centenas de negociações, junto com o grande número de trabalhos acadêmicos sobre contratos, acreditamos que o entendimento compartilhado do espírito do acordo – o contrato social – pode ser tão importante quanto o contrato formal escrito.[2] O termo *contrato social*, evocando os estudos de Locke e Rousseau, possui conotações políticas de grande alcance. Usamos

---

[2] Não somos os primeiros a empregar essas idéias dessa maneira, nossos colegas Richard Walton, Joel Cutcher-Gershenfeld e Robert McKersie exploraram os contratos sociais e econômicos negociados entre empregados e sindicatos, principalmente em momentos de mudança econômica, em *Strategic Negotiations: A Theory of Change in Labor-Management Relations* (Boston: Harvard Business School Press, 1994). Para visões acadêmicas sobre os contratos "relacionais" e "implícitos", veja S.Macaulay, "Non-Contractual Relations in Business: A Preliminary Study," *American Sociological Review* 28, no. 1 (February 1963): 55–67. Para uma visão da área da economia sobre esses contratos, veja O. Williamson, *Markets and Hierarchies* (New York: Free Press, 1975); e O. Williamson, *The Mechanisms of Governance* (New York: Oxford University Press, 1996); uma boa introdução pode ser encontrada em R. Gibbons, "Why Organizations Are Such a Mess (and What an Economist Might Do About It)," esboço de capítulo para a *Organizational Economics* (March 2000), http://web.mit.edu/rgibbons/www/; e G. Baker, K. Murphy, and R. Gibbons, "Relational Contracts and the Theory of the Firm," *Quarterly Journal of Economics*, 117 (2002): 39–83. Para estudos comportamentais a respeito de confiança, relações e contrato psicológico, veja C. Sabel, "Studied Trust: Building New Forms of Cooperation in a Volatile Economy," Capítulo 4 de *Explorations in Economic Sociology*, ed. R. Swedberg (New York: Russell Sage Foundation, 1993); B. Uzzi, "Social Structure and Competition in Interfirm Networks," *Administrative Science Quarterly* 42 (1997): 35–67; e D. Rousseau, *Psychological Contracts in Organizations* (Thousand Oaks, CA: Sage, 1995). Uma comparação e extensão dessas duas perspectivas pode ser encontrada em J. H. Dyer and H. Singh, "The Relational View: Cooperative Strategy and Sources of Interorganizational Competitive Advantage," *Academy of Management Review* (October1998): 660–679.

esse conceito de forma mais limitada, para explicar *as expectativas de duas ou mais partes no acordo*.

Essas expectativas a respeito do contrato social funcionam em dois níveis: o contrato social subjacente responde às perguntas "o quê?". Por exemplo, estamos trabalhando com uma série de transações ou com uma autêntica parceria? Uma aquisição ou uma fusão de iguais? Qual é a verdadeira natureza e duração do nosso acordo? O *contrato social em andamento*, por sua vez, responde à pergunta "como?". Como as decisões serão tomadas? Como vamos resolver as situações não-previstas, como vamos nos comunicar e resolver disputas?

Este capítulo examina os dois tipos de contrato social. Explora os problemas que surgem quando contratos sociais e econômicos não estão alinhados um com o outro. E, por fim, sugere formas de negociá-los de maneira que sejam fortes independentemente e se reforcem mutuamente.

O contrato social subjacente

Vamos olhar primeiro o contrato social *subjacente*. Muitos negociadores deixam o contrato social implícito, o que pode gerar muitos mal-entendidos e envenenar a relação. Em vez de discutir suas expectativas durante a negociação, as partes às vezes projetam suas próprias expectativas no negócio, sem falar sobre elas. Algumas pessoas, por exemplo, vêem um contrato como o ponto de partida para uma relação baseada na resolução de problemas. Dan Orum, diretor de operações da Oxygen Media, trabalha com esta abordagem. Segundo ele, "as cinco palavras que mais detesto ouvir nas minhas negociações são 'Isso não está no contrato'". Mas, e se o outro lado tem uma abordagem mais voltada para questões legais e percebe o contrato escrito como o ponto final? Sérias questões certamente vão surgir.

Suposições divergentes sobre autonomia *versus* conformidade também podem atrapalhar um negócio. Foi o que aconteceu com uma empreendedora que não esclareceu esse ponto antes de vender a sua butique a uma corporação extremamente entusiasmada com a compra. Ela concordou em continuar trabalhando na empresa por cinco anos após a venda, pois tinha fortes indícios de que seria essencial para liderar a evolução do negócio para o próximo nível, especialmente agora que seria turbinado pelo alcance, tamanho e pelos recursos da empresa compradora.

O executivo responsável pela operação, nesse meio tempo, compartilhava apaixonadamente da sua meta de transformar o conceito da butique em um empreendimento global. Estava convencido, porém, de que o resultado global somente seria alcançado se a nova divisão seguisse procedimentos corporativos altamente disciplinados. Pouco tempo depois do jantar comemorativo, quando a vendedora começou a receber grossos manuais sobre disciplina corporativa e a participar de longas palestras sobre quem comprou quem, ela começou a perceber a situação em que estava envolvida. Embora as provisões do contrato *econômico*, a parte escrita do contrato com as cláusulas econômicas, o processo de administração e outras questões, não fossem negociáveis, estava claro que não tinha havido um verdadeiro "encontro de expectativas" sobre o contrato social subjacente.

Empresas gigantes podem cometer os mesmos erros. Pegue como exemplo o caso da proposta de megafusão entre o Deutschebank e o Dresdner, que produziria o terceiro maior banco do mundo (com ativos de US$ 1,25 trilhão), fazendo com que muitos percebessem a proposta como um marco na transformação da indústria de serviços financeiros da Europa.[3] Os bancos planejavam fundir suas operações de varejo, fechando 700 filiais e se concentrando nos negócios corporativos mais lucrativos.

No decorrer das negociações, o presidente do Deutschebank, Rolf Breuer mencionou que essa era uma "fusão de iguais". Embora o novo banco levasse o nome do Deutschebank, a cor da empresa era para ser o verde do Dresdner. O presidente do Dresdner, Bernhard Walter, estava preocupado principalmente com a possibilidade do Deutschebank vender o Dresdner Kleinwort Benson (DrKB), a divisão de investimentos bancários que contribuiu em 1999 com mais de metade dos lucros antes do imposto de renda. Consciente dos receios do Dresdner, Breuer pronunciou palavras que brevemente iriam persegui-lo: "O [DrKB] é uma jóia e queremos manter essa jóia. Ele não vai ser fechado e nem vendido, e informações contrárias a esta não são verdadeiras". Satisfeito ao ouvir isso, Walter declarou: "Uma fusão significa combinar dois caminhos e transformá-los em um terceiro. Eu nunca tive dúvida que as coisas seriam diferentes."

Horas após o anúncio da fusão, o Deutschebank, aparentemente decidiu vender o DrKB, acreditando que a sua própria divisão de investimentos bancários tinha maior alcance global. Com a venda dessa unidade, Breuer aparentemente concluiu, o novo banco não teria de passar pelo longo e caro processo de integrar os 7.500 funcionários do DrKB. Quando o *staff* do DrKB soube dessa decisão (através de um artigo do *Financial Times* cuja fonte viria a ser chamada de o "homem-tocha"), entrou em estado de alerta. A reportagem mobilizou oponentes internos poderosos que bloquearam o acordo. Após um mês de negociações furiosas, protestos e esforços vãos de chegar a um compromisso, a fusão foi cancelada. Durante esse período de tempo, o preço da ação do Deutschebank caiu em 19%, queda semelhante à das ações do Dresdner. Novamente, vemos como a visão de uma parte em relação ao contrato social subjacente estava em conflito com a visão da outra parte, e essas pressuposições ajudaram a acabar com o negócio.

Visões divergentes acerca do contrato social subjacente costumam aparecer principalmente quando as partes têm divergências em questões básicas: pequeno *versus* grande, empresarial *versus* burocrático, centralizado *versus* descentralizado, finanças *versus* operações e assim por diante. Por exemplo, sérios conflitos de propriedade posteriores à aliança entre a Northwest Airlines e a KLM Royal Dutch Airlines foram muito menos uma disputa entre americanos e holandeses do que desacordos entre fo-

---

[3] Para mais informações sobre este episódio, veja "Torch That Sent a Deal Down in Flames," *Financial Times*, April 12, 2000, 22.

cos administrativos e tolerância ao risco. Pieter Bouew, presidente da KLM, salientou a importância de operações ajustadas e de uma administração financeira conservadora. Gary Wilson e Al Checchi eram investidores *high-profile*, aceitavam risco e haviam adquirido a Northwest em um processo de aquisição alavancada. Nem a concordância sobre os termos detalhados do contrato econômico resolveu as expectativas fundamentalmente diferentes sobre a maneira adequada de dirigir uma empresa aérea. O resultado, pelo menos nos anos iniciais, foi o que a *Fortune* chamou de "uma aliança do inferno".[4]

Discussões a respeito do contrato econômico têm a tendência de eclipsar as discussões sobre o contrato social, fazendo com que ele permaneça implícito e inexplorado. No *design* de um negócio, é importante se certificar de que as expectativas estão realmente sendo atendidas no contrato social subjacente. É um acordo de curto ou de longo prazo? Ele é aberto ou é focado em tarefas? Ele vai ser orientado pela produção ou pelo aprendizado? Acreditamos em um emprego para toda a vida ou enquanto for bom?

É fato que alguns empreendimentos são extremamente frágeis para resistir a esse tipo de escrutínio e discussão explícita. Às vezes os eventos acontecem rápido demais e acabam não permitindo o estabelecimento de um contrato social. Nestes casos, é bom pensar em um programa piloto. Imagine, por exemplo, duas empresas que querem o controle em um empreendimento conjunto. Pressionadas a resolver a questão no começo do negócio, elas provavelmente não firmariam acordo e abandonariam a mesa, deixando ali valor não-criado. Se elas pudessem, porém, concordar em um empreendimento-piloto com um controle compartilhado, mesmo que ambos acreditassem que deveria ser seu o controle final do empreendimento, o projeto-piloto poderia ajudar a construir a confiança na relação e na possibilidade de trabalharem juntas, alinhando expectativas e minimizando a preocupação com a questão do controle.

O segredo está em distinguir medidas de construção de confiança de falatórios sobre as diferenças fatais. Medidas de segurança são importantes. As conversas sobre diferenças, porém, podem ser desastrosas.

---

[4] Para mais detalhes, veja, e.g., S. Tully, "Northwest and KLM: The Alliance from Hell," *Fortune*, June 24, 1996, 64–71.

Fazendo a auditoria das percepções no contrato social subjacente

Para negociar pontos de vista verdadeiramente compatíveis, considere a possibilidade de fazer uma "auditoria" explícita e periódica das percepções de todos os lados. Segue uma amostra de um *checklist*:

- *Verdadeira natureza e propósito.* Você vê apenas uma transação ou uma parceria neste negócio? Uma fusão de iguais ou algo diferente? A construção de uma instituição de longo prazo ou um investimento financeiro? Você percebe uma orientação operacional na negociação? Ou orientação para a pesquisa? Ou *marketing*? Engenharia? E assim por diante.

- *Escopo e duração.* Você está concentrado em uma tarefa de curto prazo ou ela possui maiores implicações em um período mais longo de tempo? Pode ser o começo de um acordo ainda maior? Queremos ser informados a respeito de quais ações, ainda que estejam fora das fronteiras do negócio? E sobre quais queremos falar?

O contrato social vigente

O contrato social subjacente responde à pergunta *qual* é o acordo. Em contraste, o contrato social *vigente* indica *como* você e o outro lado irão interagir. As expectativas sobre a relação de trabalho são uma parte do "como". Todo executivo habilidoso compreende a importância de uma boa relação de trabalho para a realização dos potenciais do acordo. Como o ex-diretor da GO Technologies, Jerry Kaplan, disse:

> Os advogados tendem a confundir "o negócio", o entendimento entre as duas partes, com "o contrato", as palavras escritas na tentativa de capturar esse entendimento em determinado período do tempo. Palavras são ótimas para capturar algumas coisas, como por exemplo, as regras de um jogo de xadrez. Mas para outras coisas, como por exemplo, andar de bicicleta, elas não são de muita ajuda. O que faz com que os acordos funcionem não são as palavras escritas, mas... as relações pessoais entre os indivíduos encarregados de fazê-las funcionar.[5]

Esse é um ponto vital fácil de ser mal-entendido: o "contrato social" *não* é simplesmente um sinônimo para a "relação de trabalho". Embora o contrato social vigente *inclua* a relação de trabalho propriamente dita, ele não se restringe a ela. Ele possui outros elementos: expectativas mais amplas de como será a interação das partes, normas de comunicação, consulta e tomada de decisão, como os eventos imprevistos serão trabalhados, as condições e meios de renegociação e outros pontos similares.

---

[5] Jerry Kaplan, *Startup* (Boston: Houghton-Mifflin, 1995), 120.

É desnecessário dizer que o alinhamento das expectativas sobre esses fatores toma bastante tempo e concentração. Na verdade, bem antes da tinta do contrato secar, essas expectativas estão sendo negociadas tacitamente. Dick Allen, gerente da Sun Microsystems, supervisionava compras anuais de mais de US$ 1 bilhão por parte de vários fornecedores. Concentrou a sua atenção no contrato social vigente:

> [Allen disse que] *"tanto a Sun, quanto os seus fornecedores assinaram o acordo escrito e o colocaram em uma gaveta". Ele gosta de acordos de no máximo três ou quatro páginas, em oposição às 30 ou 40 páginas que a área jurídica prefere para cobrir todas as possibilidades. O Time de Commodity entende que a chave para uma relação bem-sucedida está na confiança construída durante anos e não nas palavras do contrato legal.*
> *...a Sun compartilha muitas informações tecnológicas e estratégicas com seus fornecedores. Essa relação não está baseada em contratos ou trocas monetárias durante a fase de desenvolvimento, está baseada no objetivo comum de trazer, de forma lucrativa, novas tecnologias para o mercado.*[6]

A maioria dos gerentes experientes valoriza muito mais a confiança, as boas relações de trabalho e as expectativas compartilhadas do que contratos altamente elaborados. Muitos estudos acadêmicos validam as vantagens que o entendimento "auto executável" e os contratos "relacionais" têm sobre os contratos legais explícitos. Em um mundo de rápidas mudanças, um contrato social positivo pode estimular o compartilhamento de informações e de *know-how* bem como diminuir os custos de adaptações mais complexas; permitir a rápida exploração de oportunidades inesperadas sem o custo e o atraso que a elaboração de um contrato completo teria e a redução dos custos das transações e de receios de exploração em geral.

Por exemplo, no seu extenso estudo de 1997 sobre fabricantes e fornecedores de automóveis da América do Norte e da Ásia, Jeffrey Dyer descobriu que os custos de transação das aquisições da General Motors eram duas vezes superiores aos da Chrysler e seis vezes maiores que os da Toyota. Os custos de transação da GM eram persistentemente maiores pelo fato dos fornecedores perceberem a GM como uma organização menos confiável.[7] Resultados de performances positivas análogas foram encontrados na indústria de equipamentos elétricos e nas empresas do Vale do Silício.[8]

Um contrato econômico produtivo muitas vezes pode obscurecer falhas do contrato social. Imagine, por exemplo, um fabricante global que faz parte de uma *joint venture* com um grande distribuidor local. A relação vai muito bem até o dia em que

---

[6] C. A. Hollaway, "Supplier Management at Sun Microsystems (A)," Stanford University Graduate School of Business Caso OIT-16A, March 9, 1996, 9, 12.

[7] J. H. Dyer, "Effective Interfirm Collaboration: How Firms Minimize Transaction Costs and Maximize Transaction Value," *Strategic Management Journal* 18 (1997): 553–556, citado diretamente de Dyer and Singh, "The Relational View."

[8] Dyer and Singh, "The Relational View" fornece uma pesquisa excelente que cita e avalia um grande número de estudos que servem de base para as afirmações feitas neste parágrafo.

o fabricante aborda um outro distribuidor sobre a venda de uma linha diferente de produtos. Uma vez que o contrato econômico não mencionava nada sobre a distribuição de uma nova linha de produtos, o fabricante pensou que era perfeitamente razoável fazer uso de um outro distribuidor. Mas o distribuidor local esperava receber essa oportunidade e começou a pensar que o fabricante havia agido de má-fé. Suas suposições nunca foram esclarecidas e, com isso, a sua relação saiu prejudicada, embora não tenha havido quebra do contrato.

Esforços conscientes para moldar o contrato social, incluindo discussões explícitas sobre a maneira como as partes esperam se comunicar no decorrer do tempo, podem ajudar a resolver problemas desse tipo. Práticas diretas, como a criação de princípios operacionais regendo a confidencialidade, a troca de informações, a criação e a utilização de propriedade intelectual e sistemas de resolução de disputas podem ajudar a construir a confiança e a estabilidade necessárias para a concretização do acordo. Para minimizar o risco de uma debilitante divisão "nós-eles", as partes devem discutir explicitamente como as decisões serão tomadas quando os inevitáveis conflitos surgirem. Da mesma maneira, é importante negociar uma compreensão mútua das circunstâncias que poderiam provocar uma reavaliação ou mesmo uma renegociação do acordo e a forma como isso seria feito.

Empresas que assinam acordos de longo prazo, como *joint ventures* ou alianças estratégicas, muitas vezes despendem uma grande quantidade de tempo na negociação da parte inicial do contrato econômico. Depois de tanto esforço, é natural dedicar menos tempo para assegurar contratos sociais vigentes e subjacentes. Por isso é importante dedicar tempo ao contrato social antes que a exaustão se instale e que também seja negociada a situação do contrato social vigente.

A Ford e a Mazda, abordadas no capítulo anterior, fizeram um excelente trabalho administrando o contrato social vigente na sua relação.[9] Em 1969, os fabricantes de automóveis começaram uma incrível parceria estratégica, provocada pela necessidade da Ford de baixar seus custos de produção e pelo desejo da Mazda de entrar no mercado americano. Sérias disputas surgiram por causa das tensões políticas entre os Estados Unidos e o Japão, dos esforços para proteger tecnologia, das diferenças culturais, do *design* do produto e da seleção de material. Para lidar com esses problemas, os três principais executivos e seis chefes operacionais da Ford e da Mazda faziam encontros de três dias a cada oito meses. Os primeiros dois dias desses encontros eram devotados a estratégia e operações, e o terceiro era reservado para o alinhamento do contrato social, quando necessário.

Negociar o espírito do acordo exige moldar as atitudes e expectativas, porém processos tangíveis do negócio também possuem a capacidade de aumentar a produtividade e simultaneamente reforçar o contrato social vigente. (Veja "Fazendo a auditoria das percepções do contrato social vigente.") Por exemplo, a Bose Corporation se integrou intimamente com fornecedores chave, uma integração que se tornou fonte

---

[9] Fontes para o exemplo Ford-Mazda incluem M. Y. Yoshino and U. S. Rangan, *Strategic Alliances: An Entrepreneurial Approach to Globalization* (Boston: Harvard Business School Press, 1995), 30–32 e 48–58.

de vantagens competitivas. Muitos dos fornecedores da Bose possuem "*in-plants*", ou seja, funcionários dos próprios fornecedores que trabalham na Bose em turno integral como vendedores, agentes de compra e planejadores, autorizados a agir em nome da Bose e do fornecedor.[10] As vantagens de coordenação são tentadoras, assim como as oportunidades de realinhamento diário das expectativas mútuas e de fortalecimento do contrato social.

O contrato social: os fatores de risco

Os fatores de risco mais comuns por trás do contrato social são (1) a falta de percepção e (2) a negligência benigna. Sendo discutidas ou não, as expectativas têm o poder de moldar a forma como o acordo será conduzido. Mesmo se inicialmente são compatíveis, as suposições podem mudar silenciosamente em reposta às ações tomadas. Bandeiras vermelhas devem ser hasteadas diante de fatores de risco que fazem do encontro de expectativas uma tarefa desafiadora: culturas diferentes, reuniões das "mentes erradas" e poucos negociadores iniciais para garantir expectativas amplamente compatíveis.

Fazendo a auditoria das percepções do contrato social vigente

Considere a opção de fazer uma "auditoria" explícita da percepção de todos os lados do contrato social vigente e de manter ações com o objetivo de assegurar que essa percepção seja positiva. Aqui está um exemplo de *checklist*:

- **Consulta.** Com que freqüência, o quanto, com quem e o quão formalmente e freqüentemente cada um dos lados espera se comunicar com o outro? Como ficam as ações fora do acordo? Com que extensão as ações devem ser protegidas e compartilhadas?

- **Tomada de decisões.** Além de mecanismos de governança formais, de que outra forma serão tomadas as decisões? Por meio de consenso? Maioria? Informalmente? Formalmente? Envolvendo quais partes? Em que níveis? Fora ou dentro do acordo?

- **Resolução de disputas.** Além dos mecanismos formais especificados no contrato, como você espera lidar com os conflitos: em discussões informais, com mediação, arbitragem, ou no tribunal? O que fazer se os conflitos persistirem?

- **Reavaliação e renegociação.** Como você espera lidar com desafios inesperados (ex: mudanças na concorrência)? O que pode provocar uma reavaliação ou uma renegociação e o que cada um dos lados deve esperar do outro nesses casos?

---

[10] Veja N. Rackham, L. Friedman, and R. Ruff, *Getting Partnering Right* (New York: McGraw-Hill, 1995).

Quando os negociadores vêm de uma cultura diferente

O risco de pontos de vista divergentes acerca do contrato social subjacente aumenta quando as partes têm diferentes culturas organizacionais, profissionais ou nacionais. Muitas vezes, essas negociações geram suposições poderosas, que podem conduzir a posições opostas. Por exemplo, para muitos que fazem parte de culturas orientadas por questões legais, "um acordo é um acordo" e "um contrato é um contrato". Para outros, integrantes de culturas mais orientadas por relações, o acordo ou o contrato assinado é entendido como o *ponto de partida* de uma negociação.

Ming-Jer Chen, diretor da Iniciativa de Negócios Globais Chineses da Wharton School, fala de experiências desagradáveis de empresas ocidentais na China, da Morgan Stanley Dean Witter até a Foxboro Company. A conclusão de Chen é a seguinte: "Pelo fato das relações evoluírem e das situações mudarem, os chineses entendem que os contratos são muito rígidos e não levam em conta as novas situações. Assim, eles não têm preconceito na mudança dos termos de um contrato, mesmo depois da sua assinatura. Os ocidentais podem certamente esperar uma renegociação e uma reinterpretação dos pontos de um contrato durante a sua relação com a parte chinesa".[11] Uma queixa quanto a essa situação veio de Jürgen Hubbert, da DaimlerChrysler: "Vimos que tínhamos um contrato, [porém] percebemos que o nosso parceiro mudava as regras todo dia".[12]

Executivos de algumas regiões do mundo (como do norte da América e do norte da Europa) se sentem confortáveis com negociações acompanhadas por uma relação relativamente modesta, enquanto que uma relação mais extensiva é freqüentemente necessária para fechar acordos no Leste Asiático, na América Latina e no Sul da Europa. Isso implica em diferentes níveis de ênfase no contrato social subjacente, que por sua vez levanta perguntas ainda mais abrangentes. O acordo conjunto pode ser entendido como uma relação de negócios ou ele é mais pessoal e social? As relações com funcionários, clientes e fornecedores devem ser primariamente entendidas em termos econômicos ou elas são mais complexas? Existem muitas fontes que podem ajudá-lo a sistematizar e resolver problemas potenciais em negociações transculturais.[13] Entretanto, a questão importante aqui é salientar o fato de que culturas nacionais e organizacionais divergentes devem hastear bandeiras sinalizadoras em relação ao alinhamento do contrato social.

Vamos ver um outro exemplo. Embora a NCR Japão fosse dirigida por americanos, ela tinha um histórico de estabilidade dos empregados, empregos vitalícios e um "sin-

---

[11] M-J. Chen, *Inside Chinese Business* (Boston: Harvard Business School Press, 2000), 142–143.
[12] Ibid.
[13] Veja J. K. Sebenius, "The Hidden Challenge of Cross-Border Negotiations," *Harvard Business Review*, March 2002, 76–85; J. Salacuse, *Making Global Deals: What Every Executive Should Know About Negotiating Abroad* (New York: Times Business, Random House, 1991); S. E.Weiss, "Negotiating with the Romans, Part I," *Sloan Management Review* 35, no. 2 (Winter 1994): 51–61; idem, "Negotiating with the Romans, Part II," *Sloan Management Review* 35, no. 3 (Winter 1994): 85–99; e Jeanne Brett, *Negotiating Globally* (San Francisco: Jossey-Bass, 2001).

dicato da empresa" que gozava de relações próximas com a gerência e a administração. Quando um novo gerente de fábrica americano chegou e propôs um *downsizing* em certas unidades que ele percebeu com excesso de pessoal, muito embora a fábrica como um todo fosse rentável, houve uma resistência maciça dos empregados, que perceberam essa como uma violação do contrato social subjacente. Um segundo sindicato, com uma abordagem mais agressiva, foi logo organizado, exigindo aumento de salários e garantia de emprego. Os fornecedores locais não queriam mais negociar com a empresa, percebendo-a como nada confiável. Uma década após esse gerente ter saído da empresa, tanto o segundo sindicato quando o boicote dos fornecedores continuavam.[14]

Este exemplo mostra não só os riscos transculturais, mas também as reações negativas que podem surgir com a percepção da quebra do contrato social. A boa notícia é que nem todas as quebras são fatais. Tudo depende da forma como a situação é conduzida, pois o contrato social pode ser fortalecido (ou enfraquecido). Se a quebra não foi intencional, então os gerentes devem agir para reafirmar isso ao outro lado. Esforços sinceros para reconstruir a confiança podem ter o efeito de reconstruir e reforçar o contrato social.[15]

Quando as mentes erradas se encontram

Às vezes os problemas surgem não pelas diferenças culturais, mas porque as pessoas erradas estão envolvidas nas negociações. Nossas orientações no Capítulo 4 sobre como se assegurar de que as "partes adequadas" façam parte da negociação são especialmente relevantes para forjar um contrato social positivo. Lembre-se do caso em que dois diretores negociam uma aliança estratégica baseada na qualidade, mas a avaliação dos fornecedores é baseada principalmente no preço e nos números trimestrais. Como resultado, o relacionamento em si acaba não se definindo como estratégico ou como orientado por padrões de qualidade, estimulando uma batalha de preço.

Da mesma forma, mostramos o risco de um encontro das mentes erradas no contrato social quando terceiros conduzem o acordo e delegam a implementação. Exemplos disso incluem *matchmakers* corporativos (ex: o papel de Michael Ovitz na negociação frustrada entre a Matsushita e a MCA) ou equipes de desenvolvimento de negócios (como a que Jerry Kaplan encontrou na IBM).

Existem outras maneiras menos óbvias de, inadvertidamente, excluir as partes mais importantes das negociações do contrato social. Por exemplo, em 1988, a Komatsu Ltd., líder em equipamentos de remoção de terra no Japão, e o conglomerado americano Dresser Industries uniram seus esforços em engenharia, manufatura e *marketing* na América do Norte para atingir o que eles denominaram "uma montanha de

---

[14] O exemplo neste parágrafo foi tirado de D. Rousseau, *Psychological Contracts in Organizations* (Thousand Oaks, CA: Sage, 1995), 12.

[15] Essas informações estão relacionadas às observações de Rousseau sobre a percepção dos empregados das brechas dos contratos psicológicos com seus empregadores (*Psychological Contracts in Organizations*, 112–127).

tesouro".[16] A Dresser buscou a tecnologia de *design* da Komatsu e um investimento para modernização da fábrica e em dispêndio de capital. A Komatsu queria se tornar um empreendimento global e buscava uma maior penetração no mercado norte-americano. Assim, a Komatsu e a Dresser criaram uma *joint venture* 50-50 (Komatsu Dresser Corporation ou KDC), fazendo a fusão de operações de manufatura, engenharia e finanças mas mantendo marcas e distribuidores independentes em paralelo. A nova empresa tinha em sua direção seis pessoas com participação igual de ambos os lados e investiu US$ 200 milhões em novos empreendimentos. Além dos termos econômicos do acordo, eles buscaram implementar um contrato social forte entre as duas equipes administrativas.

A implementação dessa configuração criou tensões, e os distribuidores de cada empresa, que nunca se submeteram às novas expectativas, começaram a competir uns com os outros. A tensão aumentou: a Komatsu começou a enxergar a Dresser como atrasada e pouco responsiva; a Dresser por sua vez dizia que somente ficava sabendo de algumas ações da Komatsu após estas terem sido realizadas. Conforme a situação foi piorando, os executivos começaram a cortar a comunicação entre as empresas, fato este que impedia que os distribuidores tivessem acesso à informações vitais a respeito do estoque e da cobertura de garantias das suas contrapartes. Esse ponto acabou exacerbando o conflito ainda mais.

Apesar dos esforços de última hora de trazer consultores industriais e realizar "trocas de funcionários", os conflitos com os distribuidores se intensificaram. A fatia de mercado da KDC caiu rapidamente, as perdas cresceram, 2 mil empregos foram perdidos, e por fim, o empreendimento foi desfeito. Qual a lição tirada disso tudo? A KDC foi vítima de questões transculturais. Mas também acabou sofrendo por não assegurar que as partes potencialmente influentes aderissem ao novo contrato social.

Quando poucos negociadores estão envolvidos

Mesmo um contrato social e econômico extremamente alinhado pode ser vulnerável, caso as expectativas e os acordos sejam discutidos por poucas pessoas, especialmente se o negócio é definido à parte da sua implementação. Por exemplo, uma pequena equipe de desenvolvimento de negócios representando um dos lados de uma aliança pode secretamente negociar com um pequeno grupo do outro lado. Ou, como descrito no capítulo anterior, sócios de empresas de consultoria muitas vezes dependem da sua relação com os presidentes das empresas cliente. Se o presidente deixa a empresa, a consultoria pode perder o cliente.

---

[16] Este exemplo foi tirado de A. Nanda and G. Levenson, "Komatsu and Dresser: Putting Two Plus Two Together," Caso número 9-898-269 (Boston: Harvard Business School, 1998).

Trabalhando o contrato social e econômico

Em circunstâncias ideais, os contratos econômico e social devem reforçar-se mutuamente. Às vezes isso é fácil. Por exemplo, um acordo sobre um projeto deve possuir cláusulas de saída e término claras, vinculadas ao que os dois lados consideram como objetivo alcançado. Certa feita, a Wal-Mart e a Procter & Gamble concordaram em compartilhar informações sobre as suas cadeias de fornecimento, um acordo que foi de US$ 350 milhões a US$ 1 bilhão em dez anos. Para selar o compromisso de total discrição, os membros da equipe da aliança assinaram um acordo de confidencialidade, que passou a fazer parte da "política de segurança" da alta administração, protegendo a nascente relação e conduzindo as partes a um maior compartilhamento das informações necessárias para a obtenção de ganhos conjuntos.[17]

Se o objetivo central do acordo for uma transferência de conhecimento, continuada, uma posição equilibrada pode alinhar os incentivos e ser mais propícia ao sucesso do que cláusulas contratuais.[18] Se um contrato econômico em negociação entre partes independentes em uma cadeia de valor se mostra muito propensa a conflitos e de difícil alinhamento para atingir cooperação mútua, as partes podem partir para um contrato econômico completamente diferente, a fim de internalizar os conflitos e alcançar uma compreensão maior do objetivo subjacente. Seja qual for a meta do acordo, será muito mais fácil alcançá-la se os contratos econômico e social se reforçarem mutuamente.

É tentador considerar o contrato social como a parte não-escrita e psicológica do acordo, e o contrato econômico como a parte escrita e tangível. Entretanto, os dois podem ser trabalhados de forma produtiva, com elementos do contrato econômico interligados ao contrato social. Em um exemplo intrigante, a Chrysler, no final dos anos 1980, reestruturou deliberadamente tanto a essência quanto a forma escrita dos seus contratos com fornecedores para salvar o seu negócio.[19] O fabricante de automóveis enfrentou perdas crescentes, com um acréscimo de US$ 1 bilhão no orçamento do seu recém-lançado programa LH, dívidas de US$ 4,5 bilhões com seu fundo de pensão e uma perda recorde de US$ 664 milhões no último trimestre de 1989. Para estancar o sangramento, a Chrysler resolveu revolucionar as suas relações com os fornecedores, que tinham uma competição brutal entre si provocada sistema de licitação da Chrysler. Partindo do modelo antigo "fornecedor qualificado com menor preço", o novo contrato social podia ser descrito como uma "parceria de longo prazo integrada" na qual se esperava do parceiro não só a melhorame o seu desempenho mas também o aumento das operações da Chrysler além da relação de fornecimento. Um grande número de cláusulas do novo contrato econômico apoiavam explicitamente o novo contrato social. Por exemplo:

---

[17] R. Dow, L. Napolitano, and M. Pusateri, "The Trust Imperative: The Competitive Advantage of Trust-based Business Relationship," (Chicago: National Account Management Association, 1998), 96–113.

[18] D. C. Mowery, J. E. Oxley, and B. S. Silverman, "Strategic Alliances and Interfirm Knowledge Transfer," *Strategic Management Journal* 17 (1996): 77–91.

[19] J. H. Dyer, "How Chrysler Created an American Keiretsu," *Harvard Business Review*, July–August 1996, 42–56.

- *Seleção.* A Chrysler abandonou a antiga forma de licitação de escolher "o menor preço entre os participantes qualificados que atendiam às especificações" em favor de uma pré-qualificação de um subconjunto de fornecedores (reduzindo de 2.500 para 1.140) baseada em engenharia avançada, "capabilities" de manufatura e desempenho anterior. Dentro desse grupo, os fornecedores eram escolhidos com base no seu desempenho anterior na manufatura e no *design* e nos registros de entregas dentro do prazo, bem como no preço.
- *Escopo do contrato.* Trabalhando com um conjunto menor de participantes, a Chrysler mudou de um sistema no qual múltiplos fornecedores competiam em contratos separados de design, protótipo e produção para um outro sistema no qual um único fornecedor detinha a responsabilidade primária pelo design, protótipo e produção de um componente ou sistema.
- *Duração do contrato e renovações.* No antigo sistema, não havia expectativa de renovação e a média dos contratos era de 2,1 anos. A nova abordagem previa a vida útil do contrato em 4,4 anos, com a Chrysler fornecendo garantias verbais a mais de 90% dos seus fornecedores de que a transação permaneceria com eles, pelo menos durante o tempo de vida do modelo em questão, se os requisitos de performance fossem alcançados.
- *Preço.* No antigo sistema, o lance mais barato vencia, independente das implicações em relação ao lucro dos fornecedores. No novo contrato social, a Chrysler buscou assegurar uma margem de lucro razoável tanto para o comprador quanto para o vendedor. Em vez de se basear em atribuição de preço tipo commodity, para pressionar os fornecedores, a Chrysler utilizou uma abordagem de atribuição de custo por meta, que funcionava retrospectivamente, partindo do custo total no usuário final, para calcular os custos de sistemas, subsistemas e componentes.
- *Responsabilização e avaliação de performance.* No antigo sistema, os fornecedores tinham de prestar contas em relação aos prazos, qualidade e outros elementos da performance nos contratos de mercado. No novo sistema, a avaliação vai muito além do contrato econômico e das fronteiras organizacionais do fornecedor rumo à inovação, coordenação, investimentos específicos de relacionamento e melhoramentos na cadeia de valor. De fato, a Chrysler esperava formalmente que os seus fornecedores conseguissem economias de custo iguais a pelo menos 5% do valor do contrato, porém essa economia de custo poderia partir do próprio fornecedor ou de sugestões que permitissem à Chrysler efetuar cortes. Metade desses cortes seriam compartilhados com os fornecedores, embora eles pudessem aplicar as suas economias compartilhadas no aumento da sua fatia de mercado com a Chrysler. Essas economias de custo poderiam ser extremamente grandes. Por exemplo, a Magna International, enviou propostas de economias de custo que geraram mais de US$ 75 milhões por ano.

Com um novo contrato social que enfatizava a parceria integrada de longo prazo, definida conscientemente e reforçada por um contrato econômico, a Chrysler reduziu para 160 semanas o tempo necessário para o desenvolvimento de um novo veículo, que antes era de 234 semanas na década de 1980. O custo do desenvolvimento de um novo veículo caiu entre 20 e 40% durante os anos 1990, enquanto o lucro por veículo subiu de US$ 250 para o recorde de US$ 2.110 em 1994. Esses resultados foram puxados por um novo contrato social, que era perpassado e também refletia o novo contrato econômico.[20]

Não estamos afirmando que essa combinação de contrato social com contrato econômico seja boa para todas as empresas. O lado negativo de forjar parcerias com uma base menor de fornecedores inclui também a dificuldade de diminuir ainda mais essa base, assim como o risco de ficar "preso" a um fornecedor crítico sem nenhum tipo de competição, principalmente em uma economia mais agressiva. Entretanto, o ponto crucial é que muitas das expectativas do contrato social vigente e subjacente não são puramente psicológicas. Elas podem e devem ser complementadas pelo contrato econômico formal.

Concepções errôneas comuns a respeito do contrato social

Nós já testemunhamos dúzias de negócios que não alcançaram todo o seu potencial pela falta de um encontro de expectativas entre os participantes, perdendo de vista a essência do acordo. Para evitar que isso aconteça, certifique-se de evitar as seguintes concepções:

- *Concepção errônea nº 1: O contrato social é uma relação de trabalho.* Como já mostramos, o contrato social define não só como as relações irão ocorrer, mas também a verdadeira natureza da relação. Assim, enquanto o contrato social vigente inclui elementos da relação de trabalho, como expectativas em relação à comunicação, consultas, tomadas de decisões e resoluções de disputas e oportunidades para renegociação; o contrato subjacente aborda as expectativas a respeito do objetivo fundamental, da extensão e da duração do acordo.

- *Concepção errônea nº 2: O termo "contrato social" implica em uma relação que é cooperativa, democrática e participativa.* É verdade que o contrato social pode abranger esses ideais, mas ele não tem necessariamente que fazer isso. De fato, um contrato social produtivo pode refletir uma relação autocrática, ou uma cultura "olho por olho", ou uma miríade de possibilidades. O que é importante é que ambas as partes compartilhem as expectativas em relação ao acordo.

- *Concepção errônea nº 3: O termo "contrato social" implica em uma visão compartilhada.* Na prática, lados diferentes podem ter expectativas completa-

---

[20] Um ensaio afirmando que contratos "relacionais" deveriam ser pensados como complementos ao invés de substitutos dos contratos legais pode ser achado em L. Poppo and T. Zenger, "Substitutes or Complements: Exploring the Relationship Between Formal Contracts and Relational Governance" (unpublished manuscript, Virginia Tech and Washington University, 2001).

mente distintas a respeito do negócio, até depois de assinar o mesmo papel. Um contrato social saudável, resultado de um mútuo entendimento, é uma conquista, não uma dádiva.

- *Concepção errônea nº 4: O contrato social deve ser mais leve ou psicológico, e não algo que pode ser escrito em um acordo formal.* Como mostramos, as cláusulas do contrato social, como expectativas a respeito da natureza e da duração da relação, podem muitas vezes ficar explícitas no contrato econômico. A negociação de contratos econômicos e sociais complementares aumenta ainda mais as chances do contrato cumprir o que promete no papel.

- O contrato social possui dois níveis: (1) o contrato social subjacente responde à questão "quais as nossas expectativas sobre a verdadeira natureza, o escopo e a duração do nosso acordo?" (2) o contrato social vigente responde à questão "como esperamos tomar as decisões, lidar com eventos imprevisíveis, nos comunicar e solucionar disputas?".

- Percepções inconsistentes do contrato social podem conduzir a um impasse e ao conflito, e destruição de valor durante o processo de negociação e a relação pós-acordo.

- Esteja alerta principalmente para possíveis divergências de pontos de vista a respeito do contrato social quando as partes são de diferentes culturas organizacionais, profissionais ou nacionais. Busque discrepâncias na visão dos diretores a respeito do contrato social quando os negociadores (terceiros) estiverem conduzindo o processo. Assegure-se de estabelecer um encontro de expectativas a respeito do espírito do acordo, entre o conjunto daqueles que devem fazer com que o acordo funcione.

- Considere a possibilidade de fazer "auditorias" periódicas da percepção de todos os lados a respeito do contrato social vigente e subjacente.

- Busque uma harmonia entre os contratos social e econômico.

- Em especial, resista à tentação de considerar o contrato social como não-escrito e puramente subjetivo, em oposição ao contrato econômico como escrito e objetivo. Devidamente trabalhadas, muitas das expectativas do contrato social vigente e subjacente podem e devem ser abrangidas em acordos econômicos mutuamente reforçadores.

- Seja cuidadoso a respeito de outras concepções errôneas comuns sobre o contrato social: ou seja, que ele trata somente da relação de trabalho; que ele deve ser cooperativo, democrático e participativo e que não pode ser reproduzido de forma escrita.

PARTE IV

Enfatize as Táticas para Solução de Problemas
"Na Mesa"

CAPÍTULO 12

Molde as Percepções para Exigir Valor

Até aqui, destacamos a necessidade de configurar a negociação de modo adequado (a nossa terceira dimensão, "longe da mesa") e de fazer o design de acordos que criem valor (a segunda dimensão, "no *flip chart*"). Embora tenhamos discutido várias táticas adotadas na mesa (como colocar à prova posições por trás dos interesses), agora chegamos à mesa propriamente dita. Neste e no próximo capítulo, vamos nos concentrar nos aspectos táticos e na negociação face a face (a primeira dimensão, "na mesa").

O título da discussão da nossa primeira dimensão é "Concentre nas Táticas para Solução de Problemas". Neste capítulo, começamos com um conselho sobre um "problema" tático muito importante, embora estreito. Como "conquistar valor" na mesa? O que fazer quando o querer mais para mim significa deixar menos para você? Como conseguir o melhor preço possível em uma negociação na compra de um carro, de uma grande quantidade de produtos químicos ou de uma empresa? Um Negociador 3-D certamente sabe como conseguir um bom preço, mas a tática de obtenção de valor focada no preço, que vamos abordar aqui, tem aplicação mais geral. Por exemplo, você pode negociar a alocação de espaço para a sua linha de produtos em uma loja de departamentos (você quer o corredor esquerdo, eles querem o direito; você quer mais espaço, eles querem dar menos). Enquanto o movimento de um lado envolver a perda para o outro, alguma versão da tática descrita neste capítulo é aplicável.

Não vamos perder de vista a criação de valor, nem os movimentos em busca de valor, que, juntos, são o tópico do próximo capítulo. Não esqueceremos também que muitos acordos baseados unicamente em preço podem conter potencial significativo de criação de valor. Mas é importante lembrar que virtualmente *todas* as negociações envolvem a apropriação de valor. Mais um aviso: a grande quantidade de personalidades, de configurações e de contextos trabalha contra qualquer teoria geral de tática. Assim, nos concentramos em uma série de movimentos à mesa que percebemos serem de grande importância. Você pode até chamar este capítulo de "a arte e a ciência da barganha".

Como se preparar para um acordo de preço

Vamos retornar a uma variante de um exemplo apresentado no Capítulo 6, desta vez acrescentando detalhes que o transformam em um "acordo unicamente de preço". Imagine que você está tentando vender sua casa em um condomínio em Telluride, Colorado uma região própria para esquiar. Você espera fazer um bom dinheiro para poder se aposentar e ir morar no Caribe. Um investidor fez uma oferta de US$ 700.000 um ano antes, com condições que teriam lhe custado cerca de US$ 20.000, mas você recusou. O mercado de imóveis apresentou uma elevação de 10% desde aquela época. Você não contratou um corretor de imóveis, porém deu uma olhada em vários outros condomínios semelhantes e tem uma boa noção do mercado.

Lena, a conhecida de um vizinho seu no condomínio, soube do seu interesse em vender. Ela estaria disposta a comprar a casa como um investimento, não para moradia. O investidor cuja oferta você recusou um ano antes pode ainda estar interessado. Se vender diretamente a Lena ou ao investidor, você talvez não precise pagar os 6% de comissão ao corretor.

Primeiro: é realmente um acordo de preço?

Vamos examinar os respectivos interesses. Você quer receber o maior valor possível pela sua propriedade. Você está se mudando, logo não está preocupado com as relações futuras em Telluride ou com o comprador. A casa está em excelente estado, então você não se preocupa com uma possível inspeção e não tem pressa para fechar o negócio. Você quer receber em dinheiro e já concordou em vender os móveis para outro comprador.

Lena, por sua vez, quer a casa como um investimento. Ela quer um bom retorno e deseja pagar o mínimo possível. Ela pretende pagar em dinheiro e com certeza vai examinar a propriedade, apenas para assegurar-se da inexistência de problemas estruturais. Ela não se incomoda de fechar o negócio no começo da estação de esqui e também não tem pressa em fechar o negócio.

Antes de entrar em qualquer negociação, você deve buscar oportunidades de criação de valor. (Não se apresse em dizer que elas não existem!) Se elas *não* existirem – e você não vai negociar com essa pessoa novamente e não se importa em como esse acordo pode afetar a sua reputação – você está em um acordo unicamente de preço. O que todos esses detalhes sobre a venda da casa acrescentam? Na verdade existe pouco espaço para a criação de valor. Essa negociação é realmente por apropriação de valor.

Segundo: enfrente as tarefas gêmeas

Diante de uma situação de apropriação de valor, você precisa ter em vista o que chamamos de *tarefas gêmeas*:

- Aprenda a respeito da verdadeira ZOPA (Zona de possível acordo).
- Molde a percepção da ZOPA do outro lado a seu favor.

Você vai lembrar da nossa discussão no Capítulo 6 a respeito da ZOPA, a zona de possível acordo, que é o conjunto de acordos que é melhor para ambos os lados relativamente às opções de *no-deal*. Obviamente, *aprender* a respeito da verdadeira ZOPA é a chave, pois se você consegue descobrir o verdadeiro limite do outro lado, você pode fazer com que o outro lado concorde com uma oferta que lhe permite apropriar-se do máximo de valor.

Em segundo lugar, você precisa influenciar a percepção do outro lado a respeito do que é aceitável para você. O ideal é que ele perceba o valor máximo que pode pagar como o mínimo que você aceitaria. (Ou o mínimo que eles aceitariam, se eles estiverem vendendo e você, comprando.) Como exemplo, observe a Figura 12-1. Quando dizemos para "moldar as percepções para se apropriar de valor" estamos nos referindo ao "problema" tático específico que temos em mente.

Aprenda a respeito da verdadeira ZOPA

Portanto, como você pode aprender sobre a ZOPA nesse caso? As alternativas de *no-deal* de Lena são as casas comparáveis no mercado. Digamos que não existam casas diretamente comparáveis, mas similares, com algumas características ligeiramente diferentes: um quarto extra, uma vista não tão boa, melhor acesso a trilhas para esquiar e assim por diante. Como sabemos, porém, que Lena está em busca de um investimento, é provável que ela seja guiada pela sua percepção do preço de mercado de cada uma das unidades.

Assim, vamos tentar descobrir qual é preço máximo que ela estaria disposta a pagar pela casa. Uma unidade parecida, com um quarto extra, foi vendida recentemente por US$ 840.000. Outra unidade semelhante a essa é oferecida por US$ 900.000. Uma unidade com uma vista não tão boa foi vendida por US$ 750.000. Outra unidade com acesso restrito à pista de esqui está à venda por US$ 725.000. Lena irá comparar a sua unidade com estas e outras disponíveis no mercado e assim terá uma base de preço. Diante dessas comparações, a sua estimativa de valor de mercado para a sua casa

A ZOPA

O seu mínimo ⊢―――――――――――――――⊣ O máximo de Lena

Como você gostaria que o outro
lado percebesse a ZOPA

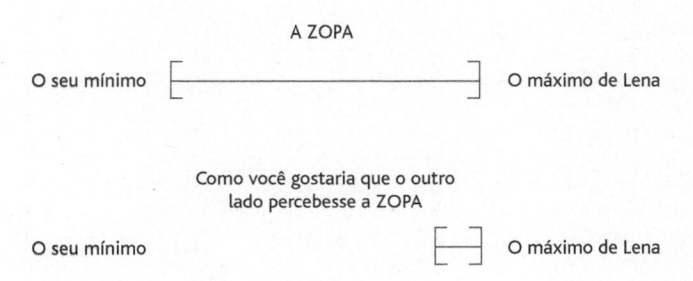

O seu mínimo ⊢―⊣ O máximo de Lena

FIGURA 12-1

A ZOPA e como você (como vendedor) gostaria que ela fosse percebida.

é de US$ 825.000, porém uma boa medida para o máximo dela, baseado na melhor opção de *no-deal*, parece ficar entre US$ 775.000 e US$ 850.000.

Surpreendentemente, analisar as suas próprias opções de *no-deal* pode ser enganoso. Você recebeu uma oferta de US$ 700.000 um ano antes. Se o mercado subiu 10%, essa oferta hoje seria equivalente a US$ 770.000, embora contenha condições que iriam lhe custar mais US$ 20.000. Você rejeitou essa oferta, mas o investidor ainda está no mercado e provavelmente compraria por US$ 750.000.[1] Esta análise implica em um esboço do mínimo e do máximo: a ZOPA vai de US$ 750.000 (a sua melhor opção de *no-deal*) a algo entre US$ 775.000 e US$ 850.000 (veja a Figura 12-2).

Novamente, as suas metas são (1) aprender o máximo possível a respeito da verdadeira ZOPA, e (2) moldar favoravelmente as percepções de Lena a seu respeito. Se soubesse que o máximo que ela está disposta a pagar pela casa é US$ 825.000, gostaria que ela pensasse que você tem uma outra oferta um pouco acima de US$ 820.000 de forma que ela subisse um pouco a oferta para ficar com a casa (veja a Figura 12-3).

Esse é um exemplo simples, mas que esconde um ponto abrangente: a importância de estar bem-informado a respeito do objeto da negociação. Ou seja, o produto, o mercado, os compradores e os vendedores e as condições econômicas cambiantes. Leo Hindery Jr., ex-diretor da TCI e presidente da rede de televisão de esportes local YES (que transmite os jogos do New York Yankees), participou de mais de 250 transações corporativas. Olhando para essas transações, ele oferece uma lista dos "dez mandamentos", o primeiro dos quais é "faça mais tarefas de casa que a outra pessoa".[2] Ele diz: "Não importa de que lado da mesa você está, você sempre se dará melhor se sabe mais que a outra pessoa".

Negociando a venda de uma casa em um condomínio de esqui

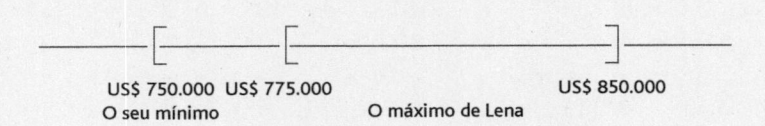

US$ 750.000   US$ 775.000   US$ 850.000
O seu mínimo   O máximo de Lena

FIGURA 12-2

A ZOPA conforme a sua percepção.

---

[1] De fato, essa análise é um tanto simplista. Se você não tem outros compradores, a avaliação da sua melhor opção de *no-deal* inclui o preço que você poderia obter de outros compradores em potencial. Você está convencido que conseguiria vender rapidamente por US$ 750.000, e está bem confiante que se esperasse mais um pouco poderia conseguir US$775.000. Existe uma boa chance de que outro comprador pagasse até por volta de US$ 800.000, e uma chance bem menor de que um comprador pagasse US$ 850.000. Técnicas sofisticadas são utilizadas para avaliar as melhores opções de *no-deal* (também conhecidas por BATNAs), incluindo a análise de decisões; veja H. Raiffa, *Decision Analysis: Introductory Lectures on Choices under Uncertainty* (Reading, MA: Addison-Wesley, 1968). Para mais análises específicas sobre a busca de possíveis compradores, veja D. Lax, "Optimal Search in Negotiation Analysis," *Journal of Conflict Resolution* 29 (March 1985): 456–472.

[2] Veja L. Hindery Jr. and L. Cauley, *The Biggest Game of All: The Inside Strategies, Tactics, and Temperaments That Make Great Dealmakers Great* (New York: Free Press, 2003), 57.

Negociando a venda de uma casa
em condomínio de esqui

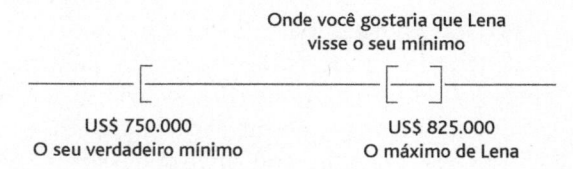

```
                              Onde você gostaria que Lena
                                  visse o seu mínimo
        ————[————————————————————[——]————————
              US$ 750.000                  US$ 825.000
           O seu verdadeiro mínimo         O máximo de Lena
```

FIGURA 12-3
A ZOPA como você gostaria que o outro lado a percebesse.

Um gerente de compras da indústria espacial que entrevistamos uma vez demonstrou o grau de seriedade com que essa questão é considerada por negociadores experientes. Ele nos mostrou análises extremamente detalhadas de questões econômicas dos seus fornecedores, incluindo elaborados modelos econômicos dos custos de produção desses mesmos fornecedores. Ele parecia saber exatamente os custos de produção do fornecedores para cem motores e o custo de fabricação de cada motor individualmente. Entendendo os custos do fornecedor em detalhe, ele foi capaz de contra-argumentar como o outro lado estaria perdendo dinheiro caso aceitasse o seu preço. O clichê de que "informação é poder" é verdadeiro – tanto para reivindicar como para criar valor.

Concentre-se na oportunidade

Uma série interessante de estudos experimentais sugere que os negociadores que se concentram no que esperam *alcançar* antes da negociação, se saem melhor em negociações de preço do que aqueles que se concentram no que querem *evitar*.[3] Os que escreveram um parágrafo sobre o que pretendiam alcançar se saíram muito melhor do que os que escreveram um parágrafo sobre os erros que estavam tentando evitar. Isso sugere que é melhor abordar a negociação conscientemente focando na oportunidade existente. Nesse sentido, é importante compreender o melhor acordo que o outro lado pode oferecer, dado as suas opções de *no-deal*.

Estabeleça um preço ambicioso como meta

Aconselhamos os negociadores a estabelecer explicitamente um preço-alvo, um preço que representaria um bom retorno. Por quê? Por vários motivos, que incluem:

---

[3] Veja A.D. Galinksy et al.,"Regulatory Focus at the Bargaining Table: Promoting Distributive and Integrative Success," *Personality and Social Psychology* 31 (August 2005): 1087–1098.

- Não é possível atingir um alvo que você não definiu.
- Sem um alvo, o ponto de referência natural é o valor da sua melhor opção de *no-deal*. O estabelecimento de um alvo permite que você se concentre em se sair bem, em vez de se sair melhor do que o mínimo aceitável. Às vezes dividimos os negociadores em dois grupos: os sem-alvo que se perguntam "o que é suficiente" e os que estabelecem alvos ambiciosos que se perguntam "o quanto posso conseguir"? Adivinhe quem se sai melhor?
- Não é só uma questão de instinto: estudos empíricos demonstram que o estabelecimento de metas de preço mais agressivas (dentro das possibilidades) fornece resultados melhores por pelo menos dois motivos.[4] Em primeiro lugar, metas mais altas o conduzem a maiores demandas, que, como logo mostraremos, tendem a gerar melhores resultados. Em segundo lugar, a tentativa de alcançar um alvo mais alto, geralmente exige um maior esforço em todos os aspectos da sua negociação.

Assim como deve ser estabelecido um preço-alvo? Ele deve estar (bem) acima dos seus requisitos mínimos. Deve levar em conta a sua análise das melhores opções de *no-deal* do outro lado. A firmeza do seu alvo depende do quão bem informado você está sobre os elementos da negociação. No exemplo citado, você acha que a melhor opção de *no-deal* de Lena está entre US$ 775.000 e US$ 850.000. Assim, você pode definir como seu alvo o maior valor dessa escala, US$ 850.000. Um alvo ambicioso não é uma oferta ou uma exigência. Ele serve como um norte, guiando as suas táticas e estratégias em direção ao melhor resultado possível.

Você deve fazer a primeira oferta? Qual é o preço?

Se você deve fazer a primeira oferta, é importante conhecer a ZOPA. Se está seguro de conhecer a ZOPA da outra parte, ou seja, se tem uma boa idéia do máximo que ela deseja pagar – você pode pedir um valor um pouco acima desse máximo. A seguir, você provavelmente faria uma concessão ou duas, para chegar à ZOPA, e então se manteria firme.

Mas e se, como muitas vezes acontece, você estiver inseguro a respeito do verdadeiro limite do outro lado? Muitos executivos com os quais trabalhamos preferem deixar o outro lado fazer a primeira proposta pois (1) eles têm receio de que, diante da incerteza, a sua primeira oferta não seja agressiva o bastante, e eles deixem dinheiro na mesa. Ou (2) a primeira oferta seja agressiva demais e eles acabem prejudicando a credibilidade das negociações.

Uma das experiências de Thomas Edison parece validar esse ponto de vista:

---

[4] Veja V. L. Huber and M. A. Neale, "Effects of Experience and Self and Competitor Goals on Negotiator Performance," *Journal of Applied Psychology* 72 (November 1987): 197–203.

Thomas Edison inventou um registrador de preços "universal", um mecanismo utilizado por muitas corretoras de ações. Quando Edison ofereceu o seu aparelho pela primeira vez, ele adicionou o tempo e o esforço que havia dedicado à invenção e acabou concluindo que ele merecia US$ 5.000 pelo trabalho. Estava decidido a solicitar esse valor, apesar de saber que aceitaria US$ 3.000. Quando o general Lefferts, o presidente da Gold & Stock Telegraph Company veio para negociar, Edison estava a ponto de dizer o seu preço. Mas ele não conseguia, disse que "não tinha coragem de pedir uma quantia tão grande". Edison pediu então ao general Lefferts que lhe fizesse uma oferta. Lefferts ofereceu US$ 40.000. Edison disse que achava "justa" a quantia. Edison teria perdido US$ 35.000 se fizesse a primeira proposta.[5]

Apesar desse exemplo, é bom lembrar que *quando tem informações, considere seriamente a possibilidade de fazer a primeira oferta*. Quando você não tem certeza a respeito do preço que o outro lado perceberia como equivalente à opção de *no-deal*, considere a possibilidade de fazer uma oferta "flexível" ou, melhor ainda, o que chamamos de uma "oferta tipo não-oferta elevada".

Para explicar esse ponto um pouco mais complexo e distante da sabedoria convencional, vamos dar uma parada no domínio da psicologia cognitiva e olhar o poderoso fenômeno da ancoragem.

O efeito da ancoragem

Os seres humanos possuem um processamento de incertezas bastante falho. Numerosos estudos mostraram que informações extemporâneas, como as contidas em uma primeira oferta com a intenção de moldar a percepção do outro lado sobre a ZOPA, podem influenciar profundamente os julgamentos em situações de incerteza.

Em um experimento que às vezes conduzimos com altos executivos, montamos um cenário onde um fornecedor recebe um pedido urgente de faróis de motocicletas de um comprador em potencial, um fabricante japonês, e deve informar o preço do produto. O tradutor japonês comete vários erros e não consegue se fazer entender. Nossos executivos atuam como fornecedores. Todos recebem cenários de venda praticamente idênticos: o mesmo produto, a mesma empresa, indústria, informações financeiras e de produção.

Existe somente um detalhe diferente nos cenários. No cenário recebido por metade dos executivos, o tradutor aparenta pedir por volta de US$ 12,00 a unidade, mas nega ter informado os preços quando pedem que repita o valor. No segundo cenário, o tradutor parece pedir US$ 32,00, mas também nega ter dado qualquer tipo de preço. Em ambos os cenários, os executivos são instruídos, devido a dificuldade de entender o tradutor, a ignorar completamente a sugestão de US$ 12,00 (ou US$ 32,00). A seguir,

---

[5] M. Latz, *Gain the Edge!: Negotiating to Get What You Want* (New York: St.Martin's Press, 2004), 155, baseado em uma história tirada de "Legal Negotiation" de Donald Gifford.

pedimos que cada grupo faça uma oferta, que pode ser baseada em informações idênticas de produto, empresa ou indústria.

Em uma rodada típica, a oferta média entre os executivos que ouviram o pedido de US$ 12,00 foi de US$ 19,80 a unidade. Entre os que ouviram o pedido de US$ 32,00 a oferta foi de US$ 30,10. Em outras palavras, os números irrelevantes US$ 12,00 e US$ 32,00 serviram como *âncoras*, puxando as ofertas na sua direção, sem que os negociadores percebessem o efeito que o pedido, que deveria ser desconsiderado, teve na sua proposta de preço.

Mesmo negociadores com um grande conhecimento da indústria podem descobrir que as suas avaliações estão ancoradas em informações irrelevantes. Em um estudo, corretores imobiliários experientes receberam toda a informação necessária para fazer a avaliação de uma casa: uma descrição detalhada, incluindo dez páginas de informações sobre características, tamanho, preços de outras casas na área e assim por diante.[6] Eles também fizeram um *tour* pela casa.

Metade dos corretores recebeu a informação de que o preço solicitado, por um vendedor inexperiente, era X, enquanto que a outra metade recebeu a informação de que o preço solicitado era 25% superior. Depois de estudarem detalhadamente os dados, os corretores foram convidados a, entre outras coisas, determinar o valor de mercado da casa e o valor mínimo que aceitariam, se fossem os vendedores. Em princípio nenhum desses valores deveria ser influenciado pelo preço sugerido pelo vendedor da casa.

Dada a quantidade e a qualidade das informações recebidas, bem como a experiência dos corretores, se poderia pensar que o preço sugerido por um vendedor mal-informado não mudaria o preço de mercado ou o preço mais baixo que eles aceitariam. Mesmo assim, as duas quantias avaliadas eram 11 a 14% superiores no grupo que ouviu o maior valor solicitado. Uma âncora irrelevante alterou o julgamento desses especialistas, mesmo com todo o conhecimento de mercado que possuem.

Existem muitos outros estudos similares documentando os poderosos efeitos da ancoragem nas negociações e em outros contextos relacionados. Por exemplo, em leilões, ancoragens elevadas, na forma de lances mínimos, tendem a aumentar a valoração do objeto leiloado.[7]

Tanto a prática quanto esses estudos sugerem que, quando uma âncora é introduzida em uma negociação, ela pode mudar as percepções da ZOPA na sua direção, aumentando a possibilidade do acordo orbitar em torno da âncora. O resultado disto? Um acordo final favorável a quem quer que tenha "atirado" a primeira âncora.

Especificamente, uma âncora pode mudar a percepção do outro lado a respeito das opções de *no-deal*. Volte ao exemplo da casa no condomínio. Se você demonstrar que o mercado de condomínios em Telluride tem aumentado e afirmar que as casas mais próximas são avaliadas em US$ 850.000, você pode conseguir estabelecer a ân-

---

[6] M. A. Neale and G. B. Northcraft, "Experts, Amateurs, and Refrigerators: A Comparison of Expert and Amateur Negotiators in a Novel Task," *Organizational Behavior and Human Decision Processes* 38(1986): 305–317.

[7] G. Ku, A. D. Galinsky, and J. K. Murnighan, "Starting High But Ending Low," *Journal of Personality and Social Psychology* (in press).

cora no valor máximo esperado. A âncora também pode mudar a percepção da outra parte das suas próprias opções de *no-deal*. Se você, o vendedor da casa, mostrar que ela vale US$ 800.000, com informações relevantes a respeito de taxas de juros, mercado de aluguéis imobiliários e valor de mercado, pode persuadir Lena a pagar mais de US$ 800.000 simplesmente para que a venda valha a pena.

Em sintonia com essa linha de pensamento, alguns pesquisadores dizem que você deve deve ser o primeiro a colocar o preço na mesa, e fazer a oferta do custo mais agressivo que puder. Pelo fato da ancoragem mudar a percepção dos negociadores sobre o intervalo de barganha, ofertas mais agressivas tendem a ser mais influentes que ofertas menos agressivas.[8] E devido ao fato das âncoras serem mais influentes em situações de maior incerteza, a primeira oferta pode ter um efeito de ancoragem muito maior que as ofertas subseqüentes.

Henry Kissinger, certamente concordaria com esses pesquisadores: "Se o acordo geralmente se encontra entre dois pontos de partida, não tem sentido fazer ofertas moderadas. Boas técnicas de barganha sugeririam um ponto de partida muito mais extremo que o valor que a pessoa está disposta a aceitar. Quando mais forte o pedido inicial, melhor será a possibilidade de receber algo perto do que 'realmente' se quer".[9]

Fazendo referência a um ponto anterior, estudos de laboratório sugerem que as pessoas que se concentram nas oportunidades e no que buscam alcançar na negociação tendem a estabelecer objetivos mais agressivos, e começam com ofertas também mais agressivas, que funcionam como âncoras. Como conseqüência, elas tendem a conseguir resultados melhores em acordos de preço que os negociadores que se concentram em prevenir resultados e comportamentos indesejáveis.[10]

Justifique a sua proposta

À luz desses estudos e analogias, poderíamos ficar tentados a concordar com a sugestão de Kissinger de que quanto mais alta for a sua oferta inicial, melhor será. Porém, o senso comum, apoiado em estudos de laboratório, sugere que a conclusão de Kissinger é válida até certo ponto. Quando a outra parte percebe a sua oferta como irrealista, ela não funciona como uma âncora.[11] Além de ser contraproducente; você pode perder a credibilidade e parecer irracional. Mesmo que você esteja preparado para agir, o outro lado pode simplesmente concluir pelo *no-deal* e abandonar o jogo prematuramente.

A implicação óbvia: você precisa estar preparado para justificar o preço que está pedindo. As pessoas têm maior probabilidade de cederem ao seu pedido se você oferecer uma explicação plausível, em vez de simplesmente pronunciar um número. De

---

[8] Veja A. D. Galinsky, "Should You Make the First Offer?" *Negotiation* 7 (2004): 1–4.
[9] Veja H. A. Kissinger, *The Necessity of Choice* (New York, Harper and Row, 1961): 205.
[10] Galinsky, "Should You Make the First Offer?".
[11] Ibid.

fato, o "porquê" que se segue ao número pronunciado tem um papel psicológico muito importante. Um motivo, qualquer motivo, ajuda. Em um estudo muito citado, a psicóloga Ellen Langer fazia com que uma pessoa abordasse outras pessoas que estavam em uma grande fila para fazer cópias em uma biblioteca. Quando essa pessoa dizia: "com licença, eu tenho cinco páginas. Posso usar a copiadora?", 60% das pessoas concordavam. Quando a pessoa deu um motivo ("com licença, eu tenho cinco páginas. Posso usar a copiadora, porque estou com pressa?"), a aceitação do pedido subiu para 94%. Ainda mais interessante foi quando a pessoa que fez a pergunta ofereceu um motivo que não era de fato um motivo ("com licença, eu tenho cinco páginas. Posso usar a copiadora, porque eu tenho que fazer algumas cópias?"), a aceitação foi muito alta, de 93%.[12] Certamente você pode dar motivos mais plausíveis que este!

É claro que argumentos plausíveis tendem a funcionar muito melhor que argumentos fantasiosos, porém ambos funcionam melhor que simplesmente jogar um número na mesa. Uma das suas metas é ajudar o outro lado a explicar para si mesmo, para seu chefe, seus colegas de trabalho e sua esposa porque o preço aceito foi justo e razoável, dadas as circunstâncias e as suas alternativas. Oferecer motivos capazes de justificar o acordo que você propôs facilita a tarefa. Em geral, as pessoas têm maior probabilidade de aceitar acordos do tipo pegar ou largar quando eles são justificados por razões ou princípios que estão além da vontade das duas partes.[13]

No nosso exemplo da casa, você provavelmente faria comparações com o mercado para justificar o preço. Provavelmente examinaria a apreciação dos imóveis desde que comprou a casa e a adicionaria ao preço que pagou (mais as reformas realizadas). Qual é o preço do aluguel de casas parecidas? O preço do aluguel pagaria uma hipoteca padrão, baseada no seu preço-alvo? Você também examinaria o número de dias que uma casa fica em oferta no mercado. As casas estão vendendo mais rápido este ano que no ano passado, ou é o contrário? Se o mercado está mais lento, ou se o número de imóveis vagos está aumentando, é provável que você escute esse argumento. Como planejar uma resposta? Mas isso é se antecipar aos fatos.

Não acreditamos ser necessária uma primeira oferta extrema em todas as ocasiões, mesmo que bem justificada, com todos os riscos para a credibilidade e o processo, para conseguir os benefícios da ancoragem. A seguir descrevemos métodos mais leves de ancoragem que podem atingir os mesmos resultados com menos risco.

Use ofertas flexíveis, mas extremas, e "ofertas não-oferta" para ancorar

Agora vamos ver o conceito de "extremo, mas flexível" mencionado anteriormente. A ancoragem com essa técnica fornecerá uma abordagem de baixo risco para moldar

---

[12] Veja E. J. Langer, "Minding Matters," in *Advances in Experimental Social Psychology*, vol. 22, ed. L. Berkowitz (New York: Academic Press, 1989), 137–173.

[13] J. T. Tedeschi, R. B. Schlenker, and T.V. Bonoma, *Conflict, Power, and Games: The Experimental Study of Interpersonal Relation* (Chicago: Aldine, 1973).

a percepção da outra parte sobre a ZOPA. Em vez de dizer: "Vamos pagar US$ 11 milhões pela sua empresa" (uma oferta muito baixa), uma oferta extrema, mas flexível seria algo do tipo: "A partir do que você descreveu, entendemos que existe um valor oculto substancial na empresa. Ainda não conseguimos avaliar os seus argumentos a respeito do valor da empresa. Assim, vamos oferecer US$ 11 milhões baseado no que sabemos hoje, porém estamos abertos à modificações nessa oferta, se formos convencidos a respeito do valor adicional que você descreveu". Mesmo a oferta sendo baixa, a flexibilidade diminui a perda da credibilidade e reduz as chances do vendedor abandonar a negociação.

Às vezes, as âncoras mais efetivas reduzem o risco de parecerem extremas, pois elas não são ofertas, mas apenas introduzem números relevantes. Alguém que está buscando um emprego pode afirmar que pessoas com a sua qualificação tendem a ter salários anuais entre US$ 85.000 e US$ 95.000, ou que algum ex-colega acabou de receber uma oferta de US$ 92.000. Você também pode fazer uma ancoragem citando acordos aparentemente comparáveis. Considere o caso de uma administradora se preparando para a negociação do seu bônus anual. "Mesmo que o bônus do ano passado fosse 50% do salário", ela poderia dizer a seu chefe, "reconheço que este ano não será tão bom quanto o ano passado". Tais afirmativas podem ter um efeito de ancoragem, sem exigir que ela faça uma oferta extrema que poderia complicar a conversa.

Se você é o possível comprador de uma empresa, poderia fazer uma ancoragem sem fazer uma oferta, dizendo: "Obviamente precisaríamos estudar com cuidado a sua empresa para determinar o seu valor. Nossa idéia geral é que empresas deste tamanho neste setor tendem a ser vendidas pelo valor equivalente a 12 vezes o seu lucro, que é mais ou menos o que estamos pensando".

Suponhamos que esse comentário bata no limite mínimo do vendedor – ele estava pensando em pelo menos duas vezes essa quantia. Pelo fato de você ter sido flexível, o vendedor não precisa rejeitar de início a sua oferta ingênua – até porque não houve oferta – podendo ele usar essa situação para mostrar a sua própria avaliação. A negociação, caso prossiga, *crescerá* a partir de 12 vezes o valor do lucro, em vez de diminuir do valor pedido pelo vendedor, caso ele falasse primeiro. Uma oferta assim também garante a oportunidade de você aprender a partir das reações do vendedor. Quando você menciona o valor de "12 vezes o lucro", deve ficar atento, principalmente se ele parecer confortável com a situação. Lembre-se das tarefas gêmeas: você está tentando *aprender* a respeito da verdadeira ZOPA, assim como *moldar as percepções do outro lado* favoravelmente.

Uma oferta não-oferta que é percebida de forma não realista pode ter um efeito mais forte como um mecanismo de ancoragem, pois não destrói a credibilidade ou conhecimento do negociador diretamente. Por exemplo, a afirmação de que "a compra provavelmente irá exigir cortes de 15% ou mais," simplesmente para iniciar a conversação, pode ter um forte efeito de ancoragem, mesmo que ambos, o comprador e o vendedor, saibam que o número de 15% não é nada realista. Em contraste, uma oferta de abertura com uma redução de 15% que é claramente irrealista nas atuais condições do setor pode ser menos efetiva como uma âncora.

Largar a primeira "âncora suave" na forma de uma oferta não-oferta pode ajudar a neutralizar os esforços de ancoragem do outro lado. Como? Você deve, com certeza, fazer o máximo de pesquisa antes, para reduzir a sua incerteza em relação à ZOPA, assim como a sua vulnerabilidade de ser ancorado de forma desfavorável. Mesmo assim, você certamente precisará aprender mais durante a própria negociação. Isso pode deixá-lo vulnerável aos esforços de ancoragem do outro lado. Não somente é possível que você molde suavemente as percepções (ofensivamente) de ancoragem do outro lado, a sua atenção também será desviada de qualquer ancoragem que eles queiram estabelecer (defensivamente).

Reconheça e utilize a norma da reciprocidade

Quando alguém faz alguma coisa para nos beneficiar, nós naturalmente queremos fazer algo em troca. Na verdade, a reciprocidade é uma das normas mais poderosas na interação humana.[14] Ela não só é extremamente racional em muitas circunstâncias, mas também reflete algum impulso do nosso código genético, da época dos nossos ancestrais caçadores.[15] Negociadores em processo de barganha muitas vezes apelam para esse impulso. O vendedor de tapetes que oferece chá enquanto você está olhando os tapetes, espera que você aja de forma recíproca comprando um de seus tapetes ou sendo menos resistente em relação aos preços do que normalmente seria.

Se o vendedor de tapetes começa a ancoragem com uma oferta extrema, mas flexível, e a seguir faz uma concessão, ele pode ativar a sua norma de reciprocidade inconsciente. O movimento dele, embora um ponto de partida aparentemente sem sentido, muitas vezes ativa um impulso na outra parte para uma movimentação recíproca. O guru da "influência" Robert Cialdini chama a essa abordagem rejeição – depois recuo, e atesta a sua eficácia.[16]

Junte ancoragem com o uso do "princípio do contraste"

Tudo é relativo, ou pelo menos é assim que nós humanos nos relacionamos com as coisas. Pegue, por exemplo, sua mão direita e a coloque na água quente. Coloque sua mão esquerda na água fria e a seguir coloque as duas em água morna. A sua mão direita vai perceber a água como gelada, e a sua mão esquerda como quente, pois a sua percepção não é absoluta, mas relacionada com o que veio antes.

Se você quer vender uma gravata de US$ 100 e um terno de US$ 800 a um cliente, deveria começar com a gravata mais barata e seguir adiante? De forma alguma. Um homem que acabou de comprar um terno de US$ 800 tem mais probabilidade de com-

---

[14] Para uma excelente discussão sobre reciprocidade, veja R. Cialdini, *Influence: The Psychology of Persuasion* (New York:William Morrow, 1984), 17–36.

[15] Para mais exemplos, veja T. Burnham and J. Phelan, *Mean Genes* (Cambridge, MA: Perseus Publishing, 2000).

[16] Veja Cialdini, *Influence*, 38.

prar uma gravata de US$ 100. Para alguém que acabou de gastar US$ 800, a gravata de US$ 100 parece um acessório fácil. Pense nas opções oferecidas aos compradores de carros. Você normalmente consideraria a possibilidade de comprar um GPS de US$ 2.000? Um Lexus de US$ 54.000 com GPS não parece nada mal em relação a um Lexus de US$ 52.000 sem GPS. Quando você faz uma oferta agressiva (ou uma ancoragem sem oferta) e a seguir apresenta uma oferta menos agressiva, a outra parte perceberá a sua segunda oferta de forma menos extrema do que perceberia se você não tivesse começado com a oferta mais extrema.[17]

Reconheça e utilize passos importantes da dança da negociação

Agora vamos ver alguns passos importantes de uma negociação típica e como pode influenciá-los de forma a serem vantajosos para você. Eles incluem a resposta a uma primeira oferta e, mais tarde, o trabalho em direção ao fechamento da proposta.

Como devo responder à proposta deles?

Talvez você tenha decidido deixar que o outro lado faça a primeira oferta. Talvez eles tenham enviado uma proposta de preço na manhã do seu primeiro encontro. Ou talvez seja de praxe o vendedor abrir com uma proposta de preço. De qualquer maneira, você terá de responder.

A regra do ponto central. A primeira coisa a ser lembrada é "a regra do ponto central". Como sugere o bom senso e os nossos estudos experimentais, o ponto central entre a primeira oferta e a primeira contra-oferta é um bom índice de previsão do resultado final da negociação, no caso do ponto central estar na ZOPA. Se você se preparou, você tem um preço-alvo. Faça a sua contraproposta de forma que o ponto central seja equivalente ao seu preço-alvo.

Respondendo a uma demanda ou oferta extrema. Negociadores agressivos podem muito bem começar com uma oferta ou demanda extrema ("esperamos que nossos fornecedores concordem, antes de começarmos as negociações, em um corte de 10% nos preços todos os anos se quiserem manter negócios conosco"). Os objetivos podem ser tanto de ancoragem quanto para dar-lhe uma balançada. Nesses casos, seguir a regra do ponto central pode fazer com que você responda com um valor absurdo. Se você está tentando comprar uma empresa e o seu preço-alvo é de US$ 10 por ação e eles estão pedindo US$ 30 por ação, a simples regra do ponto central indicaria que eles de-

---

[17] Ibid., 11–16.

veriam pagar-lhe US$ 10 por ação para que compre a empresa – certamente essa não seria uma estratégia muito promissora.

Para evitar os efeitos de ancoragem de uma demanda extrema, sugerimos dois passos. Em primeiro lugar, deixe claro que ofertas extremas estão fora de cogitação. Se você não for claro a esse respeito, existe o possível risco que o outro lado interprete uma resposta ambígua como uma indicação de que uma oferta desse tipo pode ser aceitável. Nós já vimos tipos extremamente cooperativos e concentrados na solução de problemas receberem uma exigência claramente inaceitável sem responder a ela, ou mesmo demonstrar emoção alguma. O outro lado acaba interpretando a falta de resposta como uma indicação de que está perto da ZOPA, assim reconfigurando as suas expectativas e se preparando para pedir ainda mais.

O seu primeiro passo, portanto, deve ser a comunicação clara de que a proposta está fora de cogitação. A forma exata como você fará isso depende da sua leitura do outro lado. Humor e pistas não-verbais podem ser eficazes quando você quer deixar claro para o outro lado que a oferta deles é completamente inaceitável. Porém, o humor nem sempre funciona em fronteiras culturais específicas. Às vezes, você pode responder fazendo uma contraproposta igualmente absurda. Você pode considerar a possibilidade de abandonar a negociação. De qualquer maneira, você não deve deixar dúvidas de que a oferta extrema não está nem perto de ser aceitável.

Em segundo lugar, você deve mudar a métrica de forma a evitar a ancoragem feita por uma oferta extrema. Mesmo que tenha considerado a oferta do outro lado fora de cogitação, é provável que você possa ter sido ancorado. Aconselhamos a mudança do foco da negociação para outro ponto qualquer; não deixe que a negociação gire em torno dessa oferta, isso pode fazer com que o seu efeito de ancoragem seja fortalecido. Nossa sugestão é mudar a métrica em discussão, de forma que o impacto da ancoragem seja diminuído.

Segue um exemplo do que queremos dizer com isso. Em uma negociação na qual servimos como consultores, nosso cliente era um empresário de uma consultoria de *software*. Ele havia decidido vender a empresa se conseguisse um preço bom o bastante, e estava conversando com vários potenciais compradores antes de nos chamar. O comprador mais atrativo era uma empresa relacionada com o setor de *software*, representada por um banco de investimentos com experiência muito significativa de mercado. O empresário não tinha certeza a respeito do máximo que o comprador estaria disposto a pagar. Em um mercado razoavelmente agressivo, ele estava com esperança de que o preço fosse de US$ 40 milhões ou mais.

Os executivos do banco de investimento, porém, abriram com uma afirmação clara: "Nós fizemos 19 aquisições de empresas de serviço de *software* neste ano, e nunca pagamos mais que 12 vezes o lucro da empresa, menos os descontos de uma empresa privada". Embora eles não tenham nomeado um preço, uma escala de preços ficou implícita entre US$ 15 e US$ 18 milhões, abaixo do preço mínimo de US$ 20 milhões do empresário e muito longe do seu preço-alvo de US$ 40 milhões. O movimento dos executivos do banco influenciou as percepções do empresário sobre a ZOPA, que encolheu em sua mente. O melhor que ele pensou aspirar foi algo em torno de US$ 25 milhões. Foi nesse ponto que o empresário, já efetivamente ancorado, nos contatou.

A nossa sugestão foi que ele deixasse que discutíssemos a questão da valorização em seu nome. Apresentamo-nos como agentes razoavelmente sofisticados, com experiência em Wall Street e em outras formas de investimento, mas com pouca experiência no ramo de *software*. Assim, em vez de compor a ancoragem já estabelecida, nos concentrando em múltiplos dos lucros de transações comparáveis (como havia feito o executivo do banco de investimentos), preparamos uma análise do fluxo de caixa descontado, que apresentava uma avaliação da companhia como um todo. Apresentamos a avaliação ao comprador e ao executivo do banco dizendo que a havíamos feito baseada em um número de suposições e que estávamos abertos à discussão. De fato, havíamos feito algumas suposições que pareciam (para nós) razoavelmente agressivas, e que implicavam em uma avaliação aproximadamente o dobro do que o comprador havia proposto, embora nunca tivéssemos discutido múltiplos de lucro. Começamos discutindo nossas suposições e oferecemos a possibilidade de revisá-las, se fôssemos persuadidos a tanto.

O que aconteceu aqui? A métrica mudou, dos múltiplos dos lucros para a avaliação da empresa baseada em uma análise do fluxo de caixa descontado. Em outras palavras, os executivos do banco estavam ancorados na nossa nova métrica, e durante o restante da negociação, negociamos *para baixo* de um preço alto, ao invés de *para cima* de um preço baixo. A transação foi fechada em um valor muito mais alto de múltiplo dos lucros que qualquer outra indústria nos últimos dois anos. De um ponto de vista tático, não estávamos tentando mudar o método de avaliação pelo fato dele implicar uma avaliação mais alta, embora o tenhamos utilizado para isso. Mudamos para um novo método com o objetivo de mudar a métrica, descongelar a ancoragem feita anteriormente e estabelecer uma nova, e mais favorável, âncora na nova métrica.

Como negociar em direção ao fechamento?

Os negociadores geralmente fecham acordos de preço com uma série de concessões recíprocas. A negociação tipicamente termina quando:

- um dos lados está convencido de que o outro lado não vai mais avançar,
- um dos lados não está confortável utilizando táticas que induziriam o outro lado a fazer mais concessões,
- ambos os lados concordam em um princípio do que é justo e razoável como resultado na ZOPA.

Vamos olhar primeiro para a questão das concessões. Lembre-se que cada um desses passos é uma oportunidade para aprender a respeito da parte *deles* da ZOPA e de moldar as percepções a respeito da *sua* parte da ZOPA.

Utilize concessões convergentes de forma criativa. É possível utilizar padrões de concessão para moldar a percepção da outra parte sobre o limite máximo da sua ZOPA. Recentemente orientamos uma empresa em uma série de processos judiciais relacionados. A opção de *no-deal* da empresa era defender-se no tribunal. A nossa análise sugeria que, nesse caso, o custo esperado seria acima de US$ 50 milhões, baseado na análise de um caso apenas. Uma análise mais completa teria de considerar que outros processos carregariam o associado com (1) perder o caso ou (2) ser forçado a divulgar informações, seja durante a investigação ou o julgamento, que afetariam outros casos. Começamos a negociação de acordo em US$ 20 milhões, fizemos a nossa primeira concessão para US$ 28 milhões e a seguir para US$ 32 milhões e depois para US$ 34 milhões e assim sucessivamente. A cada concessão que fizemos mostrando que nosso limite máximo estava próximo diminuimos o valor pela metade. O acordo final foi fechado em US$ 36 milhões, um valor que a empresa considerava aceitável.

Use o princípio da reciprocidade em processos de concessão. Mantenha em mente a poderosa norma da reciprocidade, discutida anteriormente. Quando o outro lado faz uma concessão, você pode sentir um impulso de retribuir. Isso explica parcialmente por que, quando o ponto central entre a oferta inicial e a contra-oferta cai na ZOPA, é uma boa indicação do resultado final.

Para evitar a tendência inconsciente para o ponto central, você pode mostrar falta de vontade em fazer concessões simétricas. Em acordos legais como o descrito anteriormente, argumentamos que as nossas concessões eram dinheiro real que vinha do bolso dos acionistas, enquanto que as concessões deles provinham de teorias especulativas a respeito de dano. Portanto, dissemos, eles teriam de fazer concessões muito maiores para atingir uma paridade significativa.

No fechamento, a norma da reciprocidade muitas vezes impulsiona os dois lados para uma "divisão das diferenças". Como uma forma de concluir o processo, algumas vezes essa situação faz sentido, principalmente se as duas ofertas já estão próximas e ambas se encontram em uma faixa aceitável. Contudo, se você sugerir dividir a diferença, e o outro lado decidir jogar duro, a sua vontade expressa diz a eles que o ponto central entre as duas últimas ofertas é aceitável para você e que se encontra na ZOPA. Eles podem simplesmente agradecer pela sua concessão em relação ao ponto central, embolsá-la e fazer uma minúscula contra-oferta. Assim, divida as diferenças algumas vezes, mas faça isso cuidadosamente.

Evite compromissos sem apoio; considere compromissos com apoio. Em uma negociação a respeito de preço, muitas vezes é difícil persuadir a outra parte de que você não pode mais avançar. O seu "pegar ou largar" final muitas vezes conduz à sua oferta "final, final" e a seguir para a sua "oferta final, final, final". O ideal é que a sua convicção e reputação façam essa afirmativa ter credibilidade. Porém, alguns fatores externos podem ser ainda mais persuasivos.

Por exemplo, quando o cliente da vendedora Rhoda exige um desconto significativo, ela pode explicar que assinou diversos contratos com outros clientes, que garantiram vendas anuais maiores que as que você está oferecendo e ainda pagam um preço maior do que você espera conseguir. Muitos dos contratos mais importantes de Rhoda continham uma cláusula da "nação mais favorecida", que garantia a esses outros clientes o melhor preço que Rhoda garantiria para outros clientes. Para que Rhoda assinasse o acordo por um preço menor, seria necessário que ela fizesse pagamentos de compensação adequados a outros clientes, o que tornaria o acordo com o cliente atual não-lucrativo. Isso é o que chamamos de *compromisso com apoio*, pois não é apenas Rhoda quem afirma que não fará maiores cortes de preços, mas algo *fora* da vontade das partes que está dando apoio (a cláusula de Nação Mais Favorecida).

Estudos de laboratório sugerem que tentativas de firmar compromissos sem apoio dentro da ZOPA, e assim melhores que a opção de *no-deal* do outro lado, têm mais possibilidade de serem rejeitadas pelo outro lado que compromissos com apoio, mesmo que a oferta seja aceitável.[18] Ceder à outra parte pode ser muito mais difícil que ceder para uma força externa.

Respondendo aos compromissos. Da mesma forma que a chefe diz que gostaria de oferecer-lhe um orçamento maior, mas não pode por causa do precedente que isso abriria, um comprador pode buscar um compromisso dizendo: "Posso assinar contratos até US$ 500.000, acima disso eu tenho de submeter esse pedido a um comitê, cujo objetivo é analisar criticamente contratos de consultoria para manter os nossos custos o mais baixo possível. O comitê não aprovou nenhum desses pedidos ainda. Se você puder fazer o serviço por US$ 500.000, posso incluir a sua empresa".

O comprador demonstrou interesses que (ela acha) você não consegue cumprir e, nesse caso, ela não precisa seguir adiante*. É parte do seu trabalho saber (1) se existe este comitê e (2) caso exista, como ele funciona. O contrato poderia ser dividido em duas partes? Uma de US$ 350.000 dando aborda de questões estratégicas, e outra de US$ 275.000, mais voltada para questões de design organizacional que facilitariam a implementação? Quão diferentes deveriam ser os acordos para evitar a noção de que o seu interlocutor estava tentando contornar a análise comitê? Que categorias de contratos evitariam o comitê? E se uma executiva de alto escalão sentisse a necessidade de que esse contrato fosse aprovado rapidamente?

Às vezes a melhor maneira de lidar com um compromisso expresso pelos seus interlocutores é ajudá-los a sair dele tranqüilamente, tratando-o como uma aspiração e não como um compromisso. ("Posso entender porque vocês gostariam de pagar apenas US$ 50.000.") Eles podem se comprometer com uma certa cláusula do contrato dizendo: "Como política da empresa, não fechamos contratos com vendedores que não

---

[18] Veja S. B. Bacharach and E. J. Lawler, *Bargaining: Power, Tactics and Outcomes* (San Francisco: Jossey-Bass, 1981).

* N. de T.: Tais compromissos criam um desafio para a negociação.

indenizem a violação da propriedade intelectual de terceiros". Você pode considerar o compromisso baseado em políticas da empresa como uma aspiração: "Eu compreendo porque você gostaria que outra pessoa ficasse com todo o risco".

Novamente, o esclarecimento é importante. "Que aspectos da violação da propriedade intelectual mais o preocupam? Você já teve algum problema com um dos seus consultores em razão de infração desse tipo?". Muitas vezes a identificação da preocupação pode reduzir o escopo das exigências em uma área na qual você se sente confortável, e assim desfazer ou reduzir o escopo do compromisso em questão.

Meta-ancoragem: estruturando a negociação como um todo

Dissecados os componentes da dança da negociação, gostaríamos agora de voltar um pouco e explorar como suas táticas podem moldar de forma vantajosa o contexto mais amplo para esses passos. Muitos negociadores ancoram com a negociação não focando em números (como o preço ou termos financeiros), mas na *natureza* do problema a ser resolvido. Esses movimentos de *meta-ancoragem* podem moldar as expectativas das partes em um nível mais alto de abstração da ZOPA, além do que qualquer número conseguiria fazer. A meta-ancoragem ajuda na contextualização do problema, podendo influenciar as percepções do outro lado a respeito da ZOPA e o resultado final negociado. (Na nossa discussão anterior sobre a venda da empresa de *software* podemos dizer que usamos a meta-ancoragem como um método vantajoso de avaliação e não simplesmente como uma âncora em um determinado preço.)

Vamos examinar os passos mais importantes na preparação de uma meta-ancoragem eficaz.

Faça um *brainstorm* de possíveis meta-âncoras

Para realizar uma meta-ancoragem eficaz, observe de forma criativa as várias formas de caracterizar o problema da negociação. Algumas caracterizações têm impacto direto no tipo apropriada de solução. Ou, pelo menos, no processo ou no tipo de pessoa mais apropriada necessário para realizá-la. Por exemplo, estruturar uma negociação como "uma extensão rotineira de um acordo existente" pode ser percebido com menos atenção do que abordá-la como "um novo contrato", mesmo quando questões substanciais são idênticas.

Aqui está um caso real que mostra esse primeiro passo: uma pequena empresa de pesquisa que vamos chamar de R&DCo desenvolveu uma tecnologia extremamente inovadora. Pouco tempo depois, a Acquirer, uma empresa muito maior, abordou a R&DCo com o intuito de comprar a empresa. Em vez de desqualificar a oferta, como fez com outros possíveis compradores, a R&DCo levou a sugestão da Acquirer a sério. A R&DCo sentia que as suas vendas estavam restritas pelo pequeno tamanho da empresa e pela falta de capital, pela necessidade de incluir sua tecnologia em sistemas maiores, como os da Acquirer e pelos canais de distribuição fracos. A aquisição por uma empresa como a Acquirer poderia ser estratégica e melhorar esta situação.

Na preparação para as negociações com a Acquirer, a R&DCo identificou duas possíveis meta-âncoras. A primeira concebia a negociação como uma *simples* compra da R&DCo. A segunda concebia o acordo como uma tentativa de criar *sinergia* pela combinação da experiência tecnológica da R&DCo com as vendas, a distribuição e o *marketing* da Acquirer; pelo uso das tecnologias da R&DCo em outros mercados, utilizando o tamanho da Acquirer para garantir novas vendas para a R&DCo. Dessa maneira, seria possível dividir essa sinergia entre as duas empresas.

Avalie as implicações de diferentes meta-âncoras

Após identificar maneiras de contextualizar o problema, avalie as suas implicações. Quais meta-âncoras poderiam conduzir a acordos mais favoráveis? Quais poderiam conduzir o processo a um abismo? Por exemplo, negociadores estrangeiros descrevem o extremo cuidado com que abordam os interlocutores norte-americanos quando o tema é a regulamentação da transferência de dados. Se a meta-âncora são as "informações de dados" ou, pior, "dados escritos", os negociadores americanos costumam invocar a primeira emenda da Constituição americana e a respectiva preocupação com a liberdade de expressão, complicando a negociação. Se a metáfora nessas negociações são os "dados como *commodity*", no entanto, as conversações podem prosseguir como uma negociação normal, pois a regulamentação de *commodities* é aceita pela maioria dos países.

No nosso exemplo, a verdadeira negociação entre a R&DCo e a Acquirer a respeito do preço será moldada possivelmente pela metáfora que as empresas decidirem adotar. Será uma transação financeira, na qual a R&DCo será avaliada unicamente a partir de questões financeiras? Ou a negociação será sobre a estimativa e a divisão da sinergia criada pelo acordo? A avaliação da R&DCo pelo seu valor como empresa isolada favoreceria o comprador, pois o valor da R&DCo aumentaria de forma significativa nas mãos da Acquirer. Em contraste, fazer uma meta-ancoragem das vendas como um problema da futura sinergia aumentaria o preço de venda por ação pelo foco no valor a ser criado pela combinação das tecnologias da R&DCo com os produtos, o *marketing* e a distribuição da Acquirer. Está claro que a R&DCo certamente preferiria essa última alternativa.

Antecipe o ponto de vista do outro lado

A seguir coloque-se no lugar do seu interlocutor, antecipando tanto as suas reações à meta-ancoragem escolhida por você quanto os tipos de meta-ancoragem que ele pode propor. Você precisará de um plano para lidar com as tentativas de meta-ancoragem do outro lado, incluindo a possibilidade de meta-ancoragem preemptiva. Um negociador bem preparado muitas vezes pode oferecer uma meta-âncora vantajosa que o outro lado adota inconscientemente, sem objeção, logo nos primeiros estágios da negociação. Ao mesmo tempo, um negociador proativo tomará cuidado para antecipar e preparar uma resposta às meta-âncoras que ele ou ela esperam que o outro lado vá lançar.

A R&DCo, por exemplo, esperava que a Acquirer abrisse a negociação afirmando que as suas aquisições são baseadas apenas no valor da empresa como entidade isolada. Para fazer uma meta-ancoragem nos seus próprios termos, o diretor da R&DCo afirmou educadamente (e verdadeiramente) logo no início da conversa: "Quase mensalmente, nós recusamos propostas de possíveis compradores que querem nos avaliar a partir de um ponto de vista autônomo, independente. Estamos interessados em conversar com vocês por causa do potencial de sinergia entre as nossas duas empresas. Se quiserem discutir como avaliamos e dividimos os ganhos conjuntos da combinação das nossas empresas, estamos muito interessados em conversar. Entretanto, se estão interessados em considerar unicamente o nosso ganho financeiro, vocês estarão perdendo um tempo precioso. Vocês acham que faz sentido prosseguirmos?".

A R&DCo conseguiu fazer uma meta-ancoragem bem-sucedida na negociação, fazendo do valor da empresa o piso sobre o qual uma sinergia estimada seria dividida entre as partes.

De volta à criação e apropriação de valor

Este capítulo se concentrou unicamente nas táticas de apropriação de valor. No seu decorrer, analisamos táticas em termos de tarefas gêmeas: (1) conheça a verdadeira ZOPA e (2) molde de forma favorável as percepções da ZOPA do outro lado.

Como salientamos nos capítulos anteriores, a maior parte das negociações oferecem a oportunidade de criar *e* exigir valor. As táticas abordadas neste capítulo, um guia por si só, têm aplicações que vão muito além dos acordos de preço puro abordados aqui. O nosso próximo foco na mesa passa do estreito problema de moldar a percepção da ZOPA à resolução conjunta de problemas, necessária para a criação e apropriação de valor.

- Lembre-se das tarefas gêmeas: conheça a verdadeira zona de possível acordo (ZOPA) e molde de forma favorável as percepções a respeito dela.
- Aprenda sobre a ZOPA com a utilização de pesquisas, analisando a sua melhor opção de *no-deal* e a melhor opção do outro lado. Continue monitorando os movimentos do outro lado para conseguir informações relacionadas à ZOPA. Atualize a sua avaliação da ZOPA freqüentemente.
- Concentre-se na oportunidade. Como parte da sua preparação considere a possibilidade de escrever um curto parágrafo sobre o que você espera alcançar, ao invés do que espera evitar.
- Estabeleça um objetivo razoavelmente agressivo.

- Molde as percepções da ZOPA através de:
  - Meta-ancoragem – A negociação pode se resolver com a redefinição do problema. Faça um *brainstorm* de possíveis meta-âncoras, avalie as suas implicações e tome a iniciativa de fazer a meta-ancoragem da negociação de forma favorável e desvie de meta-âncoras desfavoráveis.
  - Ancoragem direta com ofertas favoráveis, números ou informações e "ofertas não-ofertas" e "ofertas extremas, mas flexíveis". Não esqueça de justificar as suas propostas.
- Considere a possibilidade de fazer a primeira oferta, de forma extrema, mas flexível, ou na forma de uma oferta não-oferta, para conseguir os benefícios da ancoragem.
- Utilize a regra do ponto central para responder a uma oferta; faça uma contra-oferta de forma que o ponto central entre os dois números seja o seu alvo.
- Evite ser ancorado por uma oferta extrema – comunique claramente que a oferta é inaceitável, mude a métrica para descongelar a âncora e promova uma ancoragem mais favorável.
- Utilize padrões de concessão que se aproximem de um suposto limite, e fique atento à possibilidade da seu interlocutor também utilizar essa tática.
- Utilize e fique alerta em relação à norma da reciprocidade, as suas concessões podem induzir uma deles e vice-versa.
- Utilize o princípio do contraste, a oferta que se segue a uma oferta extrema pode parecer mais generosa do que de fato é.
- Seja cauteloso em relação à divisão da diferença e somente considere essa alternativa quando as últimas ofertas estão próximas.
- Convença o seu interlocutor de que dizer sim ao seu preço é melhor que as alternativas que eles possuem, que a aceitação de um preço que seja bom para você é uma boa (e justa) escolha para eles e que restrições sobre você são ineficazes.
  - Prepare argumentos em relação ao que é ou não é justo e se prepare para responder a esses argumentos.
  - Evite compromissos sem apoio. Considere a possibilidade de fazer compromissos com apoio.
  - Trate os compromissos sem apoio como aspirações. Quando eles apóiam suas tentativas com uma demonstração clara de que certos interesses seriam prejudicados caso eles mudem, desfaça os compromissos deles buscando outras maneiras de satisfazer a esses interesses.

CAPÍTULO 13

Solucione Problemas Conjuntos para Criar e Exigir Valor

Para resolver o seu "problema" de exigência de valor individual, suas táticas devem ajudá-lo a identificar a verdadeira zona de possível acordo (ZOPA) e a moldar as percepções do outro lado da maneira que lhe seja mais favorável. Mas a maioria das negociações não trata apenas da apropriação de valor. A nossa discussão de quatro capítulos sobre o design de acordos de criação de valor mostrou alguns princípios e orientações para "avançar na direção nordeste" (lembre-se da nossa orientação a respeito de trabalhar as diferenças e maximizar o valor total) e ofereceu muitos exemplos de acordos que eram aparentemente de preço, mas que traziam um considerável potencial cooperativo.

A partir destes princípios do *design* do negócio e da compreensão de táticas de pura exigência de valor do último capítulo, vamos agora para a mesa em busca de táticas de criação *e* apropriação de valor, principalmente no longo prazo. No final do dia, você quer criar todo o valor possível conjuntamente, apropriar-se de uma boa parte dele e não ser explorado por alguém que exige valor. Isso é um desafio, principalmente quando o outro lado está jogando duro. Essa pode ser apenas uma questão tática ou talvez os dois lados não estejam percebendo o potencial de ganhos conjuntos. De qualquer maneira, este capítulo oferece muitas sugestões para forçar a negociação a seguir uma direção produtiva.

Apresentamos aqui a essência do problema conjunto que as nossas táticas devem buscar resolver. A criação de valor pede colaboração no levantamento das informações – sobre interesses, visões e capacitações – e no uso dessa informação com o objetivo de gerar opções mutuamente benéficas. Para isso é necessário comunicação, confiança, abertura e criatividade. Contudo, essas mesmas qualidades podem deixá-lo vulnerável à exploração por alguém que exige valor. Se você colocar todas as cartas na mesa, e os outros participantes mantiverem as suas ocultas, é possível que você não seja muito bem-sucedido. Se todos esconderem suas cartas, revelando pouco e buscando brechas para a exploração, fica quase impossível o desenvolvimento de ganhos conjuntos. É possível que você e seu interlocutor acabem brigando por uma fatia pequena.

Colocado de outra maneira, podemos dizer que as informações são facas de dois gumes: essenciais para solucionar o problema conjunto e para a criação de valor, mas fonte de vulnerabilidade para alguém que busque exigir valor. Não é possível separar os processos de criação e exigência de valor. A maneira como você cria valor afeta a forma como este valor será dividido. E toda a batalha na divisão da fatia freqüentemente afeta o quanto ela é expandida. A administração produtiva da tensão criação-exigência é a essência de uma negociação bem-sucedida. Táticas de resolução de problemas, aplicadas com completo entendimento da exigência de valor da negociação, oferecem o melhor caminho para resultados satisfatórios.

Processos de negociação construtivos, nos quais o valor é criado e exigido, muitas vezes tendem a enfatizar a natureza conjunta do problema a ser resolvido. Eles salientam:

- A conciliação dos verdadeiros interesses das partes, em vez da batalha por posições.
- As possibilidades conjuntas futuras, em vez de discussões a respeito do passado e de quem estava certo ou errado e de quem foi a culpa.
- Discussões factuais, ao contrário de amplas generalizações.
- Resolução de problemas conjuntos em vez de posturas antagônicas.

Não temos a ilusão de reunir o conhecimento a respeito da criação e da exigência de valor em um único capítulo. Vamos combinar, porém, nossa própria experiência e as prescrições de outros profissionais para sugerir algumas orientações táticas que irão fazer com que você tenha melhores resultados em situações diferentes, em que existe a possibilidade de criação e exigência de valor.[1]

O nosso conselho tático está dividido em quatro áreas básicas, que serão as quatro seções deste capítulo:

1. Pergunte, escute e aprenda.
2. Divulgue a informação de forma estratégica.
3. Estimule um processo de negociação atraente e produtivo.

---

[1] Livros que fizeram contribuições importantes: R. Fisher, W. Ury, and B. Patton, *Getting to Yes: Negotiating Agreement Without Giving In* (New York: Penguin, 1991); W. L. Ury, *Getting Past No* (New York: Bantam, 1991); D. Kolb and J.Williams, *Everyday Negotiation: Navigating the Hidden Agendas in Bargaining* (San Francisco: Jossey-Bass, 2003); R. Cialdini, *Influence: The Psychology of Persuasion* (New York: William Morrow, 1984); J. Conger, *Winning 'em Over: A New Model for Management in the Age of Persuasion* (New York: Simon & Schuster, 1998); R. H. Mnookin, S. Peppet, and A. Tulumello, *Beyond Winning: Negotiating to Create Value in Deals and Disputes* (Cambridge, MA: Harvard University Press, 2000); D. Stone, B. Patton, and S. Heen, *Difficult Conversations: How to Discuss What Matters Most*, (New York: Penguin Books, 1999); and R. Levine, *The Power of Persuasion: How We're Bought and Sold* (Hoboken, NJ: Wiley, 2003).

4. Adote um estilo persuasivo.

Cada uma dessas táticas deve ser abordada com um agudo senso de administração produtiva dos aspectos de criação e de exigência.

Pergunte, escute e aprenda

Na mesa você aprende escutando e observando. Você raramente aprende quando está falando!

Especialistas em vendas dizem que a maior parte dos vendedores fala 80% do tempo e escuta somente 20% do tempo; e que os vendedores mais eficientes escutam 80% e falam somente 20%. Um dos maiores desafios em negociações é difícil escutar enquanto se está falando. Mesmo quando o outro lado está falando, você tende a se concentrar na próxima coisa que vai falar. Assim, escutar de verdade o que o outro lado está dizendo e processar essa informação exige um esforço adicional. Daremos algumas sugestões a seguir.

Tente a escuta ativa. A escuta ativa, na qual você devolve para o outro lado o que ele ou ela acabou de dizer, ajuda você diminuir o processamento e a concentrar a sua atenção no que a outra parte está dizendo. Por exemplo: "Deixe-me ver se eu compreendi o que você está dizendo. Você está preocupada que o seu bônus está relacionado com projetos em que está trabalhando, e caso a empresa decida alocar mais trabalho para outros, a sua compensação iria cair, ainda que esse repasse de tarefas aumente o lucro da empresa. Se eu entendi bem, você gostaria de manter o seu bônus no mesmo patamar do último ano. Você poderia falar um pouco mais sobre isso?".

A repetição do que você ouviu usando outras palavras, seguida de uma pausa, muitas vezes oferece a possibilidade do outro lado ampliar o ponto em questão, e compartilhar mais das motivações envolvidas – o que pode ser útil. Também permite que o seu interlocutor esclareça algumas afirmações e sua posição. Além do mais, e muito importante, se você fica testando o seu entendimento e compreensão, eles *sabem* que você está escutando.

Evite perguntas que têm sim ou não como resposta. Perguntas que exigem um simples sim ou não como resposta podem ser danosas. Por exemplo: "Você está querendo dizer que não quer nenhum acordo que garanta retorno total para você e para sua equipe?". É uma resposta complicada, pois a pessoa tanto pode responder um não e se contradizer ou investir na sua própria credibilidade mantendo o sim (de qualquer maneira você está em uma situação pior do que se não tivesse feito uma pergunta de sim ou não).

Faça perguntas abertas. Em muitos casos, as perguntas mais eficazes são perguntas abertas. Por exemplo:

- "Por quê? Por que não?" – "Você disse que o seu pessoal de contratação não quer nos reembolsar por despesas que antes eram pagas. Você pode explicar por que isso é importante agora?". Ou: "Você disse que não concorda com aumento de preço nos próximos dois anos. Será que você poderia nos contar mais a respeito dessa situação e o que está por trás do seu pensamento?".

- "E se nós fizéssemos desta maneira?". – "E se entregássemos uma fatia maior do nosso negócio? Como isso afetaria a situação dos custos e das vendas? Em quanto você poderia reduzir o custo unitário?".

- "Como funcionaria, segundo seu ponto de vista?". – "O que você diria se nós aumentássemos as taxas dos seguintes serviços, nas seguintes circunstâncias?".

- "Que tipo de problemas essa situação criaria para você?". – "Se chegássemos a um acordo em relação ao fornecimento de capital para bancar as necessidades de caixa que esse acordo exige de você, em troca de uma parte significativa do retorno que você ganharia? Quais os prós e contras que uma situação como essa apresentaria para você?".

Depois de perguntar, *escute de verdade*. Quando você começa a fazer propostas, escute as objeções que aparecem. Essas objeções podem lançar luz em interesses que não tinham aparecido anteriormente, e que não estão refletidas nas suas propostas. As objeções podem permitir que você molde novos pacotes que melhor servem aos *seus* interesses, assim como aos deles.

Traga um ouvinte. Quando você negocia em equipe, é útil incluir na equipe um ouvinte, alguém que escute cuidadosamente, sem falar, e que tome notas.

Divulgue informações estrategicamente

É óbvio que você precisa fazer muito mais do que escutar atentamente; você deve falar a respeito das suas próprias necessidades e expectativas. Seguem algumas idéias previamente testadas em negociações, que revelam informações ao mesmo tempo em que possibilitam conseguir mais informações a respeito do outro lado.

Comece pelo final

Um executivo bem-sucedido do ramo industrial começa as suas principais negociações sentando com o seu cliente e escrevendo um *press release* positivo a respeito do que ambas as partes esperam da negociação. Falando de início sobre o acordo conjunto, ele aprende sobre os principais interesses do seu interlocutor e também compartilha os seus próprios. Ambos se concentram na oportunidade, em vez de nas barreiras e nos obstáculos. Ao mesmo tempo, ambos os lados começam a se comprometer psicologicamente com o acordo. Quando a negociação chega a um ponto difícil, o executivo pega o *press release* para reorientar o esforço.

Utilize a norma de reciprocidade para construir a confiança e compartilhar/adquirir informações

No capítulo anterior, apresentamos o conceito de "norma de reciprocidade", que faz com que queiramos retribuir quando alguém nos ajuda em alguma situação. É uma força psicológica extremamente forte, que você pode utilizar para conseguir ainda mais informações.[2]

Compartilhe informações de baixo custo e estimule o outro lado a fazer o mesmo. Se os números do seu interlocutor não aparecerem, ou se eles parecerem enganosos, considere a possibilidade de discutir abertamente o que você está tentando fazer. Ou seja, dar e receber informações que permitam desenvolver conjuntamente um acordo benéfico para os dois lados. O compartilhamento de informações faz com que as duas partes fiquem vulneráveis, assim é mais seguro se ambas as partes o fizerem.

Se eles *concordarem*, forneça informações adicionais e peça ainda mais.[3] Em muitas negociações, você pode utilizar o poder da norma de reciprocidade para construir a confiança com o tempo. Você pode fazer um favor pessoal, levar o seu interlocutor para comer ou beber alguma coisa, fornecer informações úteis fora da negociação, ou fazer alguma outra coisa positiva. Todas essas ações têm como objetivo a construção da confiança. A confiança, por sua vez, permitirá que você e o outro lado compartilhem informações que irão permitir a criação de valor.

Apresente múltiplas ofertas equivalentes

Para aprender mais sobre os interesses e *trade-offs* do outro lado, você pode apresentar dois pacotes de mesmo valor e, sem pedir que ela aceite ou rejeite um deles, perguntar qual dos dois é melhor. Se você desenvolveu os pacotes cuidadosamente, aprenderá bastante a respeito dos *trade-offs* do seu interlocutor, e seguirá em direção à criação de valor conjunta revelando pouco das suas próprias preferências.

Da mesma forma, se você é comprador de um produto ou serviço que possua várias características, você pode pedir ao vendedor que dê o preço do produto com

---

[2] Veja Cialdini, *Influence*, 17–56.
[3] Esta seção resume uma discussão extensa apresentada em D. A. Lax and J. K. Sebenius, *The Manager as Negotiator* (New York: Free Press, 1986), 158–166; e é fortemente inspirada por R. Axelrod, *The Evolution of Cooperation* (New York: Basic Books, 1984).

ou sem determinadas características. Dessa forma você pode aprender a respeito dos *trade-offs* outro lado sem revelar muitas informações.[4]

Faça uma seqüência cuidadosa dos assuntos e negocie pacotes

No Capítulo 7, nos concentramos no seqüenciamento das partes e dos estágios da negociação; agora voltamos ao seqüenciamento dos assuntos e das questões e de que forma ele pode ajudar a criar e a exigir valor. É claro que para montar a seqüência adequada é necessário que você entenda o conjunto completo de interesses associados com a questão, bem como o seu inter-relacionamento com outras questões. Por exemplo, se você está negociando a forma de determinada transação, seja por fusão, aquisição, ou um empreendimento conjunto, a forma inicial como você apresenta o tema pode determinar o próprio rumo que a negociação irá tomar.

A orientação mais comum a respeito da ordem em que as questões devem ser apresentadas é colocar "as questões mais fáceis" em primeiro lugar. Olhando pelo lado positivo, essa abordagem pode ajudar a construir a confiança e a noção de que o progresso é possível, permitindo a preparação para questões mais complexas. Resolver as questões mais fáceis é uma forma de simplificar o restante da negociação.

Entretanto, quando você coloca as questões mais fáceis no início, as questões restantes podem ser justamente aquelas que vão pedir por batalhas mais duras de exigência de valor. Essa abordagem "questão a questão" pode inadvertidamente transformar um acordo potencialmente cooperativo em um acordo altamente competitivo, com riscos de impasse perto do seu término. Isso acontece muitas vezes quando todos os pontos são discutidos, menos o preço, e as partes apresentam posicionamentos muito distantes a esse respeito. Como discutimos no Capítulo 5, a elaboração de um pacote abrangente, com enfoque na criação de valor, e no qual nada pode ser decidido até que todo o pacote seja negociado, pode mudar de forma proveitosa a dinâmica da negociação.

Quando o presidente americano, Jimmy Carter, negociava o tratado de paz entre o presidente egípcio Sadat e o primeiro-ministro israelense Begin, em Camp David, ele enfrentou uma situação parecida: "O único problema sério era o desejo de Sadat de apagar todo o parágrafo a respeito de Jerusalém. Eu sabia que os israelenses queriam o mesmo, mas não disse isso a Sadat. Guardei essa concessão, caso precisasse barganhar mais tarde".[5] No início do processo, Carter havia montado o pacote com uma

---

[4] Negociadores utilizam essa tática há muitos anos. Sugerimos o seu uso em *The Manager as Negotiator*, ela também foi previamente sugerida em H. Raiffa, *The Art and Science of Negotiation* (Cambridge, MA: Harvard University Press, 1982); veja também V. Medvec and A. D. Galinsky, "Putting More on the Table: How Making Multiple Offers Can Increase the Final Value of the Deal," *Negotiation* (2005): 1–4; e V. Medvec et al., *Navigating Competition and Cooperation: Multiple Equivalent Offers in Deal-Making* (Toronto: University of Toronto, Rotman School of Management, 2005).

[5] J. Carter, *Keeping Faith: Memoirs of a President* (New York: Bantam, 1982), 397.

questão relativamente fácil, o fato dos egípcios e dos israelenses quererem o mesmo resultado (deferir a situação de Jerusalém), junto com outras questões. Fazendo isso, Carter incluiu no pacote final (menos Jerusalém) ganhos para os dois lados, evitando um ganha-perde mais arriscado.

A dinâmica da negociação envolvendo questões fáceis pode se tornar complexa. Por exemplo, diante de duas questões, uma delas não tão importante e a outra de importância vital, alguns negociadores irão lutar arduamente pela mais importante, e depois serem mais flexíveis em relação à questão mais fácil, compensando comportamentos mais agressivos. Outros negociadores preferem "ceder" primeiro na questão menos vital, buscando gerar pressão em relação à norma de reciprocidade na questão remanescente. Entretanto, o que pode ser uma questão fácil para você pode ser a questão mais crítica na percepção do outro lado, ou pelo menos tão importante quanto qualquer outra questão. Você poderá perceber, ou não, no momento que "ceder" em relação a essa questão. Se você já disse sim a uma questão dessas, terá menos pontos de barganha para os tópicos mais difíceis quando for abordá-los mais tarde. Essa possibilidade amplia a idéia de trabalhar com pacotes em vez de usar uma abordagem questão a questão.

Uma implicação adicional desta lógica de seqüênciamento afeta a gestão da agenda de negociação. Na negociação de grandes contratos, é comum que o advogado de uma das partes faça uma lista de questões pendentes, buscando fechar cada uma delas antes de partir para a próxima. Ao mesmo tempo em que esse método de trabalhar a agenda ajuda a organizar as questões pendentes, é quase certo que ele deixará valor intocado na mesa. Caso as partes tenham interesses divergentes em cada uma das questões, elas chegarão a um meio-termo em cada um dos tópicos. Com isso deixarão de atender um princípio básico da criação de valor. Para que todos fiquem satisfeitos, a parte que valoriza mais determinados aspectos deve oferecer "compensações". Essas compensações podem ser a concessão da mesma situação favorável em relação a questões de maior importância para as outras partes (contanto que as questões sejam de importância semelhante para elas). Assim, o acordo que busca abordar questões individualmente, tende a ter resultados substancialmente piores para todos do que o acordo direcionado para as diferenças de interesse, facilitando as trocas. Embora a pauta por tópicos seja muitas vezes o procedimento padrão de muitas negociações complexas, aconselhamos a utilização de negociação por pacotes, sempre que possível.

Adote um processo de negociação atraente e produtivo

O processo é importante.

Como explicamos no Capítulo 5, as pessoas tendem a se sentir melhor e a valorizar mais um acordo feito em um processo que elas consideram justo. De mesma forma, tendem a rejeitar ofertas, ainda que tentadoras, se o processo parece coercitivo de alguma maneira.

Descobrimos orientações muito úteis no livro *Getting Past No*, escrito pelo nosso amigo e colega Bill Ury.[6] Mesmo tendo como foco a orientação no trato de pessoas difíceis, o livro também funciona em contextos menos agressivos. A idéia central é que você deve transformar o processo de negociação de "um contra o outro" para a concepção "juntos contra o problema". Não pense no outro lado como "eles", ou como os seus adversários; busque alinhar os seus esforços contra o problema de elaborar conjuntamente acordos dentro dos interesses de cada um, em uma base duradoura, no lugar de olhar para a outra parte na mesa.

A configuração física da negociação pode desempenhar um papel importante aqui. Quando os dois lados entram em uma sala de reunião e se posicionam em lados opostos da mesa, essa configuração física pode quase sempre funcionar como um palco pré-montado, impulsionando inconscientemente cada um dos lados para agir segundo papéis adversários. Já vimos negociadores que conseguiram quebrar esse molde inconsciente, convidando ambos os lados para sentarem do mesmo lado da mesa, juntos, em oposição a um quadro branco no qual o "problema" estava resumido. Você se surpreenderia se soubesse que encontros desse segundo tipo tendem a ser mais produtivos?

Seguindo o conselho de Ury, sugerimos que você reestruture o seu processo de negociação nas seguintes direções.

Mude de um diálogo baseado em posições para um diálogo baseado em interesses

Mesmo quando a discussão parece estar muito focada, os interesses que estão motivando o outro lado são freqüentemente mais ricos do que as suas posições de barganha. Lembre da nossa discussão sobre interesses no Capítulo 5.

Os negociadores mais duros deixam claras as suas posições: "Você tem de cortar o seu preço em 5% por ano, se quiser manter negócios conosco". Nossa primeira orientação é *não* estimular esse tipo de atitude com frases como "aqui está a minha posição. Qual é a sua?". Embora o seu interlocutor não esteja interessado em participar de um processo colaborativo, reenquadrar a posição, afastando-se da situação de barganha e buscando interesses mais amplos pode ajudar a envolver o outro lado em uma discussão produtiva. "Eu presumo que você queira diminuir os seus custos gerais de manufatura em 5%. Qual é o plano em relação a isso? E se nós descobríssemos uma forma de reduzir os seus custos de manufatura em 5% a partir do que você nos paga?". Os tipos de perguntas que destacamos muitas vezes ajudam a sair da noção de posições e ir em direção aos interesses mais amplos.

O negociador difícil que barganha por posições vai exigir bastante esforço antes de entrar de fato em uma discussão orientada para o valor. Mas o direcionamento consciente sobre as formas de ajudar o outro lado a fazer mais dinheiro – sem cortar preços – pode ajudar a integrar um negociador de barganhas.

---

[6] Ury, *Getting Past No*. Alguns dos conselhos de Ury vêm de Fisher, Ury, and Patton, *Getting to Yes*.

Mude das ações passadas e da busca de culpados em direção à resolução de problemas e ao futuro

Quando há problemas em uma relação, eles podem afetar a própria negociação e transformar as interações em uma busca por culpados. "Vocês simplesmente não sabem como desempenhar o seu papel. Vocês estabelecem prazos e não os cumprem. Vocês introduziram novas funcionalidades que não funcionam da forma como disseram que funcionariam." E assim por diante.

Não há vantagem em discutir de quem é a culpa pelo que não funcionou no passado, principalmente quando as queixas são válidas. A sua meta deve ser aprender com o que já passou e manter o foco no futuro, perguntando: "Deixe-me ver se entendi. Quais são as modalidades que vocês estão planejando utilizar? Como vocês planejam utilizá-las? Precisamos nos certificar que o grupo que irá desenvolvê-las entende exatamente o que vocês estão tentando realizar". Em vez de discutir quem está certo e quem está errado, direcione o foco agressivamente em uma busca conjunta para fazer com que o produto funcione da forma desejada. "Não acredito que as modalidades que você está utilizando foram desenvolvidas para fazer o que você está querendo, mas tenho certeza de que com algumas modificações, podemos fazer com que o sistema faça o que você quer."

Quando existe um forte conteúdo emocional na apresentação do seu interlocutor, você talvez tenha de reconhecer essa emoção de forma produtiva e buscar uma atitude de resolução de problemas, um assunto ao qual retornaremos mais adiante.

Mude de afirmações de alto nível para afirmações baseadas em fatos

As negociações podem chegar a um impasse quando se concentram em generalizações e assertivas de alto nível.[7] Isso é particularmente verdadeiro quando a discussão vira uma mera confirmação de hipóteses generalistas. Por exemplo, em uma negociação com o objetivo de renovar um grande contrato de terceirização, um cliente estava convencido, e afirmava repetidamente, que uma das empresas estava cobrando a mais em relação ao concorrente. A empresa protestou fortemente. A generalização negativa projeta uma sombra em todas as negociações para a renovação do contrato: "Como podemos confiar neles se estavam nos ferrando nos últimos anos?".

Nós desempenhamos um papel de mediação nessa negociação. Para ir de generalizações e assertivas a fatos, as partes concordaram com a nossa sugestão de examinar quanto o cliente teria pago se tivesse feito contratos semelhantes aos dos concorrentes que também trabalham com a empresa. A nossa análise mostrou que de fato

---

[7] Argyris e Schön se concentraram nas implicações dos problemas que surgiam quando o foco estava em asserções de alto nível. Veja C. Argyris and D. Schön, *Theory in Practice* (San Francisco: Jossey-Bass, 1974). Roger Fisher corroborou esse ponto em R. Fisher, "Negotiating Power: Getting and Using Influence," in *Negotiation Theory and Practice*, ed. J.W. Breslin and J. Z Rubin (Cambridge, MA: The Program on Negotiation at Harvard Law School, 1991).

o cliente desfrutava de melhores condições que todas as empresas, com a exceção de uma. Em função disso, o contrato foi revisto para que o cliente recebesse benefícios semelhantes. O cliente se sentiu menos prejudicado e apreciou o gesto. A mudança de perspectiva de assertivas e contra-assertivas generalistas para uma discussão baseada em fatos fez com que as duas partes conseguissem negociar a renovação. Elas assinaram um contrato de vários milhões de dólares alguns meses mais tarde.

Mude de atitudes de barganha para atitudes de resolução de problemas

Entre as armadilhas da negociação tática padrão estão aquelas baseadas unicamente em preço, que discutimos no capítulo anterior. Para manter um clima produtivo, você deve realinhar o foco, ampliando-o para pacotes de interesses mais abrangentes. Por exemplo: "Entendo que você está buscando reduzir os custos operacionais e que nossos preços são importantes nesse processo. Responderemos a você com base nos preços. Conforme discutimos, o preço é somente uma parte dos aspectos que garantem vantagens competitivas em relação aos outros concorrentes. Acreditamos que o nosso foco não deve ser somente na questão do preço, mas em como podemos ajudá-los a manter e fortalecer a sua posição competitiva". Se você fez um bom trabalho e conseguiu desenvolver uma boa compreensão dos interesses e da situação do outro lado, tanto do ponto de vista pessoal quanto do ponto de vista da negociação, provavelmente poderá ainda discutir propostas de resolução de problemas mais amplos, em vez da simples redução de preços.

E se você não conseguir? Caso você não consiga, está na hora de apelar para os interesses expressos pela outra parte enquanto os seus são preservados. Um de nossos clientes, uma empresa de engenharia cujo produto incluía todos os opcionais possíveis, estava perdendo espaço para empresas chinesas que começaram a oferecer uma versão simples do produto por uma fração do preço do nosso cliente. Em negociações com seus clientes, a empresa tentava explicar que, à medida que crescesse, ele teria de comprar mais produtos chineses para conseguir a mesma funcionalidade oferecida pelo seu produto – que oferecia, assim, um preço mais baixo. O vice-presidente de aquisições, que enxergava os lucros pela minimização do valor total atual, e não no longo prazo, pedia continuamente que o nosso cliente rivalizasse com os preços chineses. Em resposta, aconselhamos o nosso cliente a desativar todas as funções avançadas do seu produto e vender uma versão "reduzida", com um preço competitivo com o custo do produto chinês. Quando a empresa compradora crescesse e expandisse a sua rede, ela necessitaria das funções adicionais e, assim, teria de negociar para conseguir acesso a elas por valores mais atraentes. Mas aí, nesse estágio avançado, a compra dessas funções adicionais por somas maiores seria melhor que a sua opção de *no-deal* de comprar outra leva de produtos chineses.

Em outras palavras, o nosso cliente conseguiu fazer com que a tática baseada em preços do vice-presidente virasse *contra* ele mesmo, minimizando o desembolso atual e assegurando uma margem de valor mais alta no longo prazo. Nosso cliente seguiu essa estratégia com vários de seus clientes, aumentando simultâneamente a margem de lucro e mantendo-se como produto líder de mercado.

Adote um estilo persuasivo

Para trabalhar com o seu interlocutor na criação de valor e na apropriação de valor para si mesmo, você deve adotar um estilo persuasivo. Um negociador persuasivo:

- entende a história do outro lado
- está aberto à persuasão
- é empático e assertivo
- utiliza a reciprocidade para construir confiança
- encontra apelos para as circunstâncias do outro lado
- reconhece a maneira como as pessoas processam a informação

Vamos dar uma olhada rápida em cada um desses pontos.

Entender a história do outro. Diferentes pessoas interpretam a mesma informação ou evento de formas diferentes. Que fatos, noções e percepções fazem com que o outro lado interprete as coisas dessa maneira? O que você está deixando de perceber?

Estar aberto à persuasão. Se você não está (ou não aparenta estar) aberto à persuasão, o seu interlocutor provavelmente irá perceber e adotará uma atitude semelhante. *Estar aberto à persuasão é ser persuasivo.*[8]

Ser empático e assertivo. Robert Mnookin identificou duas dimensões importantes do comportamento nas negociações: a empatia e a assertividade.[9] Você é empático quando tenta entender os interesses, os desejos e as motivações do outro lado. Você é assertivo quando deixa claro seus interesses e suas demandas. Muitas pessoas acham que devem escolher entre simpatia e assertividade, "dureza" ou "suavidade". Essa é uma falsa escolha. Demonstrar empatia pelos interesses, pelas percepções e situações do outro lado pode fazer com que ele se sinta mais aberto e com mais disposição para fornecer informações relevantes. Quanto mais empático você for na compreensão do seu interlocutor, melhor posicionado estará para desenvolver acordos de criação de valor, bem como para exigir parte deste valor criado conjuntamente mais tarde.

---

[8] J. Conger, *Winning 'em Over,* 79.
[9] Veja R. H. Mnookin, S. Peppet, and A. Tulumello, "The Tension Between Empathy and Assertiveness", *Negotiation Journal* 217 (1996): 217–230.

Estruturar as propostas no que é importante para eles. Você é sempre mais persuasivo quando formata as propostas em termos dos valores, crenças, metas e incentivos do outro lado, e quando as apresenta na linguagem por ele utilizada.[10] Um sócio de Rupert Murdoch salientou que, na posição de comprador, Murdoch "compreende o vendedor"[11], ou seja, ele constrói a sua oferta baseado no outro.

Por exemplo, Paul Levy, diretor do Beth Israel Deaconess Medical Center, de Boston, queria que a sua instituição fosse conhecida como o Hospital Oficial dos Red Sox de Boston, o famoso time de beisebol. Antes de Levy sequer ter ouvido falar a respeito dessa oportunidade, muitos outros hospitais da região já haviam feito propostas ao Red Sox buscando esta exclusividade. Levy escutou cuidadosamente a nova administração do Sox e o que ela tinha a dizer e descobriu que havia interesse em participar de atividades de apoio à comunidade. Com base na proposta de angariar fundos e financiamentos para o hospital, a equipe de Levy desenvolveu um plano detalhado. Esse plano envolvia não só o relacionamento financeiro entre as partes, mas também explicava a missão do Beth Israel e sua preocupação com serviços comunitários e o papel de Levy em uma instituição com uma história ímpar. A apresentação também destacava diversas medidas concretas pelas quais o Beth Israel e o Red Sox poderiam juntar forças no desenvolvimento de serviços comunitários. As sugestões de Levy incluíam (1) uma campanha de doação de sangue no dia 11 de setembro, no Fenway Park (o estádio do time); (2) uma noite de conscientização a respeito da doação de órgãos no estádio, apresentada por dois jogadores cuja esposa de um amigo sobreviveu devido a um transplante de fígado e (3) financiamento e administração do Red Sox Scholars Program, que forneceria bolsas universitárias a 25 alunos talentosos de escolas de segundo grau, com poucos recursos financeiros. Os Red Sox foram persuadidos por essa abordagem, adotando esse programa entre muitos outros em 18 meses.[12]

Buscar acordos que parecem justos para ambos os lados. No final do dia, conforme dissemos antes, a maioria de nós quer acreditar que o acordo produzido foi justo e decorreu de um processo igualmente justo. Assim, as suas preparações para a negociação devem incluir: (1) o desenvolvimento de argumentos factuais de suporte à sua posição; (2) a identificação de modos de pensar que favoreçam a percepção de uma negociação justa; (3) a formulação de contra-argumentos que questionem a forma de pensar do seu interlocutor. Se as pessoas do seu lado acharem difícil se colocar no lugar do outro, considere a possibilidade de trazer alguma pessoa que não esteja diretamente envolvida na negociação para que ela tente pensar como o outro lado.[13] A sua persuasão pode

---

[10] Ibid.

[11] C. Bruck, "The Big Hitter," *The New Yorker*, December 8, 1997, 86–93.

[12] Do *press release* dos Red Sox, May 8, 2003; June 9, 2003; August 8, 2003; e September 20, 2004; disponível em http://boston.redsox.mlb.com/NASApp/mlb/news/search_archive.jsp?c_id=bos&category=pr.

[13] Veja G. A. Hauser, *Introduction to Rhetorical Theory* (New York: Harper and Row, 1986), 73–75.

ser aumentada se o outro lado perceber que você está genuinamente interessado em fazer propostas que pareçam justas.

Seja persuasivo com histórias e com análises. Muitos executivos buscam persuadir seus interlocutores martelando fatos, lógicas e análises. Essa pode não ser a forma mais efetiva de fazer com que o outro lado seja mobilizado para agir. De fato, psicólogos monitoraram a atividade cerebral de pessoas durante variadas tentativas de persuasão e perceberam a tendência da atividade cerebral ficar escura (com poucas evidências de atividade cerebral) quando expostos a situações de apelos lógicos e factuais. Em contraste, quando as pessoas escutam histórias vívidas ou analogias, os seus cérebros se mostram claros e se tornam mais ativos, e elas tendem a reter muito mais as informações que ouviram.[14] No último capítulo, após a nossa discussão a respeito de quem deve fazer a primeira oferta, você consegue lembrar mais (1) dos argumentos gerais a favor e contra, ou (2) o que houve quando Thomas Edison não falou nada a respeito de sua própria oferta de US$ 5.000 e deixou que o general fizesse a oferta de US$ 40.000. (Esperamos que as nossas histórias de ancoragem também façam com que você considere a possibilidade de fazer a primeira oferta em outros contextos.)

Prevenir contra argumentos potencialmente danosos. Se você for capaz de antecipar os argumentos contrários à sua proposta, deve incluí-los na sua abordagem, lidando com cada um deles.[15] Se você falhar em fazer um levantamento dos contra-argumentos mais prováveis, eles podem surgir nas mentes das pessoas do outro lado e assim enfraquecer o grau de persuasão da sua proposta.

De um ponto de vista psicológico, não é relevante o momento no qual você se refere aos seus contra-argumentos, seja no início ou durante a sua apresentação.[16] Entretanto, existem algumas considerações práticas. Por exemplo, se você estiver apresentando os seus argumentos em um contexto em que exista a possibilidade de ser interrompido e não conseguir concluir o raciocínio, comece com uma apresentação clara e completa do seu argumento, antes de lidar com os contra-argumentos.

Construir credibilidade com o seu conhecimento e suas relações. Construir a credibilidade com base em seu conhecimento e nas suas relações pode ajudar a aumentar a sua persuasão.[17] Você será mais eficiente com pessoas que percebam o seu grau de conhecimento e especialização. No nível dos *relacionamentos*, o estabelecimento e o fortalecimento contínuo das suas relações com o outro lado também pode contribuir, tornando-o ainda mais persuasivo. Se você não tem um forte relacionamento com os

---

[14] Veja D. J. O'Keefe, *Persuasion: Theory and Research* (Thousand Oaks, CA: Sage Publications, 2002), 221.
[15] Ibid.
[16] Ibid.
[17] Conger, *Winning 'em Over*, mostra essas duas dimensões da credibilidade.

seus interlocutores, busque trazer pessoas que tenham esse relacionamento para a negociação. Sempre que possível, *planeje com antecedência*. Construa relações com as pessoas do outro lado *antes* de começar as negociações.

Buscar apresentações que reconheçam as circunstâncias do outro lado. Nossos colegas Doug Stone, Bruce Patton e Sheila Heen argumentam que as convesações se dão em múltiplos níveis: o racional, o emocional e o de "identidade".[18] A conversação racional diz respeito aos fatos: o que houve e o que irá acontecer? Quem disse isso? Quem fez o quê?[19] Muitos negociadores tentam operar somente no nível racional e se sentem desconfortáveis permitindo que sentimentos entrem no contexto de uma negociação profissional. Porém a questão é que muitas negociações significativas despertam *sentimentos*, e algumas despertam fortes sentimentos. Em vez de negar isso, reconheça sua ocorrência e elabore a sua abordagem de forma a dar conta de questões emocionais. Não subestime questões de identidade, ou seja, as questões mais fundamentais que dizem respeito à auto-imagem e a quem você é: bom/mau, competente/incompetente e assim por diante.

Responder à emoção quando o seu interlocutor demonstrar emoção. Um interlocutor zangado, tenso ou frustrado dificilmente reagirá de forma construtiva ou sequer será capaz de ouvir um argumento racional. Mesmo que você queira *conduzir* a negociação de forma racional, você freqüentemente pode *escolher* entre responder ao racional ou ao emocional. Geralmente é melhor responder primeiro ao emocional: "Parece que você ficou um tanto insatisfeito. Eu imagino que também me sentiria assim se entendesse a situação da maneira como você entendeu". Ser empático, porém, não significa necessariamente aceitar a responsabilidade pelos sentimentos da outra pessoa ou mesmo permitir que esses sentimentos sirvam como base para um curso de ação específico. Lembre-se: seja empático *e* assertivo. Uma vez que os sentimentos do seu interlocutor tenham sido reconhecidos e aceitos, ele ou ela pode se sentir mais à vontade para participar de forma mais efetiva da discussão.

Vamos levantar um ponto importante aqui. Muitas vezes os negociadores usam a raiva ou a intimidação como táticas de barganha. Conhecemos um investidor muito bem-sucedido que, em momentos críticos, costumava por a mão no bolso buscando as suas "pílulas contra irritação". Muitas vezes funciona; o outro lado tenta ganhar novamente a sua simpatia com concessões. Nesse caso, o atacante pode recuar sempre que sentir que as suas táticas não vão funcionar. Em alguns casos, recuar é a melhor opção; em outros, ignorar as reações pode ser muito mais eficaz.[20] Um bom acordo de-

---

[18] Veja Stone, Patton, and Heen, *Difficult Conversations*.
[19] Ibid., 7
[20] Para um ótimo exemplo de maneiras de lidar com uma personalidade assim, veja R. A. Caro, *The Power Broker: Robert Moses and the Fall of New York* (New York: Vintage Books, 1975), 474–475.

pende de cada pessoa. Conhecer o estilo do outro lado pode ser vital para evitar uma resposta "cega".

Entretanto, às vezes, você precisa dar um passo atrás e negociar o próprio processo de negociação: "Nós queremos dizer-lhe que estamos ofendidos. Percebemos esses argumentos como acusações e insultos. Não acreditamos que esse tipo de discurso nos ajude a resolver os problemas que precisamos resolver juntos. Não estamos interessados em continuar esse tipo de discussão. Você prefere fazer um intervalo de meia hora, ou talvez marcar uma outra data?".

Lidar também com os seus sentimentos. Você também tem sentimentos, e eles podem ser afetados por uma negociação mais difícil. Você certamente será mais eficaz se os seus sentimentos não forem externados na forma de comentários sarcásticos, perguntas incoerentes, provocações ou falta de atenção. Você deve achar uma forma eficaz de expressar os seus sentimentos sem fazer com que o outro lado se responsabilize por eles.

Uma maneira de fazer isso é construir frases começando com "eu" em vez de "você". Em vez de dizer "você não é confiável", tente "quando você me faz uma oferta verbal e, a seguir, apresenta um contrato ou documento que a contradiz, faz com que eu não consiga confiar em você".

É muito importante que você dissocie o *impacto* das ações dos seus interlocutores das *intenções* que elas possuem. O fato de as ações terem um impacto negativo em você não significa que isso seja intencional.[21] Depois de ter descoberto a real intenção, pode ser interessante explicar a eles como você percebeu tal impacto.

Fazer com que a sua apresentação vença o filtro cultural deles. A cultura é muito importante em uma negociação.[22] Você e seus interlocutores podem possuir perspectivas culturais muito diferentes em relação ao objetivo da negociação, à comunicação e aos comportamentos construtivos e adequados. Um silêncio prolongado significa respeito, surpresa, ou uma tática para que o outro lado fale alguma coisa? Quando a sua negociação atravessa fronteiras culturais, ou passa por outras divisas, um foco consciente na cultura pode ajudar na criação e na exigência de valor.

As livrarias estão repletas de livros sobre negociações entre diferentes culturas, com ênfase em comportamentos e etiqueta. Para chegar a um sim, você deve "beijar, cumprimentar ou apertar as mãos"?[23]. Alguns desses conselhos são muito úteis. Mas se você não tem certeza sobre como evitar atos não-intencionais ofensivos, sugerimos qualquer livro que aprofunde um pouco mais os comportamentos; uma outra boa dica

---

[21] Veja Stone, Patton, and Heen, *Difficult Conversations*, 44–57.
[22] Esta seção se baseia em J. K. Sebenius, "The Hidden Challenge of Cross-Border Negotiations", *Harvard Business Review*, March 2002, 76–85.
[23] T. Morrison, W. A. Conaway, and G. A. Borden, PhD, *Kiss, Bow, or Shake Hands: How to Do Business in Sixty Countries* (Holbrook, MA: Adams Media Corporation, 1994).

é conseguir orientações de locais.[24] A questão toda é evitar ser vitimado por estereótipos culturais. Mesmo que alguns possam conter um pouco de verdade, a maior parte deles não tem fundamento algum. Por exemplo, na sua abordagem à tomada de decisões, a Sony é muito mais parecida com uma empresa ocidental do que com uma oriental. Da mesma forma, em uma negociação com interlocutores americanos, faz toda a diferença se você está em Wall Street ou no Kansas.

E, além do mais, a cultura não é uma questão meramente geográfica. Por exemplo, às vezes encontramos mais semelhanças em empresas de engenharia de diferentes países do que em empresas de *marketing* e de engenharia de um mesmo país.

A cultura (nacional, corporativa ou profissional) está embutida mais nas *expectativas* do que nos comportamentos. De fato, enquanto os comportamentos externos são a ponta do iceberg, questões culturais extremamente arraigadas são como toda a massa invisível por baixo da superfície, com muito mais chances de causar algum tipo de contratempo ou problema. A Tabela 13-1 mostra algumas dessas expectativas relacionadas à negociação que são muito influenciadas pela cultura. Pense nessa tabela como um *checklist* que deve ser utilizado em um território não muito familiar. Se você não tem confiança em determinada categoria, busque orientações.

Se você está negociando em uma cultura em que os acordos dependem dos relacionamentos, como por exemplo, na América do Sul, é melhor começar cultivando tais relacionamentos em vez de ir direto aos detalhes do acordo. Se o outro lado espera que o acordo seja derivado de princípios gerais, como pode ser o caso na França não chegue na primeira reunião com um papel com todos os termos do contrato detalhados. Em vez disso, esteja preparado para introduzir os princípios gerais e, então, trabalhar toda a *concepção* do acordo.

Descobrimos que os negociadores têm a tendência de atribuir excessiva importância às diferenças culturais, quando surgem problemas nas negociações. Um diretor de uma empresa britânica, por exemplo, insistia em dizer que os atos do seu interlocutor eram decorrentes da "arrogância" francesa, embora, depois de investigações mais detalhadas, tenhamos descoberto que os negociadores franceses estavam seguindo uma estratégia racional, e quase óbvia na sua lógica. Dito isso, o ajuste dos filtros culturais é um importante aliado do nosso método. A maneira como o outro lado percebe os seus próprios interesses (tanto em termos de substância quanto no próprio processo da negociação) e compreende o jogo que vocês estão jogando juntos, tendo claras as expectativas envolvidas, é muito importante para as suas escolhas táticas.

Você consegue escrever o discurso da vitória deles?

Você consegue escrever versões de 30 segundos, três minutos e 10 minutos do "discurso da vitória" do seu interlocutor? Esse é o discurso que eles farão para chefes, aliados, colegas e cônjuges, explicando os motivos pelos quais o acordo que fecharam com

---

[24] Boas fontes podem ser encontradas em Sebenius, "The Hidden Challenge of Cross-Border Negotiations."

TABELA 13-1
Expectativas culturais na negociação

Expectativas mais profundas	
Objetivo da negociação	O objetivo final da negociação é a assinatura de um contrato ou um relacionamento entre os dois lados?
Visão fundamental do processo de negociação	A negociação é um processo no qual os dois lados podem ganhar ou no qual um ganha e o outro perde?
Unidade social	É uma cultura de grupo ou individualista?
Poder/tomada de decisão	O outro lado toma as decisões de forma autoritária, com uma pessoa-chave? É um processo que envolve um grupo pequeno? Existe uma hierarquia formal ou informal? É necessário consenso?
Implementação	Quão desejável e esperada é a implementação literal do acordo? Ou o negócio é o ponto de partida para uma série maior de negociações?
Expectativas superficiais e de processo	
Organização e representação da equipe	Que nível, tipo e número de membros da equipe são esperados?
Etiqueta	Apresentações, cartões e presentes antes da negociação; deferência esperada, etc.
Grau de formalidade	Com que nível de formalidade o negociador deve falar com os outros, utilizar títulos, vestimenta e interação com as outras pessoas?
Comunicação	Os negociadores devem utilizar métodos diretos e simples de comunicação, ou devem fazer uso de formas indiretas e mais complexas? A persuasão, por exemplo, é baseada nos fatos e técnica por natureza, com lógicas dedutivas, a partir de precedentes, ou uma função do status do negociador em potencial?
Expressão emocional	Os negociadores mostram os seus sentimentos ou os escondem? Mostram um grau alto ou baixo de emocionalismo?
Tolerância ao risco e à incerteza	Os participantes têm uma propensão alta ou baixa em assumir riscos e lidar com a incertez durante as negociações? E nos acordos?
Sensibilidade ao tempo	Qual a importância da minimização do tempo da negociação? Os negociadores mostram um nível alto ou baixo de impaciência ou urgência? Muitas ou poucas interrupções? Visão de longo ou de curto prazo?
Construindo um acordo	Um acordo começa a partir dos princípios gerais para depois se deter nos pontos específicos, ou começa pelos termos específicos para depois construir um acordo mais geral?
Forma do acordo	Os negociadores preferem contratos detalhados ou acordos com princípios mais gerais?

você é justo, razoável e muito melhor do que as outras alternativas. Não se trata de altruísmo; se você não consegue escrever um discurso desses de forma convincente, a sua proposta não será persuasiva o bastante e isso significa que você provavelmente precisa aprender mais a respeito dos interesses e das alternativas de *no-deal* da outra parte. Além de servir como o esboço de um diagnóstico, o exercício do discurso da vitória pode ajudá-lo a estruturar propostas para o outro lado, permitindo que "eles façam da sua forma" (pelos motivos deles, não pelos seus).

Por fim, tenha em mente que o potencial para criar valor não significa que as táticas para exigir valor são desnecessárias ou irrelevantes. Muitas das táticas que descrevemos neste capítulo têm como objetivo auxiliá-lo a criar valor, apropriar-se de uma boa parte desse valor e defendê-lo contra explorações de qualquer tipo.

Terminaremos este capítulo voltando a falar sobre a importância de se concentrar na oportunidade, em vez de nas possibilidades de fracasso. Mesmo que isso signifique escrever um parágrafo com as suas aspirações positivas em relação ao acordo. Os negociadores que enfatizam os resultados e comportamentos que estão buscando promover, ao invés dos comportamentos que estão querendo evitar, se saem melhor nas diferentes situações que estamos descrevendo. O foco na oportunidade, ou seja, nas possibilidades de criação de valor, bem como de exigência de uma boa parte deste valor a longo prazo, faz com que você consiga alcançar e sustentar acordos atraentes nas suas negociações.

- Táticas efetivas devem administrar de forma produtiva a tensão entre os movimentos cooperativos necessários para a criação conjunta de valor e os movimentos competitivos que buscam exigir valor individualmente. É importante conseguir o máximo de informações para gerar boas opções, ao mesmo tempo em que a sua vulnerabilidade vai sendo administrada.
- Pergunte, escute e aprenda:
  - Escute ativamente.
  - Faça perguntas abertas em vez de perguntas que têm sim ou não como resposta: "Que tal se? Por quê? Por que não? Como seria isso para vocês?".
  - Traga alguém especialmente para o papel de ouvinte.
- Divulgue as informações de forma estratégica:
  - Comece pelo final: no início, visualize conjuntamente o pote de ouro no final do arco-íris, talvez antecipando um *press release* a respeito de um resultado almejado que satisfaça os interesses principais das partes envolvidas.
  - Utilize a norma da reciprocidade para construir a confiança e compartilhar/adquirir informações: comece oferecendo informações de baixo risco.
  - Apresente múltiplas ofertas equivalentes.

- Faça um seqüenciamento cuidadoso e negocie em pacotes.
- Estimule um processo de negociação produtivo construindo uma atmosfera positiva:
  - Coloque as partes lado a lado contra o problema, em vez de uma contra a outra.
  - Concentre-se no diálogo de interesses em vez de em posições argumentativas.
  - Concentre-se no futuro e não no passado, coloque o seu foco na resolução de problemas e não na busca de culpados.
  - Concentre-se em comunicações baseadas em fatos em vez de em assertivas de alto nível.
- Adote um estilo persuasivo.
  - Esteja aberto à persuasão.
  - Seja empático e assertivo.
  - Conte histórias e utilize questões lógicas e fatos.
  - Proteja-se contra argumentos nocivos.
  - Faça com que a sua proposta reconheça onde o seu interlocutor está e a maneira como ele processa as informações.
  - Faça com que a sua proposta ultrapasse os filtros culturais do outro lado.
- Para o acordo que "deixa que eles façam da sua maneira", é importante que você escreva o discurso da vitória do seu interlocutor, mostrando para os seus principais públicos que a aceitação da sua proposta foi uma decisão sábia.

PARTE V

Estratégias 3-D na Prática
"Deixe que Eles Façam do seu Jeito"

CAPÍTULO **14**

Mapeie Retrospectivamente para Desenvolver uma Estratégia 3-D

Onde você está e em que situação estão as suas negociações? Você mapeou todas as partes, os seus interesses e as opções de *no-deal*. Avaliou a seqüência e as escolhas básicas do processo, bem como o *design* do negócio e as táticas. A sua auditoria de barreiras 3-D está concluída. Agora você deve elaborar uma estratégia 3-D para superar as barreiras identificadas e alcançar todo o potencial do acordo.

A *estratégia 3-D* pode ser definida como o alinhamento de combinações de movimentos na mesa, no *flip chart* e longe da mesa. Movimentos de configuração vão ajudá-lo a montar a situação mais favorável. Movimentos de *design* do negócio ajudarão a elaborar acordos de criação de valor. Com a configuração e o *design* adequados, você será capaz de selecionar táticas de solução de problemas para criar e apropriar-se de valor em uma base sustentável. Bem escolhidas, essas táticas podem reforçar a eficácia dos dois lados e superar as barreiras diagnosticadas. Com o desenrolar da negociação e maior conhecimento e informações relevantes, você vai revisar suas avaliações e a abordagem 3-D para ser ainda *mais* eficaz.

A combinação das suas ações em uma estratégia 3-D global é, ao mesmo tempo, uma questão de arte e de ciência. Este curto capítulo é sobre uma idéia muito importante: o *mapeamento retrospectivo*, que ajuda a reunir todos os elementos da sua abordagem.[1] Introduzimos esse conceito no Capítulo 7, quando buscávamos a seqüência mais promissora. No Capítulo 15, vamos aplicá-lo a um desafio ainda maior de elaboração de uma estratégia 3-D. Agora mostraremos como o mapeamento retrospectivo se encaixa na nossa abordagem geral e como ele funciona na prática. Assim, achamos que um bom lugar para começar a nossa revisão e síntese é uma negociação memorável, saída das páginas dos livros de história, que lembra nosso caminho até aqui e dá uma pista a respeito de onde estamos indo.

---

[1] Aprendemos esta frase de Mark Moore da Harvard Kennedy School. Suas profundas raízes analíticas provêm da programação dinâmica; veja R. Bellman, *Dynamic Programming* (Princeton, NJ: Princeton University Press, 1957); e S. E. Dreyfus, *Dynamic Programming and the Calculus of Variations* (New York: Academic Press, 1965).

De volta a 1912: A campanha de Roosevelt e os Estúdios Moffett

Em 1912, Theodore Roosevelt estava perto do final de uma dura campanha para eleição presidencial.[2] Seria muito importante para o seu sucesso uma viagem ao coração da América. Em cada uma das paradas, Roosevelt buscava inspirar a audiência com sua poderosa retórica, oferecendo um panfleto a todos que estavam assistindo. Na frente do panfleto havia uma foto "presidencial"; dentro havia o texto de um discurso tocante chamado "Confissão de Fé". Com um pouco de sorte, essa estratégia obteria votos decisivos.

A campanha estava prestes a começar quando um dos envolvidos descobriu uma pequena linha próxima das fotografias dizendo "Estúdios Moffett, Chicago". Uma vez que a Moffett detinha os direitos autorais, o uso não-autorizado custaria à campanha um dólar por foto. O custo potencial de US$ 3 milhões para a distribuição de todos os panfletos excederia os recursos disponíveis para a campanha. Os envolvidos na campanha estavam em um estado de pânico. O que eles deveriam fazer? O que eles *poderiam* fazer?

Todas as opções pareciam ruins. Não utilizar os panfletos poderia acabar com as chances de Roosevelt nas urnas. Ao mesmo tempo, se a campanha utilizasse os panfletos sem a permissão do Moffett e fosse descoberta, poderia haver uma série de efeitos negativos: um processo por infração dos direitos autorais, um escândalo poderia estourar muito próximo da eleição e a conseqüente cobrança de uma indenização.

Rapidamente, a equipe chegou a um consenso: teria de negociar de alguma forma com o Moffett. Mas não tinham idéia alguma sobre como conduzir essa negociação. Uma pesquisa feita por correspondentes em Chicago trouxe algumas notícias desanimadoras. Moffet era um fotógrafo com aspirações artísticas e comerciais há muitos anos, porém nunca havia conseguido sucesso algum, muito menos financeiro. Ele estava perto de sua aposentadoria, e muitas pessoas diziam que ele era uma pessoa amarga e cínica e que só pensava em dinheiro.

Não é nada difícil colocar-se no lugar da equipe de campanha tentando conceber uma estratégia de negociação. Ou mesmo imaginar como estava se sentindo. Parecia ter chegado a uma posição muito vulnerável: abordar um estúdio fotográfico cujo dono tinha grande interesse financeiro, pressionada pelo prazo, tendo em mente que os panfletos já estavam impressos e que não havia tempo para refazê-los, e ainda a possibilidade de ter de pagar US$ 3 milhões em direitos autorais, ou, ainda pior, enfrentar um processo jurídico.

Se fôssemos traduzir a situação para a linguagem que estamos usando aqui poderíamos dizer que a equipe fez uma avaliação das suas opções de *no-deal* nas nego-

---

[2] Esta é uma versão de um exemplo do nosso livro, *The Manager as Negotiator: Bargaining for Cooperation and Competitive Gain* (New York: Free Press, 1986), 117–118, baseado originalmente em uma situação apresentada em L. Bacow e M.Wheeler, *Environmental Dispute Resolution* (New York: Plenum Press, 1984), 73–74.

ciações com o Moffett, e o resultado dessa avaliação mostrava uma posição débil. Eles viam a situação da seguinte forma: se Moffet dissesse "não" a qualquer preço razoável, a campanha (1) corria sérios riscos financeiros, caso prosseguisse na utilização das fotos, ou (2) arriscaria perder a eleição caso não utilizasse as fotos. Moffett, por sua vez, certamente adoraria a posição que ocupava na negociação. A partir dessa avaliação, os únicos acordos que poderiam induzir a um "sim" de Moffett envolveriam somas impossíveis. Em resumo, a campanha estava diante de uma poderosa barreira: um balanço de *deal/no-deal* extremamente adverso. Novamente: o que poderia ser feito?

Completamente frustrada, a equipe de campanha foi conversar com George Perkins, conhecido financista, sócio do J. P. Morgan, construtor de ferrovias na Califórnia e também diretor da campanha de Roosevelt. Perkins não perdeu tempo e utilizou o seu estenógrafo, enviando a seguinte mensagem para os Estúdios Moffett em Chicago: "Estamos planejando distribuir milhões de panfletos com a foto de Roosevelt na frente. Será uma ótima publicidade para o estúdio cuja foto decidirmos usar. Quanto você nos pagará para usarmos a sua? Responda imediatamente". Em resposta ele recebeu a seguinte mensagem de Moffett: "Nunca fizemos isso antes, mas dadas as circunstâncias ficamos satisfeitos em oferecer US$ 250 a vocês". Perkins aceitou de pronto a oferta, sem tentar conseguir ainda mais de Moffett.

É possível fazer uma objeção à tática enganosa no centro da estratégia de Perkins. Certamente, esse não é um modelo para a elaboração de acordos sustentáveis que busquem melhorar as relações de trabalho. (Voltaremos a esse ponto brevemente.) Ainda assim, este episódio mostra alguns elementos-chave na elaboração de uma estratégia 3-D de negociação.

Seis lições/lembretes da saga dos Estúdios Moffett

Vamos reavaliar a saga Moffett em seis lições que também servem como lembretes da abordagem 3-D que desenvolvemos até esse ponto.

Em primeiro lugar, mesmo as partes do acordo estando claras, embora não incluíssem George Perkins como um membro "interno" chave, a equipe de campanha perdeu de vista o conjunto completo dos *interesses* de Moffett. Eles se concentraram quase que exclusivamente no preço e acabaram não percebendo o potencial interesse do fotógrafo por publicidade. Esta é a lição: *pense além do preço para mapear o conjunto completo de interesses em jogo.*

Em segundo lugar, focados no preço, a equipe limitou seu pensamento a uma linha de batalha a respeito do preço a ser pago. Da mesma forma, percebeu a opção de *no-deal* que tinha como detestável, pois arriscava a possibilidade de eleição de Roosevelt e, além disso, poderia ser penalizada em uma alta soma pelo uso do material. Eles entenderam como muito forte a opção de *no-deal* de Moffett, sustentada por um possível processo jurídico. Assim, a equipe agiu baseada na suposição de que a zona de possível acordo (ZOPA), ou seja, os possíveis acordos entre as melhores opções de *no-deal* de cada um dos lados, ia de não pagar nada até ter de desembolsar US$ 3 milhões.

A ZOPA também poderia incluir a possibilidade de *Moffett* pagar alguma quantia a eles, uma possibilidade lógica que de fato se tornou o resultado final. Mas isso não lhes ocorreu. (Quando contamos essa história, ela raramente ocorre a nossos ouvintes.) Mesmo assim, não existe nada nessa situação, *salvo os limites das nossas freqüentes pressuposições sem base*, que impeça que a ZOPA inclua um cenário no qual Moffett pague uma quantia em dinheiro à campanha. (E, a propósito, se os membros da campanha agissem com base nessa pressuposição incorreta, por exemplo, caso os negociadores começassem a transação oferecendo a Moffett algum valor, eles certamente criariam os próprios resultados que estavam tentando evitar. Pressuposições errôneas podem gerar maus resultados.)

De volta à avaliação da ZOPA: o valor dessa ampla exposição pública e associação em potencial com um presidente provavelmente excederia os US$ 250. Poderíamos argumentar que Moffett conseguiu um bom acordo, melhor do que se a fotografia não fosse utilizada. Quando agimos baseados em pressuposições não devidamente examinadas, temos a tendência de perceber a ZOPA de forma muito estreita. Essa é a lição que podemos tirar desta situação: *na avaliação do balanço de deal/no-deal, tome cuidado com pressuposições que não foram devidamente analisadas.* (Esse cuidado também deve se estender a pressuposições em relação às partes, aos interesses, à seqüência e às escolhas do processo!) Não se esqueça de checar repetidas vezes as suas próprias pressuposições a respeito do balanço de *deal/no-deal*, principalmente com amigos mais próximos ou conselheiros não tão envolvidos com a situação.

Em terceiro lugar, estamos intrigados em saber *por que* a equipe achou essa negociação tão difícil assim. Podemos ver delicados aspectos táticos, porém a inabilidade deles de perceber o que Perkins percebeu imediatamente tem a ver com o fato de que estavam totalmente focados nos aspectos negativos do balanço de *deal/no-deal* do seu próprio lado. Sim, é fato que a equipe já tinha cometido um sério erro imprimindo tantas cópias não-autorizadas. Caso cometessem mais erros, poderiam gerar conseqüências políticas e financeiras desastrosas. Esses riscos limitaram bastante a sua linha de pensamento. Deveriam ter parado por um momento, porém, e perguntado como Moffett percebia o balanço de *deal/no-deal* a partir da perspectiva *dele*, com as informações que possuía (que eram inexistentes naquele momento!). Caso tivessem feito isso, poderiam ter percebido imediatamente que Moffett nem mesmo sabia ter em mãos uma oportunidade de alavancagem.

Toda a abordagem de Perkins foi calculada com o objetivo de moldar as percepções de Moffett a respeito do balanço de *deal/no-deal* (e por extensão da ZOPA). Devido à compreensível e normal obsessão com a sua própria situação, a equipe não viu que havia uma solução óbvia, pelo menos em termos econômicos de curto prazo. A lição é: *não se torne um prisioneiro do seu próprio problema e das suas próprias percepções.* Assim como antes o aconselhamos a avaliar os interesses dos seus interlocutores como percebido por *eles*, discipline-se e avalie o balanço de *deal/no-deal* a partir da perspectiva deles tão cuidadosamente quanto você faz quando se trata do seu próprio ponto de vista. Para deixar que eles façam do seu jeito, você precisa começar com um claro entendimento da forma como *eles* percebem a situação nesse momento. Só então você pode moldar as opções de *deal/no-deal* de forma que a escolha deles, segundo os interesses e a percepção deles, possa resolver o seu problema.

Em quarto lugar, depois de ter diagnosticado um balanço aparentemente adverso de *deal/no-deal* como a maior barreira para um bom acordo, Perkins poderia ter tomado medidas para configurar a negociação de formas bem diferentes.

- **Opção de configuração 1 (hipotética)**. "Vamos nos encontrar e resolver esta questão." Alguém cuja visão de negociação fosse meramente a respeito de táticas "na mesa" poderia simplesmente organizar uma reunião entre um membro da equipe acostumado a lidar com questões interpessoais e Moffett. Após uma conversa agradável, o representante da campanha poderia fazer com que os dois lados pensassem em possibilidades de solucionar o "problema conjunto" dos 3 milhões de panfletos já impressos, da necessidade urgente da campanha de utilizá-los, do alto valor dos direitos autorais e do gosto de Moffett por dinheiro. (Nossa avaliação: "Boa sorte com essa configuração. A campanha realmente vai precisar!")

- **Opção de configuração 2 (utilizada)**. "*Não* vamos 'apenas nos encontrar.'" A abordagem de Perkins em relação a Moffett foi usar um telegrama, com um prazo extremamente curto, sem possibilidade de encontro e barganha, e ainda com a implicação de que a campanha possuía uma boa opção de *no-deal*. O *design* sugeria a elaboração de um acordo que destacava o valor da publicidade para Moffett, em vez de chamar a atenção para o aspecto jurídico. (Nossa avaliação: "Ainda vai ser necessário ter sorte. Mas pelo menos existe boa chance".)

Ironicamente, o enquadramento vantajoso que Perkins fez da escolha de Moffett, junto com um prazo extremamente curto, explorou a tendência de Moffett a responder com a mesma miopia cognitiva que mostrou a equipe da campanha. (Sendo justos, podemos imaginar possibilidades menos arriscadas associadas com uma configuração "vamos nos encontrar" do que perguntar quanto Moffett estaria disposto a pagar à campanha. Por exemplo, um representante da campanha poderia ter feito inocentemente a pergunta: "Comparando com outros estúdios menores, quanto você normalmente cobra para reimprimir a foto de um candidato?".) A questão geral aqui é relativamente simples: tendo as barreiras ao acordo que você quer diante de si, pense criativamente como uma estratégia 3-D geral poderia superá-las. A lição: *Não limite o seu pensamento a táticas "na mesa"; certifique-se de pesar várias possibilidades de configurações "longe da mesa" alinhadas com* design *de negócio atraentes "no flip chart".*

Em quinto lugar, a partir da configuração escolhida, Perkins moldou cuidadosamente as percepções do balanço de *deal/no-deal*. Se nenhum acordo pudesse ser feito com Moffett, a campanha ficaria em uma situação difícil, porém Perkins trabalhou as palavras de forma a deixar implícito que não haveria problemas. A inferência lógica era a de que a campanha utilizaria outra foto. Além do mais, as omissões deliberadas de Perkins e a sua abordagem mascaravam a provável opção de *no-deal* de Moffett e não davam tempo para Moffett investigá-las. O estúdio ficou com a impressão de que, sem o acordo, a vida continuaria da mesma forma; sem considerar que caso a campanha seguisse em frente e utilizasse as fotos já impressas, Moffett poderia ganhar uma boa quantia de dinheiro por meio de um processo. A mera percepção de Moffett em relação às alternativas de cada uma das partes em relação ao acordo poderia ter melhorado dramaticamente a sua posição.

De modo mais amplo, Perkins poderia buscar enquadrar a maneira como Moffett percebia o seu balanço de *deal/no-deal* de duas formas distintas. Ele poderia ter enquadrado a escolha de Moffett da forma que assustava a equipe: quanto um avarento Moffett poderia tirar da desesperada campanha de Roosevelt, já ameaçado de perder a eleição? Em vez disso, Perkins moldou a escolha de Moffett de forma completamente diferente: "Quanto você está disposto a pagar por algo (publicidade) de grande valor potencial para o seu estúdio? E você deve agir rápido em relação a essa oportunidade única". Com essa segunda rota, Perkins buscou moldar a percepção do balanço do *deal/no-deal* de forma que a solução escolhida por Moffett fosse de interesse da campanha. Perkins implicitamente definiu um balanço de *deal/no deal* como "alvo", de forma que a escolha de Moffett fosse a desejada. A lição: *enquadrar ambos os elementos do balanço de deal/no-deal de forma vantajosa pode ser um elemento-chave da "arte de deixar que eles façam do seu jeito".*

Finalmente, vamos ver de maneira mais geral a questão dos "interesses". Na nossa visão, essa história deve deixar um certo desconforto ético pela utilização de táticas enganosas e manipuladoras. O acordo de Perkins dependia da falta de informação de Moffett sobre um fato altamente relevante. As táticas de Perkins deram a entender, embora não de forma explícita, que a campanha possuía uma boa alternativa de *no-deal*.

A ética das suas ações pode ser importante, tanto em relação aos interesses intrínsecos, como também instrumentalmente, uma vez que o comportamento não-ético tende a ser contra-producente com o tempo. Antes de tomar o lado de Moffett, porém, lembre-se que foi meramente por descuido que a campanha não buscou a permissão oficial para usar as fotos. Caso Moffett tentasse um preço maior antes, a campanha simplesmente buscaria outro fotógrafo. Esse descuido daria o direito de um lucro inesperado a Moffett? Caso não desse, isso justificaria as táticas de Perkins? A lição: *considerações éticas devem ser uma parte consistente dos seus interesses, e esse interesse ético deve ser refletido em todas as três dimensões das suas negociações.* Entretanto, lembre-se que chegar a um julgamento ético é geralmente um processo complexo.

"Comece pelo fim": mapeamento restrospectivo no desenvolvimento de uma estratégia 3-D

O episódio Roosevelt lembra muitas lições importantes discutidas anteriormente, mas qual foi a fonte do seu *insight* tático crucial? Na nossa percepção, isso ocorreu quando Perkins se colocou no lugar de Moffett, buscando entender como este perceberia a escolha de *deal/no-deal* de seu estúdio, para visualizar diferentes abordagens possíveis pelo pessoal da campanha. Depois de identificar essa barreira-chave para o sucesso, ou seja, que a abordagem incorreta por parte do pessoal da campanha resultaria na opção de *no-deal* superior de Moffett e na extrema vulnerabilidade da campanha, Perkins poderia pensar em como ele queria que a escolha de Moffett fosse moldada de forma a induzir o "sim" que a campanha estava buscando. Ele mapeou retrospectivamente, de forma instintiva, a partir da sua "escolha-alvo" até o presente, e assim conseguiu elaborar uma abordagem que moldaria a percepção de Moffett da forma como ele desejava. Perkins apresentou a Moffett um balanço de *deal/no-deal* que "deixava que ele fizesse do jeito de Perkins". Assim, Moffett ofereceu pagar US$ 250 em vez de deixar passar uma oportunidade de publicidade.

Para conseguir fazer isso de forma efetiva nas suas negociações, você deve ter (1) uma clara noção do seu acordo-alvo, e (2) um entendimento claro a respeito da forma como o outro lado percebe o balanço de *deal/no-deal*. Segundo o nosso colega Bill Ury: "Se você quer mudar a decisão de alguém, deve primeiro ter um entendimento sobre como a mente desta pessoa é". A seguir, você pode tentar construir o que ele chama de "ponte dourada", trabalhando retrospectivamente para diminuir o espaço entre a posição onde a mente da seu interlocutor está no momento e o ponto final desejado.[3]

Suponha que você tenha examinado a negociação e agora possua um acordo-alvo em mente. Em relação ao acordo, você é claramente a favor de um "sim". Entretanto, por que motivo *eles* iriam concordar? A sua avaliação a respeito da maneira como eles veriam e perceberiam o balanço de *deal/no-deal*, a partir do acordo que você tem em mente, deve ser o guia da sua estratégia. Mesmo que existam muitos outros aspectos, além desse balanço, que podem afetar a negociação, ele é uma bússola importante, a partir da qual é possível organizar os elementos da sua estratégia.

No mínimo, o acordo proposto deve parecer mais atraente para o outro lado do que a sua melhor opção de *no-deal*. Do contrário, a sua abordagem à negociação deveria moldar a percepção do balanço de *deal/no-deal* do seu interlocutor. Você quer transformar a escolha atual deles no balanço-alvo que irá conduzi-los à escolha do acordo que você prefere. Essa transformação pode exigir a mudança da situação atual, da percepção que eles têm ou de ambas as coisas. Esses são os ingredientes necessários para implementar a orientação (modificada) de Daniele Vare de que a negociação é a arte de deixar que eles façam do jeito que você quer (em 3-D).

---

[3] W. Ury, *Getting Past No* (New York: Bantam, 1991).

A idéia do mapeamento retrospectivo é extremamente simples: para saber o que fazer *a seguir*, comece tentando descobrir o que você gostaria que acontecesse *por último* (que eles dissessem "sim" ao seu acordo). Então trabalhe retrospectivamente, a partir desse ponto, através das barreiras ao acordo que você está buscando, até o momento em que você se encontra atualmente.

Dê uma olhada na Figura 14-1. Comece pelo ponto final: o seu acordo-alvo (do lado direito da figura). "Mapeie retrospectivamente" a partir desse acordo em direção ao balanço de *deal/no-deal* (a "coluna" do meio) que o outro lado terá de perceber para achar o seu acordo-alvo atraente em relação à melhor opção de *no-deal* que eles possuem. Determine o que deverá ser feito para transformar o balaço de *deal/no-deal* (no lado esquerdo da figura) percebido atualmente na escolha desejada. Agora aja em cada uma das nossas três dimensões até que você possa limpar o caminho, através das barreiras, em direção a uma estratégia de Negociação 3-D que realizará a transformação.

Construir os seus interesses a partir dos interesses deles é muito mais eficaz do que tentar tirá-los da posição em que estão e forçá-los a vir para a sua. Um papa do século XVIII avaliou as memoráveis habilidades diplomáticas do Cardeal de Polignac da seguinte maneira: "Este jovem sempre parecer ter a mesma opinião que eu, porém, no final da conversa, eu descubro que tenho a mesma opinião que ele".[4] Como isso tudo funciona na prática, em contexto 3-D completo, é o assunto do nosso capítulo final.

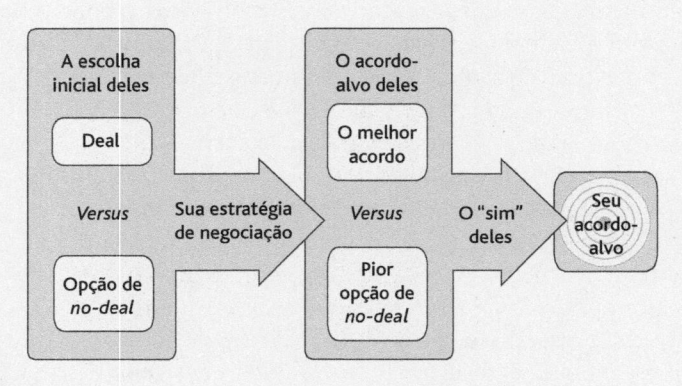

FIGURA 14-1

Mapeie retrospectivamente a partir do seu acordo-alvo (da direita para a esquerda)

---

[4] Citado em I.W. Zartman, *The 50% Solution* (New York: Anchorage Doubleday, 1976), 57.

- Uma estratégia 3-D eficaz é uma combinação alinhada e mutuamente reforçadora da configuração, do *design* do negócio e dos movimentos táticos escolhidos para solucionar as barreiras ao acordo.
- Para ajudar a organizar os elementos da sua estratégia, mapeie retrospectivamente a partir do seu acordo-alvo até o balanço de *deal/no-deal* com mais possibilidades de induzi-los a fazer a escolha e então faça um caminho retrospectivo até a situação atual. Isto permitirá que você determine as ações que deve tomar para fazer com que eles percebam o balanço de *deal/no-deal* adequado.

CAPÍTULO **15**

Pense de Forma Estratégica, Aja de Forma Oportunista

Como um Negociador 3-D você tem um objetivo claro: *a criação e a apropriação de valor no longo prazo*. Alcançar esse objetivo exige uma auditoria de barreiras 3-D para determinar o que está entre você e o acordo que você deseja. Fazer essa auditoria é um processo de vários passos:

- Avalie as barreiras de configuração:
  - Mapeie todas as partes, o conjunto completo de interesses e as melhores opções de *no-deal* que eles possuem
  - Verifique a seqüência e as escolhas básicas do processo
- Avalie as barreiras ao *design* do negócio
- Avalie barreiras táticas e interpessoais

Para superar essas barreiras, mapeie retrospectivamente a partir do acordo que você deseja com o objetivo de *elaborar uma estratégia 3-D*. Uma estratégia 3-D é uma combinação de movimentos fora da mesa, no *flip chart*, bem como na mesa, nos quais você:

- Configura a negociação adequada
- Faz o *design* de negócios com criação de valor
- Enfatiza táticas de solução de problemas

No decorrer deste livro, exploramos todos esses pontos em detalhe. Enfatizamos o fato de que uma barreira em determinada dimensão muitas vezes pede uma solução em uma dimensão diferente. Neste capítulo final, forneceremos uma noção mais clara da aplicação da Negociação 3-D, apresentando três exemplos nos quais os protagonistas conseguiram superar barreiras enormes, mudando o jogo a seu favor com ações em múltiplas dimensões. Em cada um desses exemplos, salientaremos aspectos da estratégia 3-D que podem aumentar a *sua* eficiência nas negociações de que *você* participa.

AOL, Microsoft e Netscape: a guerra dos navegadores da Web

Às vezes você simplesmente está fora da concorrência em um negócio. Por exemplo, em 1996, os clientes da América Online (AOL) clamavam por um navegador para a Internet. Apesar do grande sucesso comercial, a AOL tinha uma imagem de empresa de "Internet para pessoas pouco espertas". A alta administração temia que essa percepção se espalhasse, atingisse sua imagem e restringisse o crescimento futuro. Em resumo, a AOL precisava de um *browser* de ponta para melhorar a sua imagem e permitir aos clientes acesso fácil à Web e aos conteúdos de propriedade da AOL. Em um processo brutalmente competitivo, a Netscape e a Microsoft negociaram com a AOL a adoção dos respectivos navegadores.[1] O Netscape, tecnicamente superior, com 75 a 85% do mercado, competia com um Explorer cheio de *bugs* da Microsoft, com apenas 3% do mercado e lutando por uma fatia maior, pois essa era uma prioridade estratégica para Bill Gates.

Uma Netscape extremamente confiante, até arrogante, pediu alto pelas cópias, na prática definindo uma estratégia técnica baseada no fornecimento do navegador em troca de dólares. Segundo Steve Case, diretor da AOL, "eles (a Netscape) foram muito agressivos em relação à venda do navegador, e queriam um alto preço por cópia. Sua atitude era 'somos os melhores, conseguimos isso a qualquer momento, é melhor você aceitar'".[2] A Netscape estava jogando duro na negociação, tanto com o interlocutor direto, a AOL, quanto com o concorrente (Microsoft). Como o vice-presidente da AOL Jean Villanueva observou mais tarde, "o acordo estava na mão da Netscape. Ela dominava. Precisávamos atender ao mercado. E o mais importante, éramos empresas menores lutando contra o mesmo inimigo – a Microsoft".[3]

Então como a Microsoft conseguiu ganhar a guerra dos navegadores? Que tipo de escolha levou o diretor da AOL, Steve Case, a optar pela Microsoft? Em parte a resposta pode ser encontrada nos termos do acordo. Quando este foi firmado, o Explorer da Microsoft seria fornecido à AOL de graça, em contraste com o preço proposto pela Netscape, e a Microsoft também prometia a AOL uma série de adaptações técnicas ao longo de vários anos.

O mais interessante para os observadores externos foi que a Microsoft concordou em agregar o *software* da AOL no novo sistema operacional Windows. Mesmo sendo

---

[1] As considerações sobre as negociações AOL-Netscape-Microsoft são adaptações de uma análise mais rica de J. K. Sebenius,"Negotiating Lessons from the Browser Wars," *Sloan Management Review* 43, no. 4 (Summer 2002): 43–50.

[2] K. Swisher, *AOL.com: How Steve Case Beat Bill Gates, Nailed the Netheads, and Made Millions in the War for the Web* (New York: Times Business, 1998), 114.

[3] Ibid., 135.

uma concorrente direta da AOL, a Microsoft posicionaria o ícone da AOL no *desktop* do Windows próximo ao ícone do Microsoft Network (MSN), o serviço *online* criado em resposta ao sucesso da AOL. Este posicionamento no *"desktop* mais valioso do mundo" permitiria à AOL chegar a mais 50 milhões de pessoas por ano com custo zero, comparado com os US$ 40 a US$ 80 de custo de aquisição por cliente resultante do "bombardeio" de CDs da AOL pelo país. O valor de ter o seu ícone no *desktop* do Windows era imenso para a AOL por razões de *marketing*, distribuição e competição, inclusive respondendo à ameaça representada pelo MSN. De fato, Bill Gates sacrificou a posição de meio termo do MSN em prol da sua meta de ganhar a guerra dos navegadores.

O navegador tecnicamente inferior da Microsoft fazia com que as suas chances de ganhar a batalha fossem escassas, apesar das suas habilidades de negociação e táticas na mesa. Assim, enquanto a Netscape confiava num jogo de espera, querendo conquistar a AOL, a Microsoft fez um esforço 3-D para mudar de um negócio de "navegador por dinheiro" da Netscape para negócios mais amplos que interessaram a AOL, e nos quais a Microsoft tinha uma posição privilegiada. Em vez de se concentrar na questão tecnológica, a Microsoft se concentrou nos executivos da AOL orientados aos negócios. Como David Colburn, principal negociador e desenvolvedor de negócios da AOL, disse: "A disposição da Microsoft de unir a AOL... com o sistema operacional Windows foi um fator competitivo de importância crítica, que ficou impossível para a Netscape acompanhar".[4] A Microsoft mudou a configuração para uma arena de negócios na qual ela detinha o poder em lugar de insistir na abordagem tecnológica.

Este episódio carrega importantes lições: você está em uma posição fraca em relação às questões A e B? Você consegue mudar a configuração para enfatizar as questões D e E, nas quais é mais forte? Você está lidando com a pessoa X, cujos interesses não estão de acordo com os seus pontos fortes? Você consegue mudar o foco para a pessoa Y, que pode ser mais receptiva?

A Microsoft não venceu unicamente por mudar a configuração. Talvez de forma inesperada, pela reputação que a Microsoft tem de ser dura nas negociações, a arrogância da Netscape acabou deixando-a em desvantagem. Alex Edelstein, gerente de produtos da Netscape, reconheceu: "Fomos muito arrogantes... a Netscape pensou que o seu produto era tão bom que bastava oferecê-lo". Na outra ponta, o diretor da AOL, Steve Case, disse: "(a Netscape) não nos queria como parceiros; mas como clientes". Já a Microsoft fez uso de seus variados recursos para satisfazer um conjunto maior de interesses da AOL do que a Netscape parecia reconhecer com a sua abordagem intransigente de *"browsers* por dólares" em termos de proposta de preço. Isso nos lembra que as táticas, junto com a configuração e o *design* do negócio, podem fazer toda a diferença, para melhor ou para pior.[5]

Como a Netscape (Davi) poderia competir com a Microsoft (Golias)? A vitória da Microsoft não seria inevitável, considerando os seus vastos recursos e interesse

---

[4] Veja o depoimento de David Colburn em "United States of America v. Microsoft Corporation" (1998), http://www.usdoj.gov/atr/cases/ms_index.htm.

[5] Swisher, *AOL.com*, 136.

estratégico em vencer a guerra dos navegadores? Na nossa percepção, a Netscape poderia vencer a batalha. Em janeiro de 1996, três meses antes do final da negociação, o diretor da AOL, Steve Case, foi à Califórnia para jantar na casa de Jim Barksdale e discutir possíveis ligações da AOL com a Netscape. Case propôs que a Netscape produzisse uma versão especial do navegador para a AOL e seus 5 milhões de assinantes. Ele também propôs que a AOL se encarregasse do *site* da Netscape, muito popular, mas mal aproveitado, e que estava recebendo milhões de visitas por dia. A AOL certamente tinha capacidade de alavancar o potencial comercial desse enorme tráfego (ela também poderia controlar um concorrente em potencial no seu próprio *site*). Por fim, Case sugeriu que a Netscape e a AOL fizessem uma promoção mútua e que a Netscape incluísse um membro da AOL no seu quadro de diretores para concretizar a parceria. Tudo que a Netscape tinha de fazer para fechar as possibilidades da Microsoft era ser mais flexível nas suas exigências de preço e dizer "sim!" a Case (exigindo uma exclusividade à prova de erros).

Barksdale discutiu essa proposta com gerentes e engenheiros da Netscape. Eles se opuseram, dizendo que seria necessário muito esforço para construir um navegador específico para a AOL, com o visual e navegabilidade adequados. Devido ao fracasso das negociações internas, Barksdale acabou dizendo a Case que a proposta de parceria não daria certo. Ele argumentou que a AOL seria "um bom canal de distribuição para o navegador da Netscape" com um custo para a AOL de US$ 10 por cópia baixada.

Incrivelmente, a Netscape falhou em realizar o acordo não só uma, mas *duas vezes*. Quatro meses depois do acordo Microsoft-AOL, a porta para um acordo AOL-Netscape se abriu mais uma vez. Ram Shriram, então vice-presidente da Netscape, conta o que aconteceu: "A AOL nos procurou novamente. As ações da AOL estavam afundando e a empresa estava sendo processada por procuradores de diversos estados americanos. Eles foram espertos em voltar à mesa e buscar uma relação com a gente". Barksdale e Shriram se encontraram com Steve Case, da AOL, porém a equipe de engenharia da Netscape rejeitou o acordo proposto dizendo, como lembra Shriram: "Escute, estamos muito ocupados. Não estamos interessados. O nosso foco não são os consumidores.' Perdemos outra oportunidade de deter o controle de mais 10 ou 12 milhões de navegadores".[6] Assim, a Netscape deixou de fazer um acordo que manteria seu controle sobre o mercado de navegadores.

A partir desses fatos, é difícil entender que a vitória da Microsoft fosse líquida e certa. Caso a Netscape tivesse agido com uma noção clara do todo (participantes internos e externos), dos seus interesses (além dos aspectos técnicos do navegador e do preço) e das opções de *no-deal* (para si mesma, para a AOL e para a Microsoft), e com isso buscasse formas de criar e de tentar apropriar-se de valor com a AOL, essas negociações certamente teria um resultado muito mais favorável. Mas a Netscape não

---

[6] Essas citações foram tiradas de M. Cusumano and D. Yoffie, *Competing on Internet Time: Lessons from Netscape and Its Battle with Microsoft* (New York: Free Press, 1998), 116–118.

agiu dessa maneira, e o seu fracasso em fazê-lo deu abertura para que a Microsoft reconfigurasse a mesa, fizesse o design um acordo de criação de valor no qual jogou pesados recursos, ganhando enfim a guerra dos navegadores.

Kennecott no Chile: negociando a expropriação

O que fazer quando eles querem um divórcio, e você não, e eles parecem estar com todas as cartas na mão?

Uma versão dessa situação foi enfrentada pela empresa Kennecott Copper, com sede em Utah, durante os anos 1960. Na época, ela operava a mina de cobre El Teniente, no Chile, cerca de cem quilômetros a sudeste da capital, Santiago. O Chile é um dos principais produtores de cobre do mundo, junto com a Argentina e o Peru, controlando 30% das reservas do planeta. A operação da mina El Teniente começou nos primeiros anos do século XX e foi controlada pela família Guggenheim no período anterior à I Guerra Mundial. Em 1917, ano em que o cobre respondia por 20% das exportações do Chile, a Kennecott comprou a propriedade dos Guggenheim[7]. Com o passar dos anos, El Teniente acabou se transformando na maior mina de cobre subterrânea do mundo. Com mais de 2.000 quilômetros de túneis, 64 quilômetros de novos túneis e galerias a cada ano, a mina continua a produzir mais de 350.000 toneladas de cobre anualmente.[8]

Até os anos 1960, a Kennecott usufruía de um contrato de longo prazo com *royalties* bem baixos para a exploração da enorme mina. Mas a eleição de Eduardo Frei e da democracia cristã, em 1964, mudou drasticamente a paisagem política do Chile. O partido de Frei começou a pressionar por uma maior participação chilena na produção, no refino e no *marketing* do cobre, bem como por maiores ganhos, para o país, com o setor de mineração. O governo procurou a Kennecott e a sua rival, Anaconda, para renegociar os contratos. O Chile tinha, ao que parece, uma boa alternativa de *no-deal* caso a Kennecott se recusasse a barganhar: poderia mudar unilateralmente os termos do contrato, ou até mesmo fazer a expropriação da El Teniente.

Vamos imaginar que a Kennecott adotasse uma estratégia de negociação baseada principalmente em efetividade interpessoal na mesa de barganha, ou outras táticas similares de "1-D". Com essa abordagem, a equipe administrativa da Kennecott se aproximaria das personalidades dos oficiais do governo com os quais iria negociar, adotaria medidas de sensibilidade cultural e tentaria descobrir maneiras de demonstrar respeito pelos chilenos.

Na verdade, a Kennecott *tomou* todas essas medidas táticas, além de muitas outras. Mas estava claro que esses esforços não seriam suficientes para melhorar a sua-

---

[7] Veja S. Pawlett, "Report on the Chilean Copper Industry," http://archives.econ.utah.edu/archives/pen-1/1999m09.c/msg00068.htm.

[8] Estatísticas dos registros de Allan Taylor sobre El Teniente, www.bootsnall.com/travel/stories/sa/dec02elten.shtml.

posição de barganha. Os governantes chilenos pareciam ter todas as cartas na mão. Eles tinham os seus próprios especialistas, engenheiros e mineradores, e assim, não precisavam dos conhecimentos técnicos da Kennecott. A Kennecott obviamente não tinha como mudar a mina de lugar. Nem possuía nada, além dos contratos, que garantisse a sua produção de cobre. Era o pós-guerra, e não parecia provável que as tropas americanas fossem chegar para defender a propriedade da Kennecott. Uma auditoria de barreiras 3-D mostraria um balanço de *deal/no-deal* extremamente adverso para a Kennecott. De fato, a configuração da situação não era boa, do ponto de vista da empresa.

Era uma situação difícil, para dizer o mínimo. O que a Kennecott deveria fazer? Para responder a essa pergunta, tente pensar em uma configuração que induzisse os chilenos a dizer sim a uma proposta da Kennecott, sua melhor alternativa em relação à opção de *no-deal*. A seguir, mapeie retrospectivamente, a partir desse ideal, até a situação presente. Lembre-se, o mapeamento de todos os aspectos, tanto potenciais quanto presentes, bem como o conjunto completo de interesses, requer uma imaginação disciplinada em vez de uma simples lista mecanicamente elaborada.

Em retrospecto, é claro que a Kennecott tinha noção e implementou o que chamamos de uma estratégia de Negociação 3-D. Para superar essas formidáveis barreiras, tomou medidas para *configurar* as negociações da forma mais favorável possível. A empresa se concentrou no *design* de um negócio que criasse mais valor para os chilenos, e que também capturasse valor para a empresa. E, como citado, também focou em *táticas* que ajudariam a fechar o negócio.

Vamos examinar os seis passos que a equipe da Kennecott seguiu para mudar o rumo das negociações. Primeiro, em uma ação extremamente corajosa que pegou o governo de surpresa, a Kennecott propôs a venda da maior parte da mina ao governo chileno. Segundo, em um esforço para deixar o acordo ainda mais atraente para o Chile, a empresa propôs utilizar a receita dessa venda, junto com recursos adicionais provenientes de um empréstimo de um banco de importação-exportação, para o financiamento de uma obra de expansão da mina. Claramente, essa última ação estava em concordância com o desejo do governo de aumentar os resultados no setor de mineração.

Terceiro, a empresa persuadiu o governo chileno a garantir o empréstimo feito pelo banco de importação-exportação, fazendo com que essa garantia fosse sujeita às leis do estado de Nova York. Quarto, a Kennecott fez seguro da maior parte dos seus bens baseada nos termos de garantia do governo americano contra expropriação. Quinto, conseguiu que o cobre produzido na mina fosse vendido, a partir de contratos de longo prazo, a clientes americanos e europeus. Por fim, os direitos de cobrança em relação a esses contratos foram vendidos a um consórcio de instituições financeiras européias, americanas e japonesas.

O acordo foi concluído em 1968, com a compra de 51% do patrimônio da Kennecott por US$ 81,6 milhões e com a implementação de todas as outras cláusulas mencionadas.

O que houve aqui? Por que o esforço da Kennecott foi bem-sucedido?

Primeiramente, vamos revisar a *configuração*, a terceira das nossas três dimensões. Com o envolvimento de uma ampla rede de clientes, governos e credores, a Kennecot ampliou a base das instituições que possuíam algum interesse no curso dos eventos no Chile. É justo presumir que muitas dessas partes recém-recrutadas tinham importantes dúvidas, fundamentadas ou não, a respeito da habilidade do Chile de administrar a mina no decorrer do tempo, bem como do interesse da Kennecott em continuar envolvida em El Teniente. Assim, em vez de uma simples negociação com a Kennecott, o governo do Chile agora estava diante de uma negociação de múltiplas partes, várias das quais fariam transações com o país no futuro, não somente no setor de mineração, mas também nos setores legais, financeiros e públicos. A alternativa de *no-deal* original do Chile era simplesmente expulsar a Kennecott ou renegociar de forma brutal. Agora, apesar de o Chile possuir exatamente as mesmas alternativas, graças às cuidadosas ações de configuração da Kennecott, essas alternativas haviam se tornado muito menos atrativas. Qualquer dano feito à Kennecott colocaria em risco um conjunto muito maior de interesses do Chile. E, finalmente, as garantias, os seguros e outros contratos melhoraram consideravelmente as opções de *no-deal* da Kennecott. Caso não se chegasse a um acordo, e se o Chile decidisse expropriar a mina, a Kennecott estaria contando com muitos aliados poderosos do seu lado.

Vamos olhar agora o *design* do negócio, a segunda das nossas dimensões 3-D. No início a negociação parecia simplesmente uma luta, provavelmente muito difícil, por *royalties*. Uma luta em que a Kennecott certamente sairia perdendo. (Mesmo sem uma expropriação formal, o Chile poderia muito bem aumentar os *royalties* de forma a efetivamente se apropriar dos ativos da mina.) Com a proposta de uma mina ainda maior, tendo o Chile como proprietário majoritário, a Kennecott criou valor para o país de duas formas: uma torta maior e uma fatia maior dessa torta. Essa proposta, o Chile como dono majoritário da mina, também respondia à pressão política que os líderes do Chile estavam exercendo pelo domínio de um importante recurso nacional. Somando novas questões, a Kennecott reconfigurou a mesa de forma a abrir a porta a novos tipos de parcerias, oferecendo muito mais valor *econômico* em termos *políticos* mais atrativos.

Devemos salientar que a vitória da Kennecott foi temporária, uma vez que o Chile acabou nacionalizando a mina nos anos 70. Mas a estratégia 3-D que a empresa desenvolveu garantiu mais alguns anos de fluxo financeiro à Kennecott e protegeu a sua posição operacional durante aquele período. Muito mais interessante e importante, porém, foi o desfecho improvável de uma situação de barganha verdadeiramente difícil. Conforme a nossa visão, o exemplo Kennecott/Chile tem uma mensagem muito importante: *uma estratégia 3-D abrangente, combinando táticas, design de negócio e configuração, pode oferecer maiores possibilidades para uma negociação bem-sucedida.*

Em muitos casos, não é possível ser bem-sucedido apenas com ações táticas. É muito improvável que brilhantes ações táticas tivessem salvo a Kennecott de sua posição adversa. A maré não mudaria só com táticas interpessoais, blefes, ou, do outro lado do espectro tático, com escuta ativa e sensibilidade cultural. Embora uma abordagem de sensibilidade cultural e respeito pelos oficiais chilenos tenha sido muito importante. Em vez disso, a Kennecot reconfigurou a mesa original, fez o *design* de um negócio de parceira e ressaltou táticas de solução de problemas de forma a superar barreiras formidáveis. Essa estratégia 3-D criou muito mais valor para todas as partes envolvidas, e permitiu à Kennecott exigir muito mais desse valor para si mesma.

Concord Pulp and Paper: uma negociação 3-D gradual

No nosso terceiro caso, consideraremos a experiência de Henry Iverson e seus sócios, que adquiriram a Concord Puld and Paper Co. (CPP) por US$ 8,5 milhões em uma aquisição alavancada.[9] Fechado o acordo básico, eles precisavam de um financiamento adicional para melhorar o processo de produção da CPP. Mesmo depois de vários almoços elegantes e um forte apelo feito por um dos sócios a Holmes Throckmorton, vice-presidente do Federal Street Bank, sua proposta foi recusada. Além de táticas interpessoais de construção de relacionamento com o cético Throckmorton, assim como esforços (dúbios) de buscar outras soluções, decifrar a sua linguagem corporal, e muitas outras soluções "ganha-ganha", o que mais poderia ser feito para obter um "sim" à proposta de empréstimo? Mesmo sendo extremamente atenciosos e educados, alguns dos negociadores mais implacáveis se mostram extremamente duros quando você está buscando um empréstimo ou reforços financeiros. Quando já usou o seu terno mais sóbrio, passou horas burilando o seu plano de negociação e sua proposta, e mesmo assim sente que todo o seu apelo persuasivo não está funcionando, como você pode converter essa situação de um "não" para um "sim"?

O desdobramento do acordo

Primeiros, vamos examinar algumas informações sobre o contexto. Na aquisição da falida CPP, Iverson e seus sócios tiveram de investir US$ 700.000 e obtiveram US$ 7,8 milhões em financiamento do Federal Street Bank (FSB), sendo US$ 1,3 milhão no curto prazo garantido por créditos a receber e US$ 6,5 milhões garantidos por ativos. Logo após a conclusão da transação, surgiu a oportunidade de a CPP acrescentar mais "uma caldeira de recuperação" que aumentaria a capacidade de produção da fábrica em cem toneladas por dia, melhorando a qualidade geral do produto final e aumentando o fluxo financeiro anual em US$ 4,1 milhões. Esse equipamento diminuiria em 95% as emissões da fábrica em Concord onde, embora gerasse muitos empregos, a fábrica "perfumava" o ar há muitos anos. Com um período de construção de dois anos, essa caldeira custaria US$ 9 milhões, dos quais US$ 6 milhões seriam

---

[9] Nomes e locações foram mudados nesse caso.

pagos à Bathurst and Felson Engineering (B&F), uma empresa nacional, e o restante a pequenas empresas regionais e locais.

Quando Iverson abordou Throckmorton, sem sucesso, a respeito do financiamento para um projeto com garantia no fluxo de caixa futuro, o gerente da área de empréstimos reiterou a política do FSB: "faremos um empréstimo desde que garantido por 50% do estoque não-comprometido e 80% das contas a receber. A CPP não cumpre essas condições e tem 93% de capital alavancado! Pode esquecer!". As coisas ficaram difíceis quando Throckmorton cruzou as mãos e disse: "O FSB não faz empréstimos podres". Sem desistir, Iverson pressionou mais ainda: "O que seria necessário?". Por fim, a FSB respondeu que se a CPP tivesse mais patrimônio como garantia, a FSB consideraria a possibilidade de um empréstimo de curto prazo para construção, mas tendo um terceiro como fiador a partir do segundo ano.

Agora traçaremos o caminho 3-D de Iverson após ele "mapear retrospectivamente", a partir de sua posição atual, buscando os acordos prévios (com partes ainda não-envolvidas) que maximizariam as chances de Throckmorton mudar de idéia. Traçamos um esquema da abordagem 3-D de Iverson na Figura 15-1, e convidamos você a acompanhar o diagrama conforme descrevemos o desenrolar da análise gradual de Iverson e suas ações sucessivas.

Ação 3-D n° 1: envolver a Unified Insurance Co. (UIC). Iversou abordou duas empresas de seguro a respeito de financiamento: a Worldwide Insurance, que possuía taxas mais altas, não estava interessada no acordo. A UIC, com taxas muito mais atraentes, também achava que a CPP estava muito alavancada, e além do mais, somente faria empréstimos garantidos por fluxos de caixa de projetos completos. Mesmo assim, Iverson conseguiu um acordo (condicional) com a UIC por um custo somado a uma parcela do aumento dos lucros advindos da instalação da caldeira. A Unified concordou com o empréstimo, contingenciado à conclusão do projeto e maior participação na estrutura de capital da CPP. Preste atenção na tática de Iversen: da mesma forma que fez com o FSB, ele buscou saber o que estava por detrás da posição "não" para aprender a respeito das condições nas quais a UIC forneceria o financiamento. Indo ainda um pouco mais longe, ele descobriu que a UIC forneceria o financiamento se recebesse uma comissão de compromisso logo no início e uma parcela dos lucros do projeto.

Ação 3-D n° 2: envolver a EDA. Iverson procurou seus sócios e outros investidores em potencial buscando mais capital. Ouviu um sonoro "não". Assim, ele foi mais fundo e descobriu que a U.S. Economic Development Administration (EDA) poderia fazer empréstimos subordinados a empresas com projetos de criação de empregos. O limite de empréstimo era igual ao número de empregos criados multiplicado por US$ 50.000. Uma vez que o novo dispositivo, a caldeira, iria gerar pelo menos 30 novos empregos de tempo integral, isso significava um empréstimo subordinado de até US$ 1,5 milhão.

Siglas:

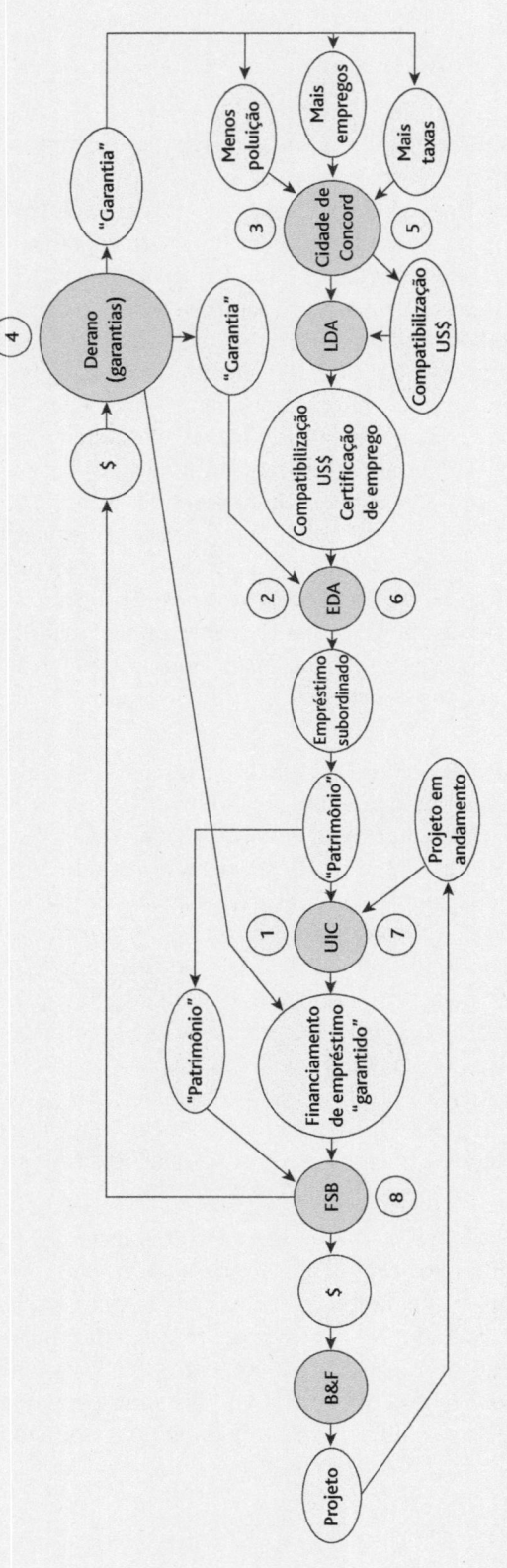

B&F: Bathurst & Felsen Construction
FSB: Federal State Bank
UIC: Unified Insurance Co.
ADE: Administração de Desenvolvimento Econômico
ADL: Administração de Desenvolvimento Local
Derano: Empresa de administração de projetos nacionais (garantias)

Nota: Os números circulados indicam as ações 3-D sucessivas de Iverson, veja mais detalhes no texto.

FIGURA 15-1
Mapeando retrospectivamente em direção ao sim.

Entretanto, o acordo tinha de contar com a participação de 50% do Local Development Administration (LDA), que não existia em Concord.

Avaliação de barreiras. Iverson fez um balanço das barreiras; era um mar de *deal/no-deal* adversos, todos em vermelho vibrante: a B&F não prosseguiria sem dinheiro e, de qualquer maneira, não garantiria mais do que o próprio valor da caldeira, que seria a única coisa que ela construiria. Sem contar que o restante do sistema necessário seria extremamente complexo. Empreiteiros locais e regionais não poderiam garantir o projeto como um todo. O FSB não aprovaria o empréstimo para a construção sem um financiamento de empréstimo garantido e mais dinheiro. A Unified não faria um financiamento permanente do empréstimo sem um projeto bem-sucedido e mais dinheiro. A EDA não faria o empréstimo sem os fundos de compatibilização da LDA e com a garantia de um processo de criação de empregos. Não existia uma LDA para certificar a criação de empregos ou fornecer os fundos de compatibilização. Todas as partes em potencial, dadas as suas opções de *no-deal*, achavam que a melhor resposta à proposta de Iverson era um "não". Como esses pontos "vermelhos" poderiam se tornar "verdes"?

Ação 3-D nº 3: envolver a cidade de Concord. Sem receios, Iverson abordou o Conselho Municipal de Concord e propôs a formação de uma LDA, que poderia levantar fundos para facilitar o projeto da caldeira. Ele argumentou que tanto a construção quanto a operação do projeto criariam novos empregos e diminuiriam as emissões, a poluição e os odores e a poluição produzidos pela CPP. Também disse que a arrecadação de impostos aumentaria em pelo menos US$ 180.000 anuais se a nova caldeira fosse construída. O conselho pareceu favorável aos seus argumentos, porém, antes de se comprometer formalmente, queria garantias de que o projeto iria realmente funcionar.

Ação 3-D nº 4: envolver a Derano. Com uma grande necessidade de uma "garantia" plausível do sucesso do projeto, Iverson abordou a Derano, Inc., uma grande empresa nacional de engenharia, *design* e gerenciamento de projetos. A Derano hesitou em assumir a administração de um projeto com o *design* pronto com a B&F e os contratantes locais. Porém, oferecendo uma remuneração acima do normal (15% do custo total), Iverson conseguiu que a Derano administrasse o projeto como um todo e concordasse com uma "garantia de desempenho", tudo condicionado ao financiamento do projeto. Nesse ponto Iverson também foi além do "não" inicial da Derano para entender como a empresa poderia concordar com algum tipo de garantia.

Ação 3-D nº 5: de volta a Concord com o acordo da Derano. De posse da carta que continha a "garantia" provisória da Derano, Iverson revisitou o Conselho Municipal de Concord, que então concordou com a criação de uma LDA. A LDA seria instruída a emitir títulos no valor de US$ 500.000, apoiados no aumento da arrecadação de impostos, vendidos a cidadãos com maior poder aquisitivo, empreiteiros locais e regionais e outras instituições da área. Além disso, sendo uma entidade do governo, a LDA certificaria formalmente o sucesso do impacto da criação dos empregos a partir do projeto da caldeira.

Ação 3-D n°6: de volta à EDA com a carta da Derano e os compromissos da LDA. Junto com a LDA de Concord, que fornecia garantias de fundos de compatibilização e uma "certificação de empregos" formal (junto com as "garantias" da Derano) do projeto da caldeira, Iverson abordou a EDA. Agora que tinha as garantias solicitadas, a EDA se comprometeu com um empréstimo subordinado de US$ 1 milhão. Esse empréstimo e o empréstimo de compatibilização da LDA de Concord dependiam da obtenção, por parte de Iverson, de financiamento de longo prazo para a construção.

Ação 3-D n°7: de volta a UIC para modificar a provisão de "mais capital". Munido de todas essas garantias e compromissos, Iverson conseguiu uma boa negociação com a UIC, substituindo a exigência de "mais capital" na sua carta de obrigação contratual por empréstimo subordinado EDA-LDA. Em termos mais simples, a UIC queria mais dinheiro investido em forma de ações, de maneira que caso o projeto resultasse em um desempenho pobre, os investidores perdessem o dinheiro antes de o empréstimo da UIC ficar em situação de risco. Mas, pelo fato do empréstimo da EDA-LDA ser subordinado ao empréstimo da UIC, o verdadeiro interesse da UIC em um maior financiamento estava sendo alcançado. Esse é clássico exemplo de enxergar atrás de *posições* incompatíveis para buscar *interesses* compatíveis.

Ação 3-D n°8: de volta a Throckmorton com as garantias da Derano, LDA e EDA e a modificação da UIC. Retornando a Throckmorton, do FSB, Iverson argumentou que os empréstimos subordinados EDA-LDA funcionariam como equivalentes ao pedido do FSB de maior capital. Ele habilidosamente apontou que a UIC, "uma exigente e notória credora", estava disposta a considerar esses empréstimos como patrimônio para amortizar financeiramente a retirada "permanente" da UIC. Certamente, essa seria uma medida que protegeria a exposição muito mais breve (dois anos) do FSB. Atingida essa condição, e com a "garantia" de performance da Derano e a "certificação" da LDA, Throckmorton concordou e disse que a carta de compromisso contratual da UIC satisfazia os interesses do FSB. Assim, o novo compromisso de empréstimo para construção do FSB disponibilizou o dinheiro da transação EDA-LDA, que então começou um fluxo de fundos para a Derano e a B&F. O projeto saiu do chão! (Você pode acompanhar todo o caminho de negociações de Iverson na Figura 15-1, caso tenha interesse.)

Como as ações 3-D moldaram o acordo

Muitas conclusões podem ser tiradas deste exemplo, servindo para reforçar, reunir e unificar a maior parte das nossas orientações a respeito de ações 3-D que afetam o escopo, a seqüência e as escolhas básicos do processo:

- *Faça movimentos-chave longe da mesa.* Ações na mesa são apenas uma parte do jogo da negociação. Não teria sentido tratar essa negociação como uma questão de habilidade interpessoal com Throckmorton, na mesa do FSB. Somente ações criativas e persistentes com o objetivo de reconfigurar a mesa e mudar o próprio jogo poderiam oferecer uma seqüência e um escopo mais promissores.

- *Faça um amplo mapeamento.* Amplie o seu escopo para determinar as partes que podem estar potencialmente envolvidas, desempenhando papéis no acordo que você tem em vista, como essas partes vêem os respectivos interesses, que tipo de relações em potencial podem existir entre elas e em que base elas podem ser melhor abordadas. Esse processo de mapeamento prepara o palco, determinando um escopo mais favorável para a negociação. É necessária uma imaginação disciplinada para reunir as partes mais adequadas. Esse não é um mero exercício mecânico ou a simples criação de uma lista.

- *Mapeie retrospectivamente.* Iverson começou a partir do seu alvo final, o FSB, determinando quais acordos deveriam ser fechados para maximizar as chances de receber um "sim" do FSB. Continue o mapeamento retrospectivo até descobrir a seqüência de partes mais promissora para a configuração desejada.

- *Administre o fluxo de informações e faça um design cuidadoso dos seus negócios.* Em cada um dos estágios dessa negociação, Iverson maximizou a atratividade do acordo em relação aos interesses das partes e conseguiu de cada uma delas algo importante para ele nos estágios finais do processo. Por exemplo, a Derano queria remuneração e estava disposta a fornecer um tipo de "garantia". Para a cidade, era importante a criação de mais empregos, maior arrecadação de impostos e menos poluição; ela poderia criar uma LDA que certificava a criação de empregos, com um mandato para a emissão de títulos. A EDA queria a criação de empregos e poderia fornecer um empréstimo subordinado. Por fim, Iverson facilitou o recebimento de um "sim" por parte de Throckmorton, averso a riscos, mostrando o "apoio" de Derano, UIC, ADE e ADL.

Veja como as "diferenças" complementares de interesses e prioridades orientaram cada um dos estágios deste acordo, criando valor em relação à melhor opção de *no-deal* de cada parte. Nos componentes "bilaterais" deste exercício de múltiplas partes, a opção de *no-deal* de cada uma delas era ignorar esse projeto altamente alavancado. Para superar essa possibilidade, Iverson escutou com atenção e buscou encontrar o que era necessário para satisfazer os interesses de cada uma das partes, de forma que se integrasse no sistema e dissesse "sim", facilitando cada vez mais a inclusão de outras partes. Em todas as negociações bilaterais, as ações de Iverson criaram valor significativo e asseguraram que o interlocutor conseguisse uma parcela total do valor *criado bilateralmente*. (Por exemplo, a Derano conseguiu honorários 15% acima do normal; Throckmorton conseguiu a garantia financeira e a cobertura política, caso o empréstimo falhasse, etc.) Assim, após Iverson ter superado as barreiras individuais e o acordo estar pronto, o valor *agregado* criado era considerável e Iverson havia exigido uma enorme fatia desse valor. Nas negociações bilaterais ele foi generoso, dada a maneira como cada parte percebia a sua peça no quebra-cabeças. Porém, olhando para o todo, podemos dizer que Iverson foi um vencedor multilateral.

Pensamentos finais

Vamos revisar nossas principais prescrições 3-D à luz dos três casos apresentados neste capítulo.

Faça a configuração adequada I: mapeie todas as partes, o conjunto completo de interesses e suas melhores opções de *no-deal*. Nas negociações mais difíceis, podemos dizer que esse é tudo, menos um processo mecânico. Volte aos princípios que apresentamos na Parte 2 para reunir os interlocutores adequados. Tenha em mente as partes de alto valor, bem como os envolvidos em outras categorias: internas, externas, gerentes, agentes, formal, informal, influentes, bem como aqueles que farão a implementação do acordo. Não se esqueça das partes em *potencial* e das que já fazem parte do acordo. Pense sobre como envolver o conjunto completo de questões, além das simples posições de barganha e de preço, e avalie essas questões com consciência em relação ao viés cognitivo. Pense em uma forma de moldar de maneira favorável o balanço de *deal/no-deal*.

Imagine se a Microsoft tivesse tratado sua negociação com a AOL como uma mera troca de "navegador por dólares", em vez de mudar o objeto e as partes na AOL. Não haveria acordo. Vamos supor que a Kennecott negociasse unicamente com o governo chileno, em vez de reconfigurar a mesa para incluir outras partes, com outros interesses além da mineração. Novamente, não haveria acordo. Se Iverson tivesse colocado todas as suas energias no diretor da área de empréstimos do Federal Street Bank, ele ainda estaria discutindo inutilmente e a caldeira não passaria de uma vaga idéia. Nesses casos, as partes, os interesses, as opções de *no-deal* foram avaliados com muito cuidado quando da análise de barreiras e da elaboração de estratégias.

Quando esses elementos da configuração estão errados, você encontra barreiras ainda maiores. Assim, os Negociadores 3-D agem de acordo com um preceito básico: reúna as partes adequadas. Reúna os interesses adequados. Reúna as opções de *no-deal* adequadas.

Faça a configuração adequada II: verifique a seqüência e as escolhas básicas do processo. As abordagens feitas pela Kennecott e, principalmente, por Iverson nos lembram da importância vital da seqüência e das escolhas básicas do processo. Quando elas não são bem feitas, apresentam potencialmente barreiras elevadas. Perceba a importância do papel que esses elementos desempenham como partes críticas da configuração, assegurando o envolvimento de partes-chave com as questões adequadas. Ou seja: faça um seqüenciamento adequado, realize as escolhas básicas do processo adequadamente.

Faça o *design* de negócios que criem valor. Algumas propostas de acordo podem colocar barreiras para o sucesso se não oferecem valor suficiente ou falham em realizar os seus objetivos. A partir de uma transação estreita "navegador por dólares", a Microsoft conseguiu desenhar um criativo acordo, com muito mais valor para a AOL, ampliando o conjunto de questões, oferecendo melhor distribuição e competição com o MSN. Embora a AOL se apropriasse de grande parte desse valor, o resultado foi muito melhor para a Microsoft. No caso da Kennecott e do Chile, perceba o "movimento a nordeste", em relação a uma pura transação de *royalties* e passível de expropriação, que possibilitou uma parceria que garantia interesses políticos e econômicos. Em cada uma das negociações de Iverson, ele achou uma forma de ampliar os diferentes interesses dos seus interlocutores em relação a sua principal preocupação em determinado estágio. Nos três casos, o *design* inicial colocava uma barreira. Um novo *design* foi criado com foco na direção "nordeste" e na harmonização de diferenças, criando ainda mais valor. Nesses exemplos, entretanto, a sustentabilidade e a essência do negócio poderia ter sido perdida. Ou seja: faça um *design* adequado do negócio.

Enfatize táticas de solução de problemas. Sem táticas efetivas para tirar vantagem de uma configuração mais promissora e de um *design* superior, nenhuma dessas três negociações teria sido realizada. Nas negociações de Iverson e da Kennecott, muitos dos interlocutores tinham opções de *no-deal* muito boas. Táticas que ofendessem o outro lado ou que o deixassem com uma sensação de desconforto poderiam facilmente ter conduzido a negociação a um *no-deal*. Movimentos de criação e exigência de valor pedem atitudes de respeito, sensibilidade cultural, criatividade, persistência e a capacidade de ouvir o conjunto completo de interesses. A Microsoft demonstrou persistência quando descobriu interesses da AOL que poderia satisfazer. Iverson foi incansável na busca dos pontos que poderiam funcionar para cada um dos lados. Em todos os estágios do processo, ele enquadrou as suas propostas da maneira que o outro lado achasse mais atraente. Ao mesmo tempo, a divulgação cuidadosa da informação e a atenção constante nas opções de *no-deal* o levaram a exigir uma fatia completa do valor criado. O ponto alto foi a forma como foi moldada a percepção da ZOPA e a resolução conjunta de problemas. Ou seja: enfatize táticas de resolução de problemas para criar e exigir valor.

A estratégia 3-D como um mapa, não um caminho. No decorrer deste livro, apresentamos as nossas idéias em uma seqüência lógica. Em primeiro lugar você *diagnostica* (com a auditoria de barreiras 3-D), a seguir você *age* (desenvolvendo uma estratégia 3-D). Esta é a ordem natural para a exposição de um livro. Entretanto, como você viu nos casos da guerra dos navegadores, da Kennecott e da Concord Pulp and Paper, é evidente que a realidade é muito mais complexa. Negociar de forma efetiva não é como seguir uma receita que já se encontra escrita antes de você começar: passo 1, passo 2... e pronto. Na Negociação 3-D, os elementos tendem a continuar em cena e a se desenvolver, muitas vezes de forma dramática. Você deve executar ações em diferentes dimensões, às vezes ao mesmo tempo, e atualizar e ajustar continuamente a sua abordagem.

A idéia de uma estratégia 3-D não é bem representada por um plano geral, ou um caminho detalhado descrito com antecedência, mostrando como chegar ao acordo que você quer. As pessoas que tendem a pensar em uma estratégia como um caminho predefinido, correm o risco, por mais bem construído que este caminho seja, de se sentirem perdidas (quando!) algum evento imprevisível as tire do caminho. De fato, como nosso colega, Roger Fisher, observou, uma estratégia de negociação robusta é como um mapa com esboços de rotas provisórias, ligando um ponto a outro.

Com uma boa noção dos elementos principais da nossa abordagem de estratégias 3-D, você pode construir um mapa com os pontos que agora lhe são familiares: partes, interesses, opções de *no-deal*, seqüenciamento, escolhas básicas do processo, movimentos potenciais a nordeste, diferenças, o contrato e a essência do acordo, táticas para a criação e a apropriação de valor. Ou seja: este mapa 3-D vai ajudá-lo a traçar um caminho bem-sucedido – com movimentos coordenados longe da mesa, (no *flip chart*) e na própria mesa – através da paisagem de barreiras sempre mutáveis, ultrapassando os desafios e complexidades que surgem inevitavelmente.

Pense de forma estratégica, aja de forma oportunista. E quando eventos imprevistos mudarem a sua abordagem original, reexamine o mapa para descobrir um caminho novo mais promissor que dê conta das novas barreiras. Na verdade, negociadores bem-sucedidos sabem que vão ser surpreendidos no meio do caminho e devem estar preparados para retomar o curso. Com esse mapa 3-D, eles conseguem desenvolver a abordagem de negociação mais efetiva que conhecemos. Ou seja: pense de forma estratégica, mas aja de forma oportunista.

O Negociador 3-D: arquiteto de uma configuração criativa, *designer* de negócios inovadores, tático persuasivo

Com a abordagem que estamos sugerindo, você não será um participante 1-D em um mundo 3-D, condenado a ver a negociação como uma questão meramente tática. Em vez disso, você se afastará da mesa para configurar a negociação adequada. Trabalhará no *flip chart* para fazer o *design* de negócios que criem valor. Enfatizará táticas de solução de problemas na mesa e combinará esses elementos em uma estratégia 3-D que buscará superar as barreiras que você diagnosticou. Conforme você for criando e exigindo valor a longo prazo, vai se tornar um negociador 3-D mais confiante, equipado com uma abordagem completa que dá conta dos desafios e potenciais de um mundo tridimensional.

Índice

abordagem decida/anuncie/defenda (DAD), 124-127
abordagem do consenso geral (CG), 125-127
acerto de reparação de dano litigioso e trabalho de diferenças, 159-162
acordo da Microsoft, Netscape e AOL, 247-251
acordo da Netscape, Microsoft e AOL, 247-251
acordo de financiamento da Staples, 26-30
acordos contingentes, 24-25, 44-45, 152-154
acordos do navegador da AOL, Microsoft e Netscape, 247-251
acordos sustentáveis
  acordos multiplex, 170-172
  antecipando choques externos, 169-171
  antecipando mudanças nas atitudes, 166-169
  construindo cláusulas de saída, 165-167
  elementos a considerar, 163
  resumo, 173-174
  tornando seguros contratos potencialmente inseguros, 171-173
  vantagens de contratos em evolução, 163-165
agente inadequado em um mapa de partes, 75-78
Allen, Dick, 180-181
American Management Association, 22-23
análise, 115-118
arbitragem, 122-124

armadilhas de imparcialidades auto-indulgentes, 94-96
Asea Brown Boveri (ABB), 118-120
Assertividade nas negociações, 225-226
AT&T, 108-109
atitudes em relação ao tempo e ao trabalho, 157-159
atitudes frente ao risco e técnicas de trabalho, 153-157
ato Taft-Hartley, 55-56
auditoria de barreiras 3-D
  avaliação das opções de *no-deal*, 40-44
  avaliação de barreiras à configuração, 38-39
  avaliação de barreiras ao *design* do negócio, 44-46
  avaliação de barreiras táticas e interpessoais, 45-47
  balanço de *deal/no-deal* adverso, 37, 46-48
  estratégia para superar barreiras (*veja* estratégia 3-D)
  exemplo de falha no reconhecimento de uma barreira, 35-39
  exemplo de superação de barreiras, 37-39
  mapeando as partes e as suas opções, 38-42
  qualidade da informação, 47-48
  resumo, 48
  verificando a seqüência e as escolhas do processo, 43-45
Austin, Jim, 165

avaliação de barreiras da negociação do sindicato dos estivadores, 53-56
　contexto da situação, 49-51
　nova configuração e *design* do negócio, 56-58
avaliação de risco e trabalho, 156-157

Bachelder, Joe, 75-76
balanço de *deal/no-deal*, 40-43, 46-47, 62-63, 100-101, 109-110, 239-240, 247-252, 255, 257
　opção de abandonar a negociação, 37, 40-42, 46-48
　saga dos Estúdios Moffett (*veja* Moffett, saga dos Estúdios)
　ter uma opção de *no-deal* (*veja* opção de *no-deal*)
balanço de *deal/no-deal* adverso, 37, 40-42, 46-48. *Veja também* balanço de *deal/no-deal*
Banco Mundial, 127-128
Barksdale, Jim, 249-250
Barnevik, Percy, 118-120
barreiras de comunicação, 45-47
barreiras interpessoais, 45-47
barreiras táticas, 45-47
Barshefsky, Charlene, 83-84
BATNA (melhor alternativa à negociação de um acordo), 37. *Veja também* opção de *no-deal*
Baxter Healthcare, 141-142
Bazerman, Max, 94-95
Begin, Menachem, 170-171, 219-221
Ben & Jerry's, 170-171
Beth Israel Deaconess Medical Center, 225-226
Bose Corporation, 143-144, 182-183
Boston Red Sox, 225-226
Bouew, Pieter, 178-179
Brahimi, Lakhdar, 85-87
Brandenburger, Adam, 57-58
Breuer, Rolf, 178-179
British Telecom, 108-109
Bronfman, Edgar, 106-107
Bush, George H.W., 43-44, 55-56

Calpine, 169-170
Camp, Jim, 21-22
campanha de Roosevelt. *Veja* Moffett, saga dos Estúdios
Carter, Jimmy, 219-221
Case, Steve, 247-250
Checchi, Al, 178-179

Chen, Ming-Jer, 183-185
Chrysler, 181-182, 187-189
Cialdini, Robert, 204-205
City Year, 165
cláusula de Most Favored Nation, 208-209
Clinton, Bill, 117-118
Cohen, Ben, 170-171
Colburn, David, 249
Concord Pulp and Paper Co. (CPP)
　ações de configuração, 254-259
　avaliação de barreiras, 255, 257
　contexto da situação, 253-255
　design do negócio, 258-260
　esquema de ações, 256
configuração na negociação
　avaliação de barreiras, 38-39 (*veja também* auditoria de barreiras 3-D)
　checagem da seqüência e das escolhas do processo (*veja* seqüência e escolhas do processo)
　consideração dos interesses de todas as partes (*veja* interesses em uma negociação)
　desafios-chave, 53-54
　descrição, 16, 25-27
　escopo e seqüência, 26-30
　mapa de todas as partes (*veja* mapeando as partes)
　melhor opção de *no-deal* (*veja* opção de *no-deal*)
configurando a mesa (definição), 25-26
Conoco, 125-129
considerações éticas
　exemplo dos Estúdios Moffett, 242-243
　interesses éticos em negociações, 89-90
contrato econômico, 175-179, 181-182
　trabalhando contratos sociais e econômicos, 186-190
contrato escrito. *Veja* contrato econômico
contrato social
　elementos de um contrato social subjacente, 176-180
　elementos de um contrato social vigente, 176-180
　evitando percepções divergentes, 177-180
　exemplo de um contrato vantajoso, 187-189
　expectativas inerentes em, 176-177
　interesse além do preço, 88-89
　percepções de auditoria, 179-180, 183-184

percepções errôneas, 189-190
resultados de falta de entendimento, 175-177
resumo, 190
risco das pessoas erradas na negociação, 185-187
risco de poucas pessoas envolvidas, 186-187
riscos de culturas diferentes, 183-185
sustentabilidade dos acordos, 163
trabalhando contratos sociais e econômicos, 186-190
Co-opetition (Brandenburger e Nalebuff), 57-58
criação de valor
  como objetivo de negociação, 24-26, 29-32, 260-262
  exemplo de acordo, 56-58
  moldando as percepções para exigir valor (*veja* táticas na mesa)
  princípios, 56-57
  solucionando problemas conjuntos (*veja* solucionando problemas conjuntos)
  valor adicionado por um negociador competidor, 104-105
  valor adquirido da compreensão da ZOPA, 102-104, 194-196

Daley, Bill, 117-118
decisão de primeira oferta, 197-199
desembaralhando diferenças, 139-140, 151
design do negócio na negociação
  acordos de preço, 193-195, 207-208
  administrando a tensão entre criação/exigência, 145-149
  barreiras psicológicas para a criação de valor, 144-145
  conceito de "ir para nordeste", 136-139, 147-149, 261-262
  criando valor e, 24-26, 29-32, 260-262
  descrição, 16, 23-26, 44-46
  essência do acordo (*veja* contrato social)
  exigindo valor, 31, 145-147
  fazendo acordos duradouros (*veja* acordos sustentáveis)
  princípio de maximização do valor líquido total, 56-57, 140-144, 252-253
  princípio de trabalhar as diferenças (*veja* trabalhando diferenças)
  resumo, 149
Deutsche Bank, 177-179

diferenças. *Veja* trabalhando as diferenças
dilema do negociador, 145-148
dimensão cultural nas negociações,
  estilo persuasivo e, 229-230, 232
  mapeamento de partes e, 73-75
  riscos culturais em negociações, 183-185, 229-230, 232
dimensões na negociação. *Veja design* do negócio na negociação; configuração na negociação; táticas na mesa
Dresdner Kleinwort Benson (DrKB), 177-179
Dresser Industries, 185-186
Dyer, Jeffrey, 181-182

Edelstein, Alex, 249
Edison, Thomas, 198-199
efeito de ancoragem
  como parte de táticas de exigência de valor, 200-201
  efeitos psicológicos da informação, 199-202
  meta-ancoragem, 210-212
  mudando a métrica em discussões, 206-208
  necessidade de jusificar a sua proposta, 201-203
  utilizando a reciprocidade, 203-205
  utilizando a flexibilidade e as ofertas não-oferta, 202-204
  utilizando o princípio do contraste, 204-205
Egito, 24-25, 29-30, 139-140, 170-171
empatia em negociações, 225-226
empreendimento conjunto da Concert, 108-109
escuta ativa, 217
espírito do contrato. *Veja* contrato social
estabelecimento do preço-alvo, 197-198
estilo persuasivo de negociação
  abertura à persuasão, 225-226
  busque acordos justos, 226-227
  compreendendo a história deles, 224-225
  consciência a respeito de filtros culturais, 229-230, 232
  consciência dos sentimentos, 227-228
  construção de relacionamentos, 227-228
  elaborando propostas, 225-227
  neutralização de contra-argumentos, 226-228
  reconheça emoções fortes, 227-230
  uso de empatia e assertividade, 225-226
  utilizando histórias, 226-227

estratégia 3-D
  definição, 237
  desafios-chave da configuração, 53-54
  dimensões, 51-53
  enfatizando táticas de resolução de problemas, 58-59
  exemplo de aquisição, 59-63
  exemplo de utilização (*veja* Concord Pulp and Paper Co. [CPP]; Kennecott Copper; Moffett, saga dos Estúdios; e Pacific Maritime Association [PMA])
  exemplo do sindicato dos estivadores, 49-51, 53-57
  exemplos de acordos de criação de valor, 56-58
  interação de componentes, 63-64
  interface entre as dimensões, 52-53
  mapeamento retrospectivo, 242-245
  príncipios para o desenvolvimento de acordos de criação de valor, 56-57
  resumo, 64, 244-245
  simultaneidade das três dimensões, 63-64
exemplo de empreendimento conjunto com tolerância ao risco, 59-63, 108-109, 154-156, 163-165, 177-179, 185-187
exemplo de estratégia de aquisição da empresa de biotecnologia, 59-63
exemplo de negociação de aquisição, 59-63
exemplo do restaurante em relação à tolerância de risco, 153-155
exemplo dos bancos suíços, 106-107
exemplo imobiliário da influência do risco, 155-157
exigindo valor. *Veja* negociações de exigência de valor
Exxon Mobil, 127-128

falhas de escopo em uma configuração, 38-39
Fields, Mark, 163-164
Fisher, Roger, 43-44, 89-90, 262-263
Ford, 163-164, 182-183
Freeman, Jerry, 73-75

G&F Industries, 143-144
General Motors, 181-182
Georgia-Pacific, 142-143, 171-172
Getting Past No (Ury), 21-22, 221-222
Getting to Yes (Fisher, Ury, Patton), 21-22, 89-90, 95-96
Greenfield, Jerry, 170-171

Hightower, Jim, 138-139
Hindery, Leo Jr., 196-197
Holtzman, Steve, 84-85, 104-105
Hubbert, Jürgen, 184-185
Huizenga, Wayne, 40-42, 88-89

interesses da relação em um acordo
  como um interesse além do preço, 88-89
  estilo persuasivo de negociação, 227-228
  sustentabilidade dos acordos, 163
  trabalhando as diferenças, 159-160
interesses em uma negociação
  armadilhas e tendências psicológicas, 93-96
  avaliando os interesses do outro lado, 85-87
  compreendendo os interesses do outro lado, 84-87, 95-97
  compreendendo os seus interesses, 83-85
  considerações além do preço, 87-90
  definição, 83
  evitando ênfase demasiada no preço, 85-90
  fontes internas utilizadas para identificar, 92-94
  fontes públicas utilizadas para identificar, 92-93
  identificação por meio do mapeamento (*veja* mapeando as partes)
  orientadores experientes utilizados para identificar, 93-94
  pergunte, escute, coloque à prova, 40, 91-93
  questões e posicionamentos, 89-91, 258-259
  resumo, 96-97
International Longshore and Warehouse Union (ILWU), 49-51
"ir para nordeste", 136-139, 147-149
Israel, 24-25, 29-30, 139-140, 170-171

Kaplan, Jerry, 79, 180-181
Kennecott Copper, 250-254
Kimeldorf, Howard, 50-51
Kissinger, Henry, 200-202
KLM Royal Dutch Airlines, 178-179
Komatsu Ltd., 185-186
Kristof, Nicholas, 77-78

lacuna de valor em um acordo, 24-25, 55-56
Langer, Ellen, 201-202
Lanier, Robin, 54-55
Levy, Paul, 225-226

linha de batalha, 109-110, 137-138, 144-145, 147-148
Lipton, Martin, 104-105
liquidez e trabalho, 159-160
longe da mesa, 15-17, 25-26, 37, 193-194

mapa de partes ingênuo, 70-72
mapa de todas as partes. *Veja* mapeando as partes
mapeamento retrospectivo, 35-36, 61-63, 116-119, 242-245, 253-260. *Veja também* Concord Pulp and Paper Co. (CPP)
mapeando as partes. *Veja também* interesses em uma negociação
   aprovação de inclusão de partes no acordo, 79
   avaliando o número de partes envolvidas, 79-81
   avaliando opções de *no-deal*, 40-44
   considerações a respeito do agente inadequado, 75-78
   considerações da dimensão cultural, 73-75
   entendendo o conjunto completo de interesses das partes, 39-42
   entendendo quem são as partes, 39-40
   identificando partes interessadas, 67-68
   inclusão de partes de alto valor, 68-72
   inclusão de partes influentes, 57-58, 71-75
   inclusão dos implementadores do acordo, 79-80
   perguntas-chave para o mapa de todas as partes, 67-69
   resumo, 81-82
   tomada de decisão e administração de envolvimento das partes, 74-76
Matsushita Electric, 79-80
Mazda, 163-164, 182-183
MCA, 79-80
McDonald's, 142-143, 171-172
mediadores, 121-124
melhor opção de *no-deal*. *Veja* opção de *no-deal*
meta-ancoragem, 210-212
metáfora do *flip chart*, 23-24
mina chilena de cobre, 250-254
Miniace, Joseph, 50-51, 53-56
Mnookin, Robert, 225-226
Moffett, saga dos Estúdios
   considerações da perspectiva da parte oposta, 240-241

considerações éticas, 242-243
estabelecendo o balanço de *deal/no-deal*, 241-242
pensando além do preço, 238-239
possibilidades de configuração, 241-242
situação, 237-239
suposições da, e seu efeito no balanço do *deal/no-deal*, 239-240
Murdoch, Rupert, 225-226

na mesa, 15-17, 21-22, 25-26, 193
Nalebuff, Barry, 57-58
Neale, Margaret, 94-95
negociação 3-D
   auditoria de barreiras (*veja* auditoria de barreiras 3-D)
   dimensão da configuração (*veja* configuração na negociação)
   dimensão do *design* do negócio na negociação (*veja design* do negócio na negociação)
   dimensão tática (*veja* táticas na mesa)
   enfatizando táticas de resolução de problemas, 261-262
   escopo, 17
   escopo e seqüência (*veja* seqüência e escolhas do processo)
   estratégia como um mapa, não um caminho, 261-263
   estratégia para superar barreiras (*veja* estratégia 3-D)
   exemplo de mudança da configuração (*veja* acordos, do navegador da AOL, Microsoft e Netscape)
   exemplos de mapeamento retrospectivo, 43-45, 59-63, 113-122, 253-260
   mapa de todas as partes (*veja* mapeando as partes)
   objetivo da criação de valor, 29-32
   verificando a seqüência e o processo, 260-261
   visão geral das tarefas do negociador, 247
negociação unidimensional, 15-16, 21-23
negociações de exigência de valor
   design do negócio na negociação, 31, 145-147
   determinando e utilizando a ZOPA, 194-196
   efeito de ancoragem, 200-201
   estabelecimento do preço-alvo, 197-198
   exemplo de situação baseada no preço, 193-195

justificando o seu preço, 202-203
situação exemplo, 193-195
utilização da seqüência e das escolhas do processo, 219-221
negociadores ganha-perde e ganha-ganha, 21-23
Nissan, 163-164
Northwest Airlines, 178-179

objetivo de negociação de uma abordagem 3-D, 24-26, 29-32, 260-262
ofertas "não-ofertas", 202-204
opção de *no-deal*
   avaliação em uma auditoria, 40-44
   comunicando prontidão em abandonar a negociação, 103-108
   definição, 101-102
   determine o papel da negociação, 108-110
   determine uma medida da ZOPA, 101-104
   funções críticas, 109-111
   importância para a configuração, 100-101
   opções de *no-deal* interdependentes, 105-107
   piorando propositalmente, 108-109
   protegendo, 107-108
   quando possuir uma alternativa faz com que você fique numa posição ruim, 107-108
   resumo, 110-111
   valor adicionado a partir de um negociador competitivo, 104-105
   valor adquirido da compreensão da ZOPA, 102-104
   vantagem de possuir, 99-101
opções de *no-deal* interdependentes, 105-107
Orum, Dan, 177-178
Ovitz, Michael, 79-80
Oxygen Media, 177-178

Pacific Maritime Association (PMA), 49-51
pagamento contingente, 24-25, 152-153
Patton, Bruce, 89-90
Perkins, George, 238-239. *Veja também* Moffet, saga dos Estúdios Moffett
Perlman, Steve, 103-105, 115-118
Philips, 117-118
PMA (Pacific Maritime Association), 49-51
Polignac, Cardinal de, 244-245
prever e trabalhar as diferenças, 152-154

princípio da reciprocidade
   divulgando informação de forma estratégica, 218-219
   efeito de ancoragem, 203-205
   indo em direção ao fechamento, 208-209
princípio do contraste, 204-205
processo de negociação como um interesse em um acordo, 89-90
Procter & Gamble, 186-187
psicologia na negociação
   armadilhas psicológicas, 93-96
   barreiras psicológicas à criação de valor, 144-145
   efeito de ancoragem, 199-202
   imparcialidades auto-indulgentes, 94-95
   objetivos (níveis de aspiração), 197-198
   princípio da reciprocidade, 203-205, 208-209, 218-219
   princípio do contraste, 204-205
   "torta fixa" mítica, 94-95

Rainforest Action Network (RAN), 124-125
reconfigurando a mesa, 26-27, 29-30
rede de valor, 57-58, 115-116
regra do ponto central em negociações de exigência de valor, 205-206
resolução alternativa de disputa (ADR), 122-124
resoluções estruturadas, 159-162
Ridge, Tom, 55-56
Ringer, Robert, 21-22
Rio Tinto Zinc (RTZ), 169-170
Rohatyn, Felix, 87-88
Romney, Mitt, 29-30
Rubin, Robert, 99

Sadat, Anwar, 170-171, 219-221
Sahlman, Bill, 27-29
Schwartz, Jeff, 165
Scowcroft, Brent, 44-45
seqüência e escolhas do processo
   abordagem CG, 125-127
   abordagem DAD, 124-127
   avaliação de barreiras internas, 255, 257
   categorias relacionadas com ações de configuração, 127-130
   considerações, 127-128
   (CPP), 255, 257-258
   envolvimento de uma terceira parte, 121-124

falhas da escolha do processo na configuração, 38–39
falhas de seqüência em uma configuração, 38–39
medida de mapeamento, 115–118, 258–259
medida de mapeamento retrospectivo, 116–119, 254–260
negociações paralelas como uma alternativa 113–115
orquestrando os estágios do processo 118–122
otimizando o escopo e a seqüência 26–30
para exigir valor, 219–221
pela Concord Pulp and Paper Co.,
procedimentos especiais, 122–124, 126–128
resumo, 130–131
resumo de conselhos-chave, 120–122
sustentabilidade de acordos, 163
verificação da escolha do processo na configuração, 43–45
verificação de seqüência na configuração, 43–45
verificação em uma auditoria de barreiras, 260–261
Shriram, Ram, 249–250
situação fiscal e trabalho, 158–160
solucionando problemas conjuntos
adoção de estilo persuasivo (*veja* estilo persuasivo de negociação)
características de processos construtivos, 215–217
comece pelo final, 218–219
divulgando informação de forma estratégica, 218–221
enfatizando táticas de solução de problemas, 58–59
escute, pergunte e coloque à prova para discernir, 217–218
estabelecendo o processo de negociação, 221–225
movendo-se de asserções para afirmações, 222–224
movendo-se de buscar culpados para a solução de problemas, 222–223
movendo-se de diálogos de posicionamento para diálogos de interesse, 221–223
movendo-se de discussões para a solução de problemas, 223–225

questões de seqüência e negociação em pacotes, 219–221
resumo, 232–233
técnica de escrever o discurso da vitória deles, 230, 232
utilizando a reciprocidade, 218–219
utilizando ofertas múltiplas equivalentes, 218–221
valor da informação na negociação, 215–217
Sony, 117–118
Stemberg, Thomas, 26–30, 52–53
Stone Container Corporation, 73–74, 124–125, 141–142
Sun Microsystems, 180–181
Sweetheart Cup Company, 142–143, 171–172

táticas na mesa
compromissos com suporte, 208–209
concentrando-se na oportunidade, 196–198
concessões convergentes, 207–209
decisão de primeira oferta, 197–199
efeito de ancoragem (*veja* efeito de ancoragem)
estabelecimento do preço-alvo, 197–198
exigência de valor (*veja* negociações de exigência de valor)
importância do conhecimento da ZOPA, 195–196
indo em direção ao fechamento, 207–210
meta-ancoragem, 210–212
mudando a métrica em discussão, 206–208
papel crítico de informações superiores, 196–197
princípio da reciprocidade, 208–209
regra do ponto central, 205–206
resolução de problemas (*veja* solucionando problemas conjuntos)
respondendo a compromissos, 209–210
respondendo a uma oferta, 204–208
respondendo a uma oferta extrema, 205–208
resumo, 212–213
táticas na negociação, 16. *Veja também* táticas na mesa
Thompson, Leigh, 94–95
Timberland, 165
Toyota, 181–182
trabalhando as diferenças
contratos sociais e econômicos e, 186–190
em atitudes em relação ao risco, 153–157

em atitudes em relação ao tempo, 157-159
em interesses ou prioridades, 24-26, 40-42, 57-58
em previsões, 152-154
negócios e desmembramento de possibilidades, 151
princípio, 138-141
resoluções estruturadas, 159-162
resumo, 161-162
situação fiscal, liquidez, precedentes, 158-160
Trust, Marty, 27-29

Unilever, 170-171
Ury, Bill, 89-90, 221-222, 242-243

valor (definição), 29-31
Vare, Daniel, 50-52, 243-244
verificando a escolha dos processos na configuração. *Veja* seqüência e escolhas do processo
viés da "torta fixa", 94-95
Villanueva, Jean, 247-248

visões cognitivas distorcidas, 95-97
Volpi, Mike, 85-87

Wallace, Henry, 163-164
Wal-Mart, 186-187
Walter, Bernhard, 178-179
WebTV, 115-116
Wheeler, Michael, 122-124
Wilson, Gary, 178-179

zona de possível acordo (ZOPA)
avaliação, 239-240
definição, 101-104, 110-111
determinação e utilização para a exigência de valor, 194-197
indo em direção ao fechamento, 207-208
meta-ancoragem, 210
opção de *no-deal*, 101-104
respondendo a uma oferta, 205-206
tarefas duplas, 194-195, 203-204, 211-212
utilizando o princípio da reciprocidade, 208-209